D1746993

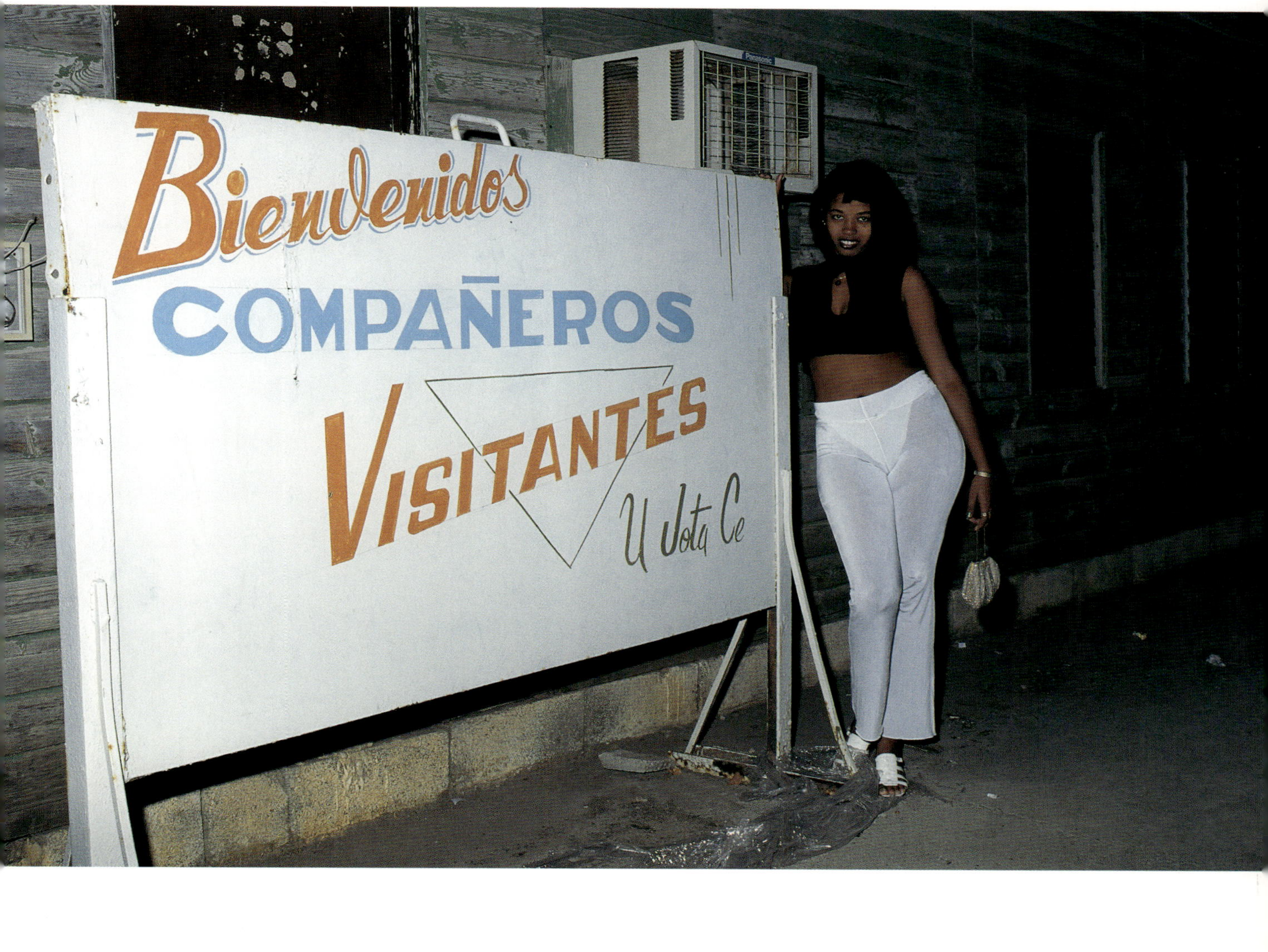
Bienvenidos
COMPAÑEROS
VISITANTES
U Jota Ce

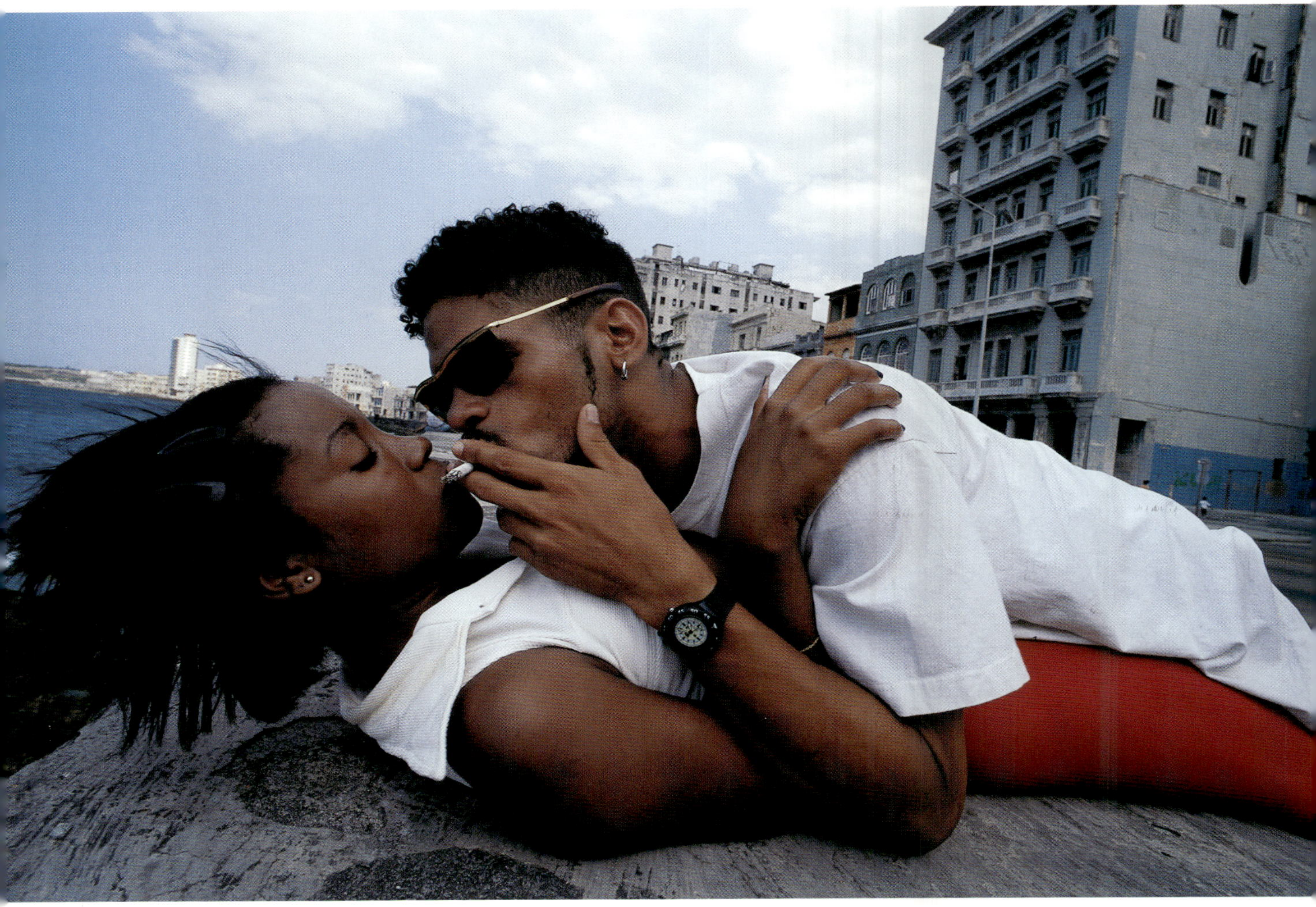

sobredosis cuba

Marianne Greber

Edition Oehrli

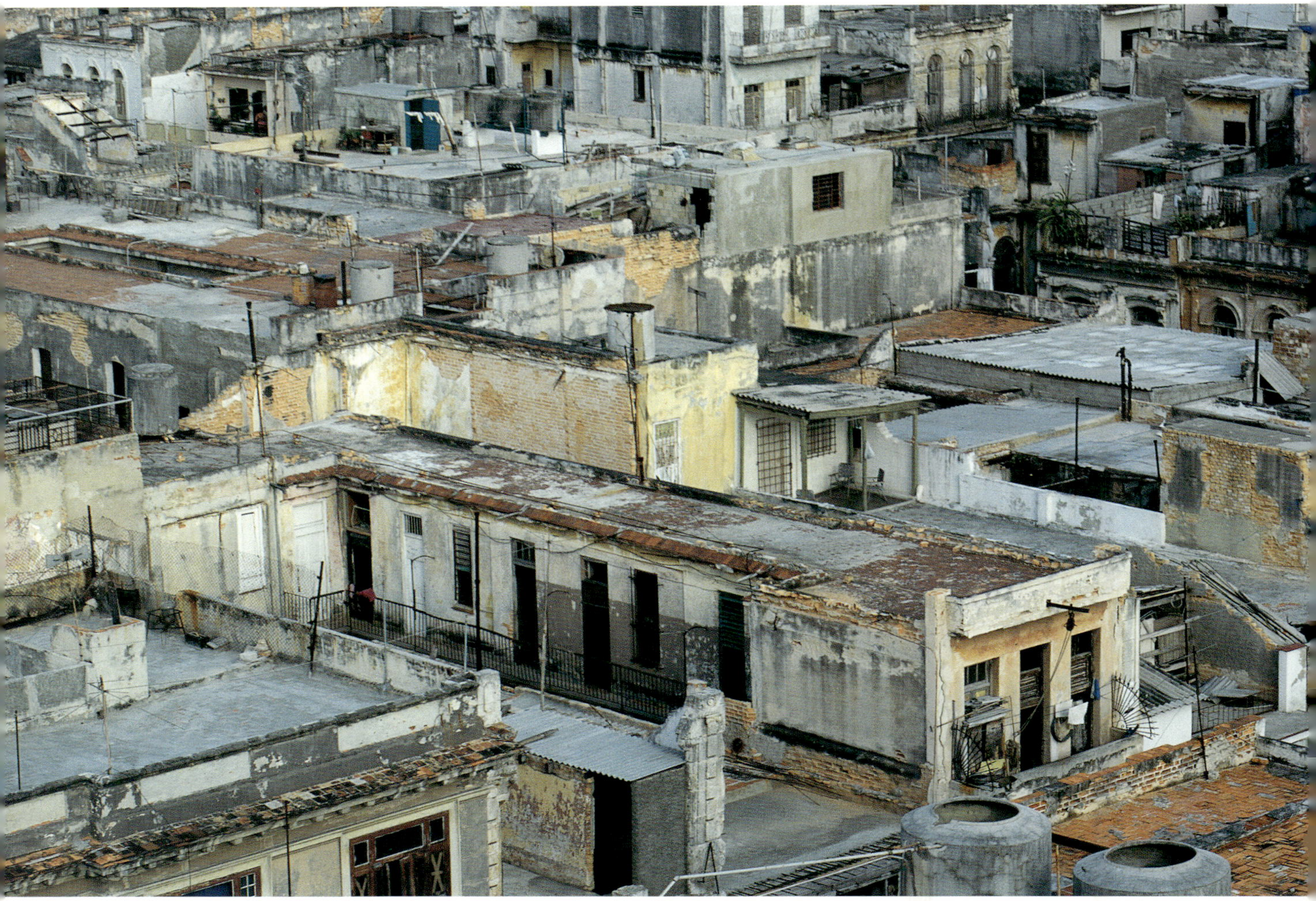

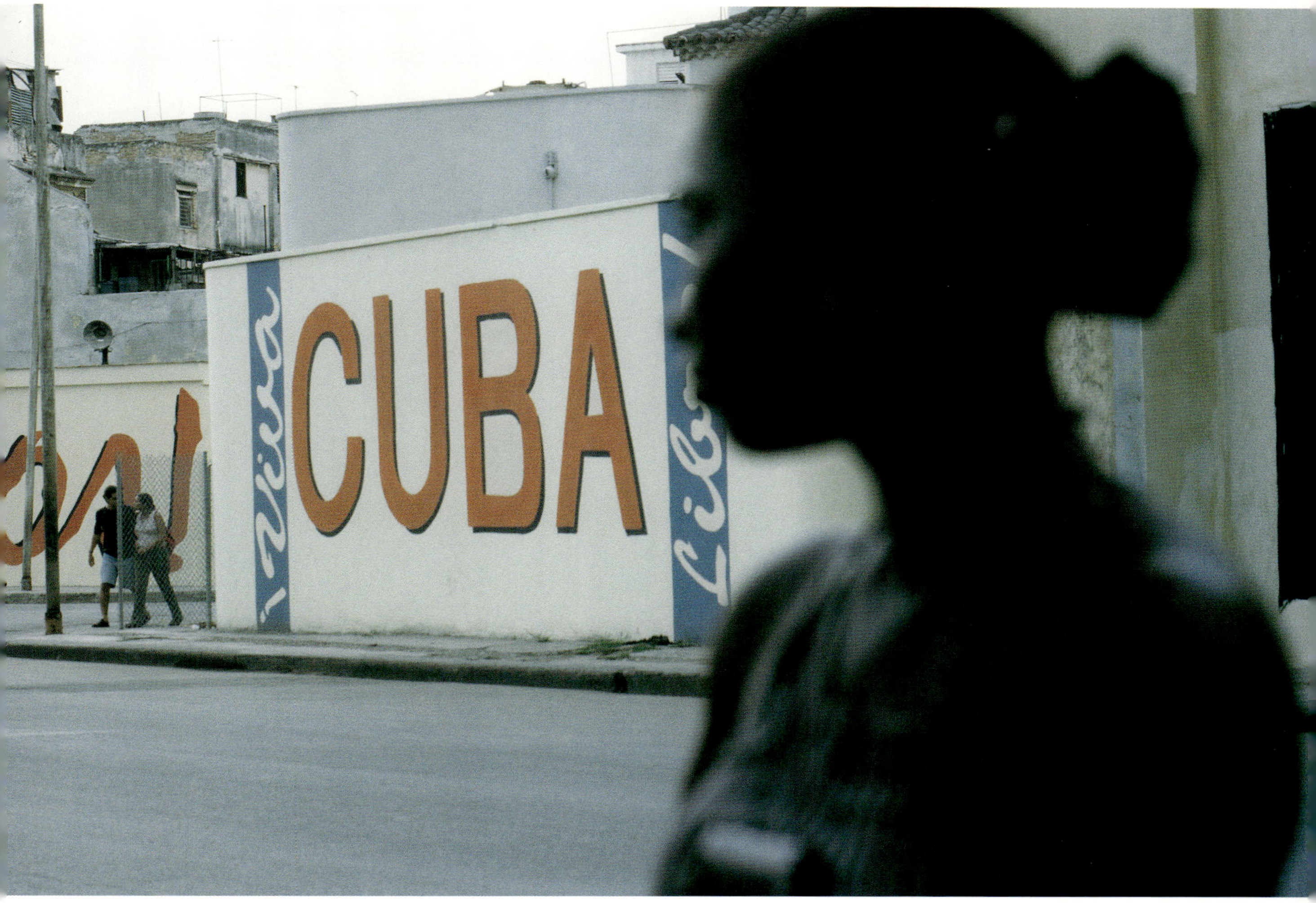
¡Viva
CUBA

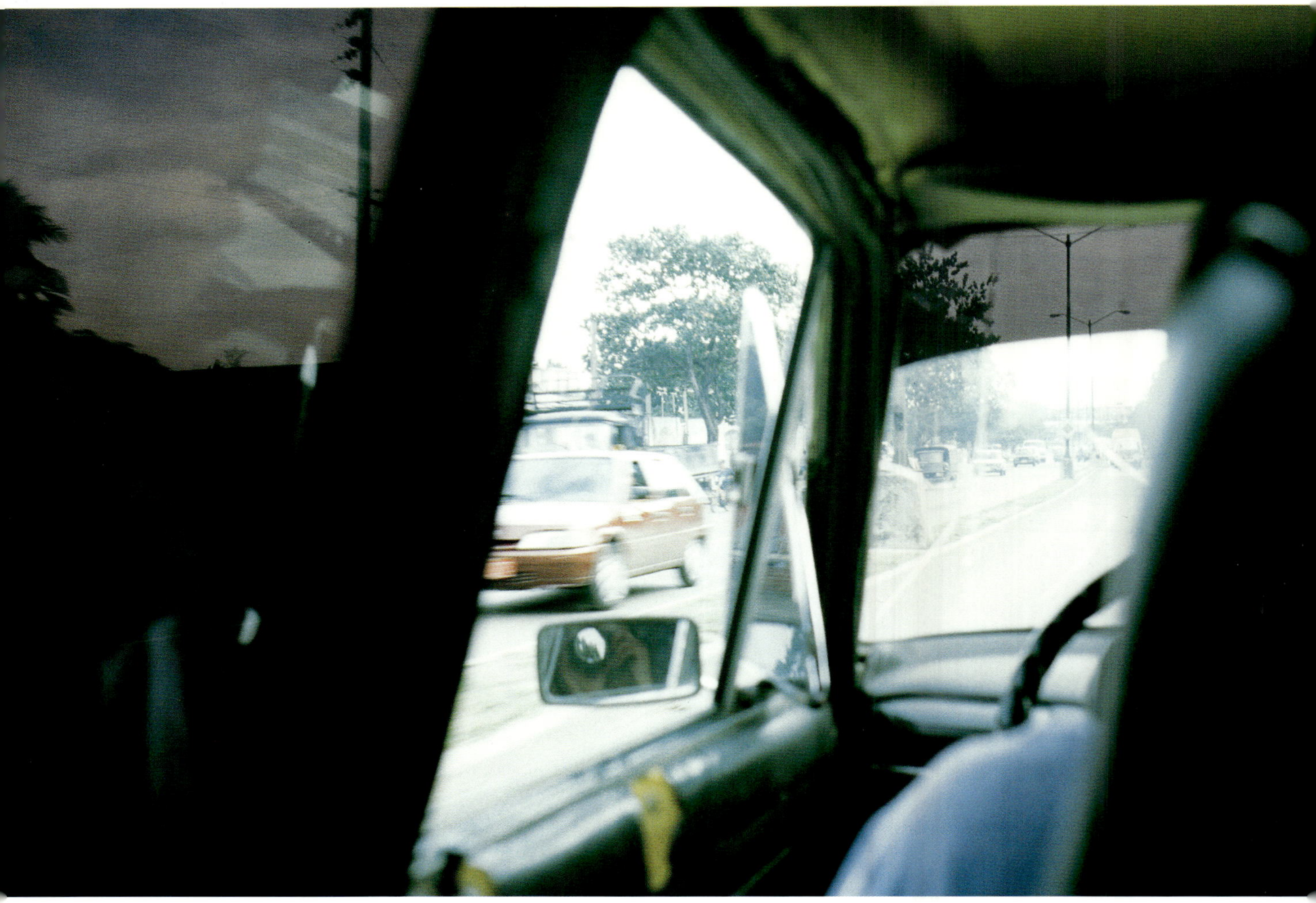

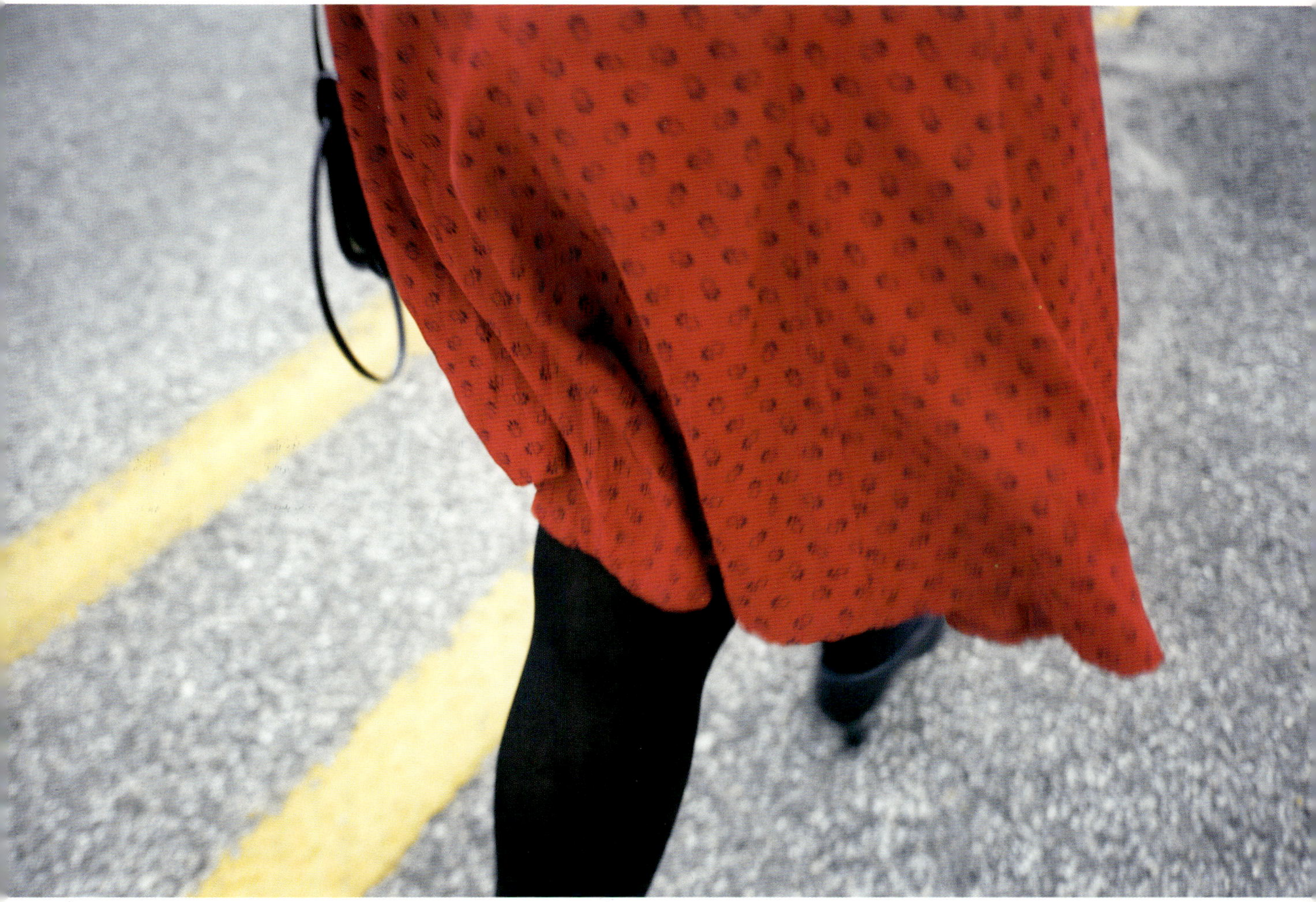

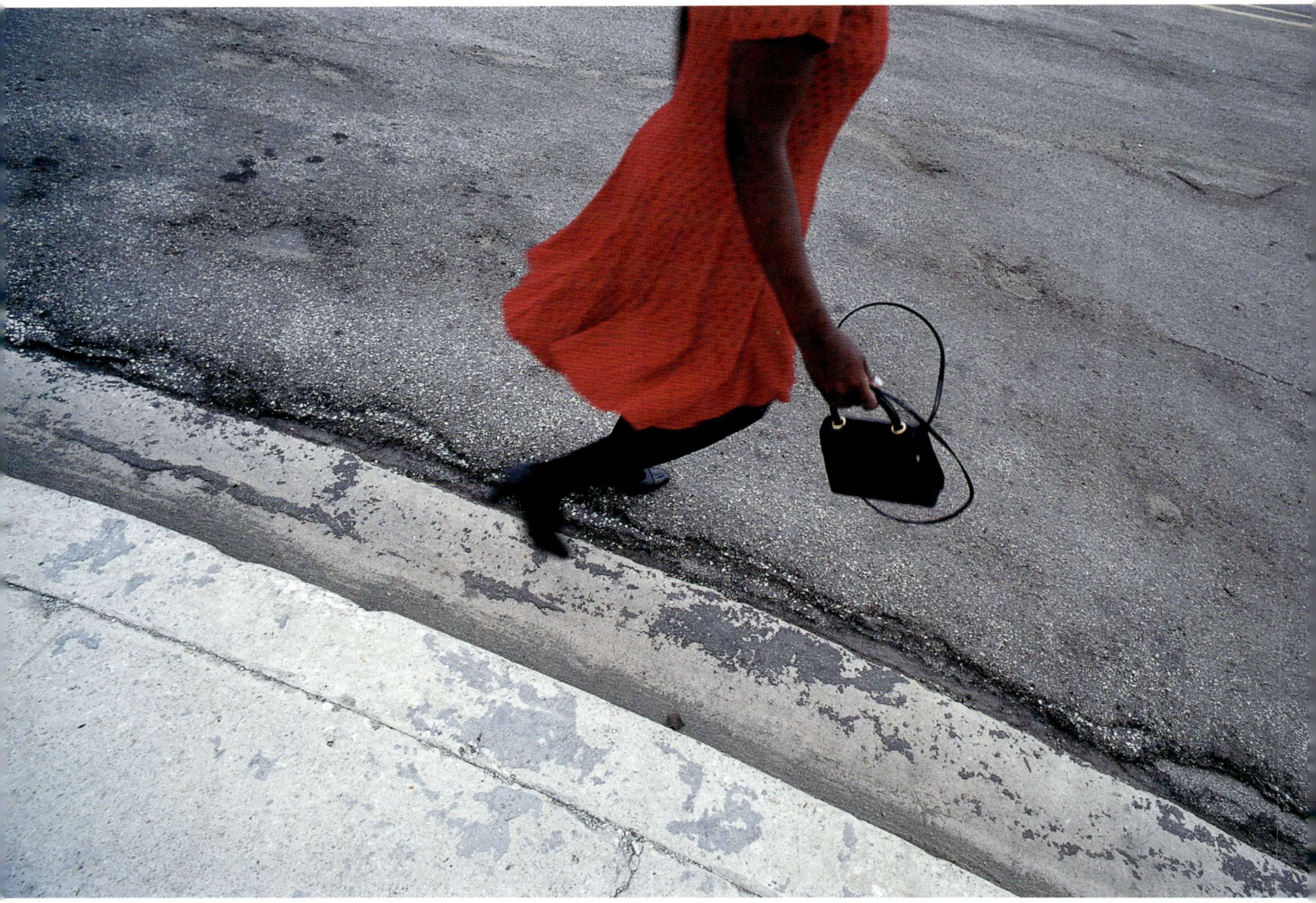

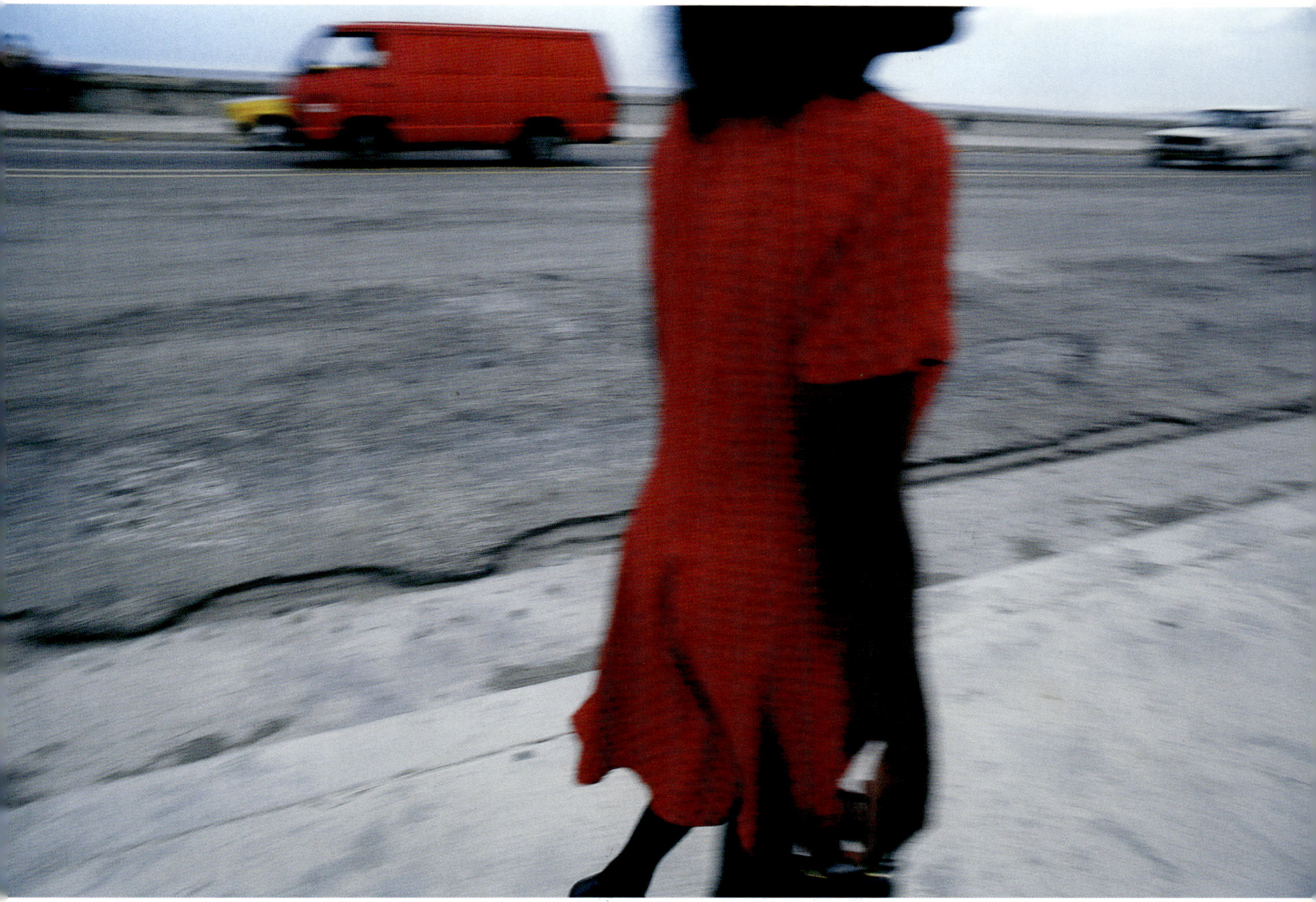

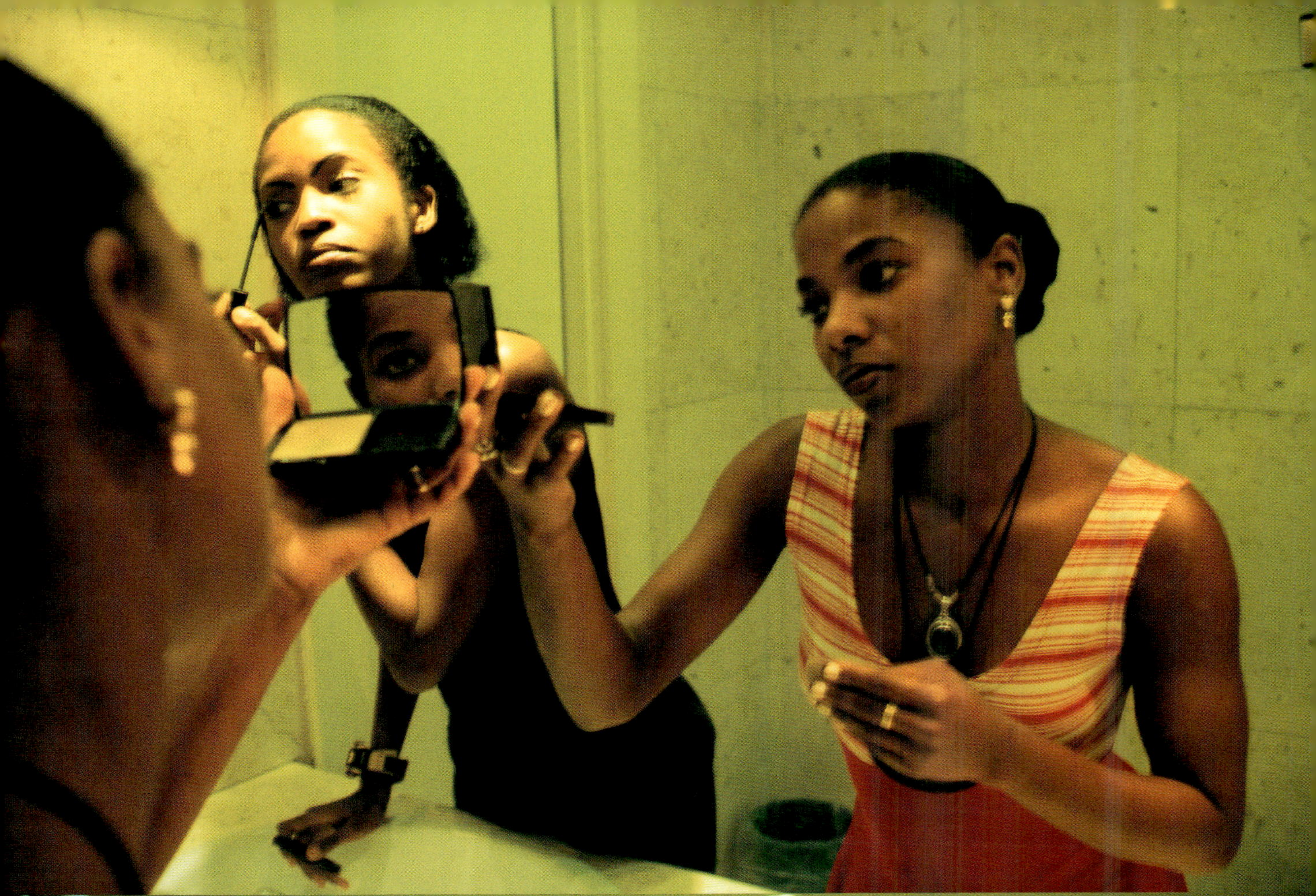

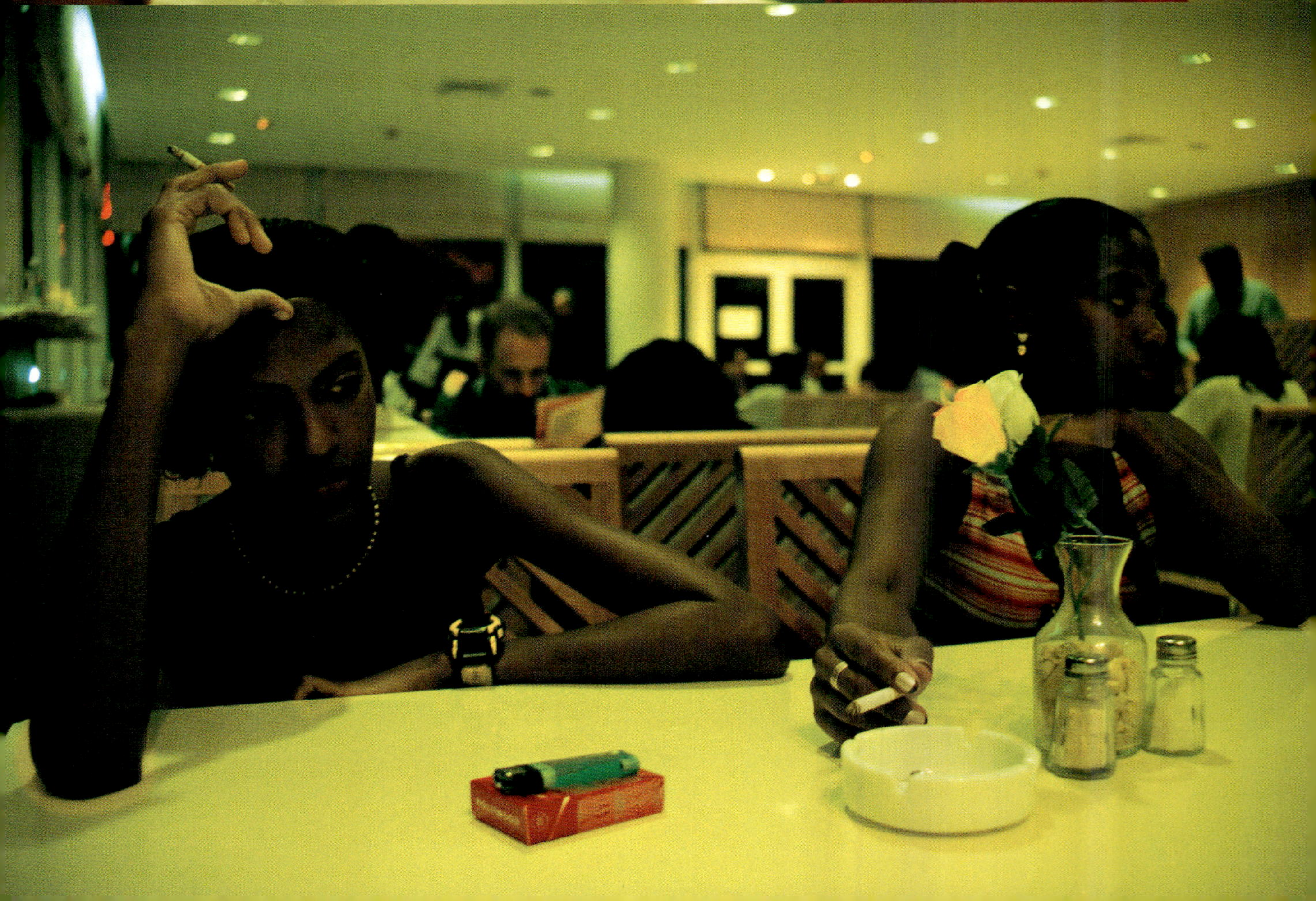

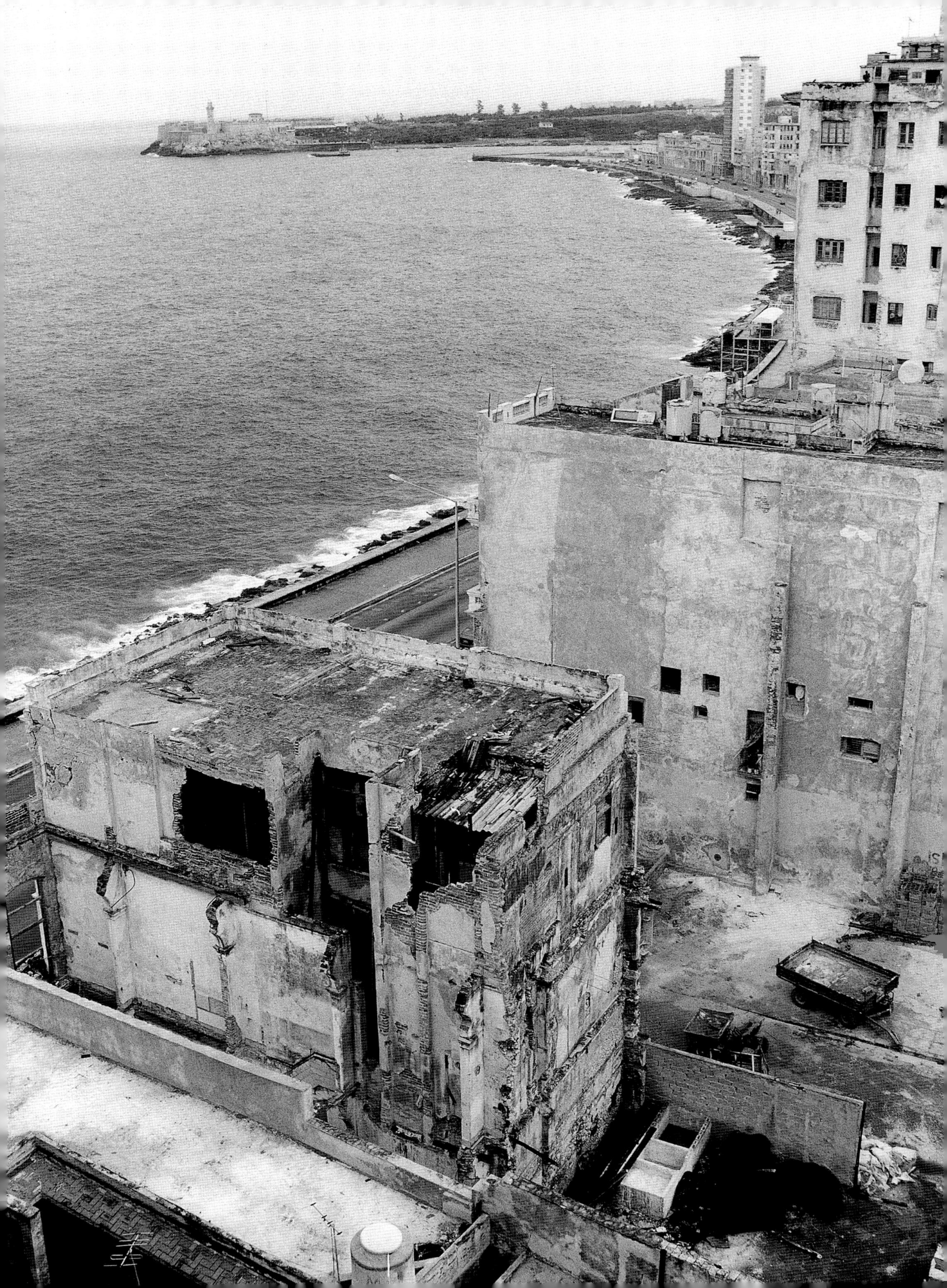

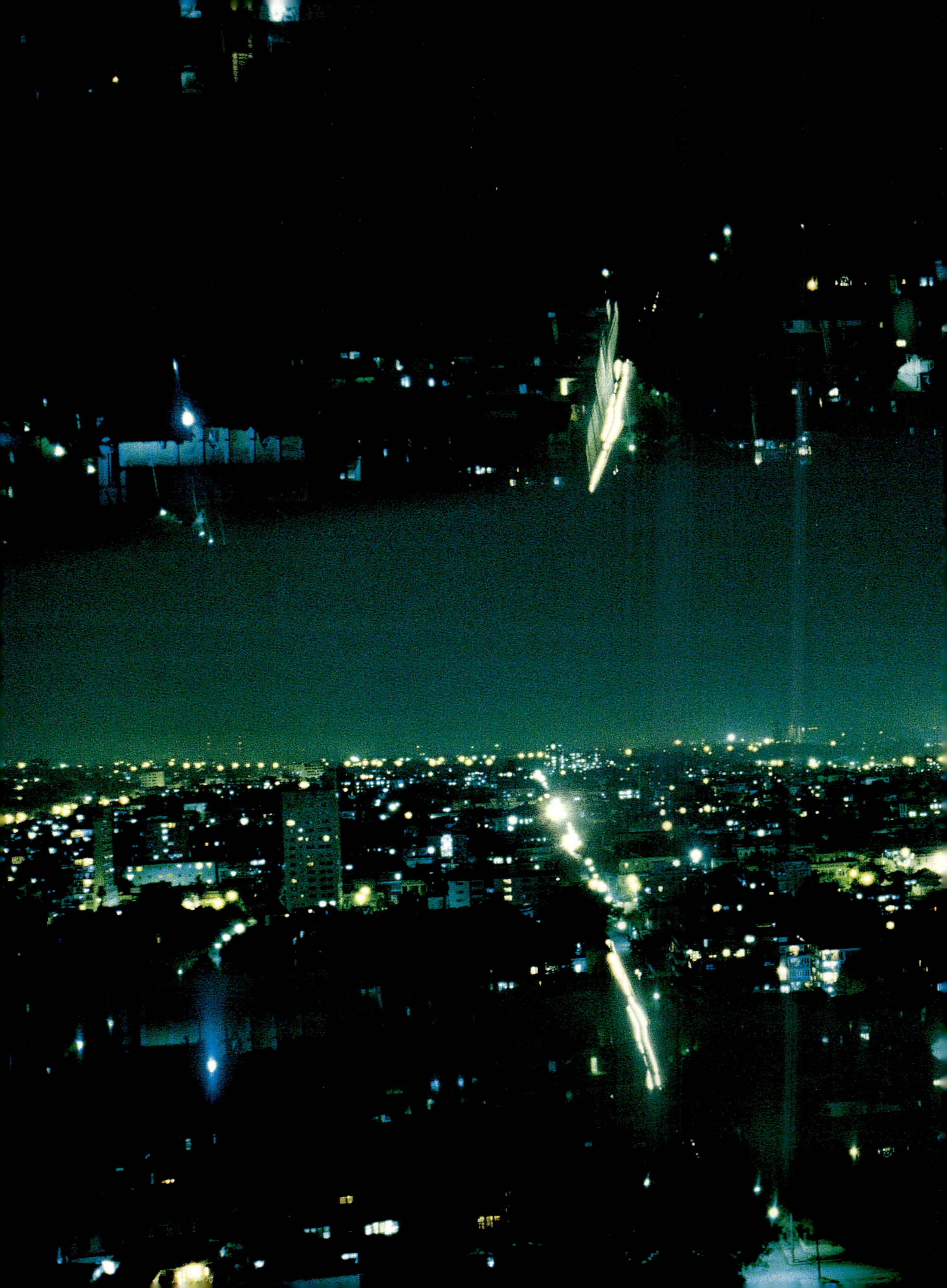

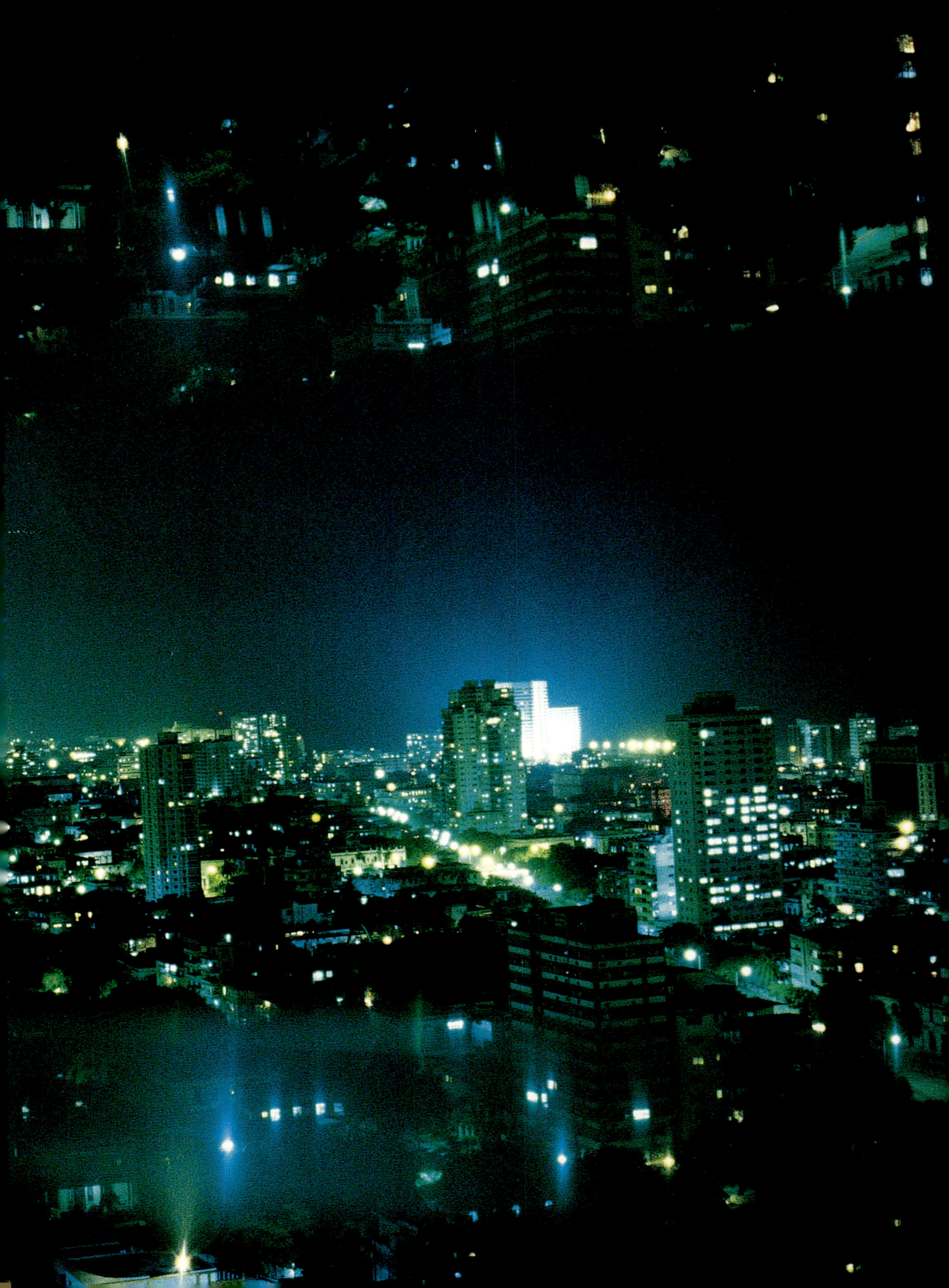

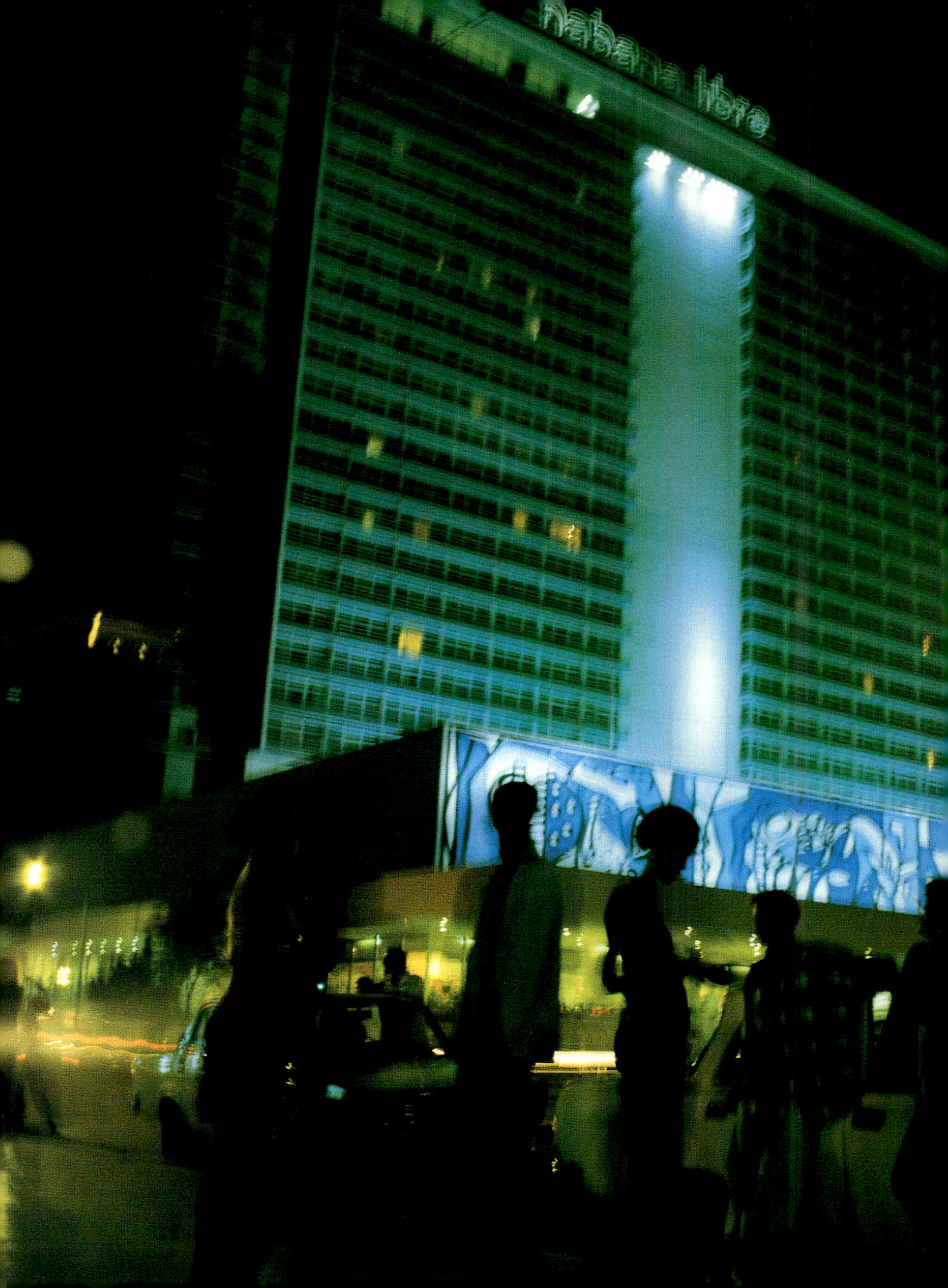
habana libre

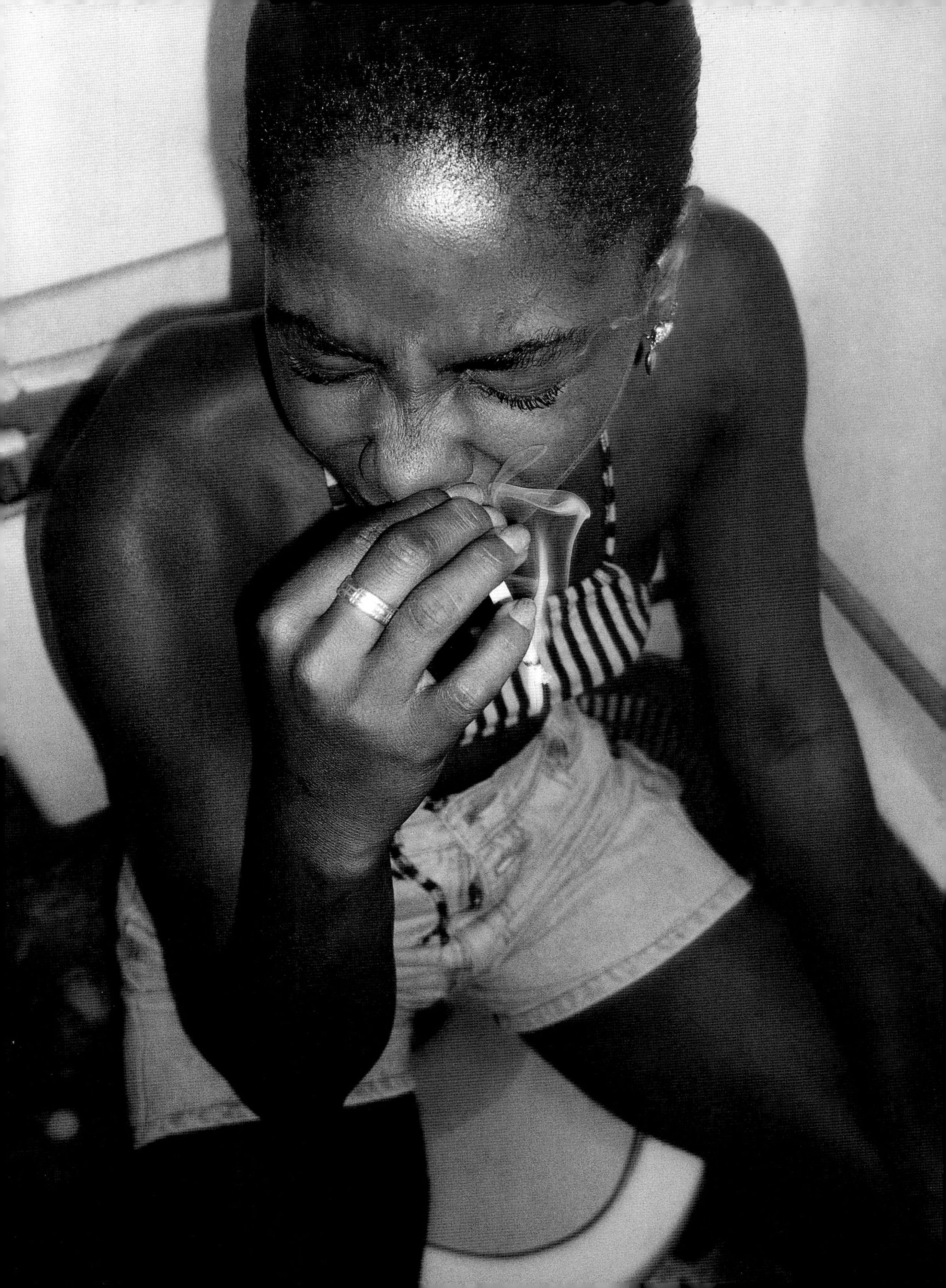

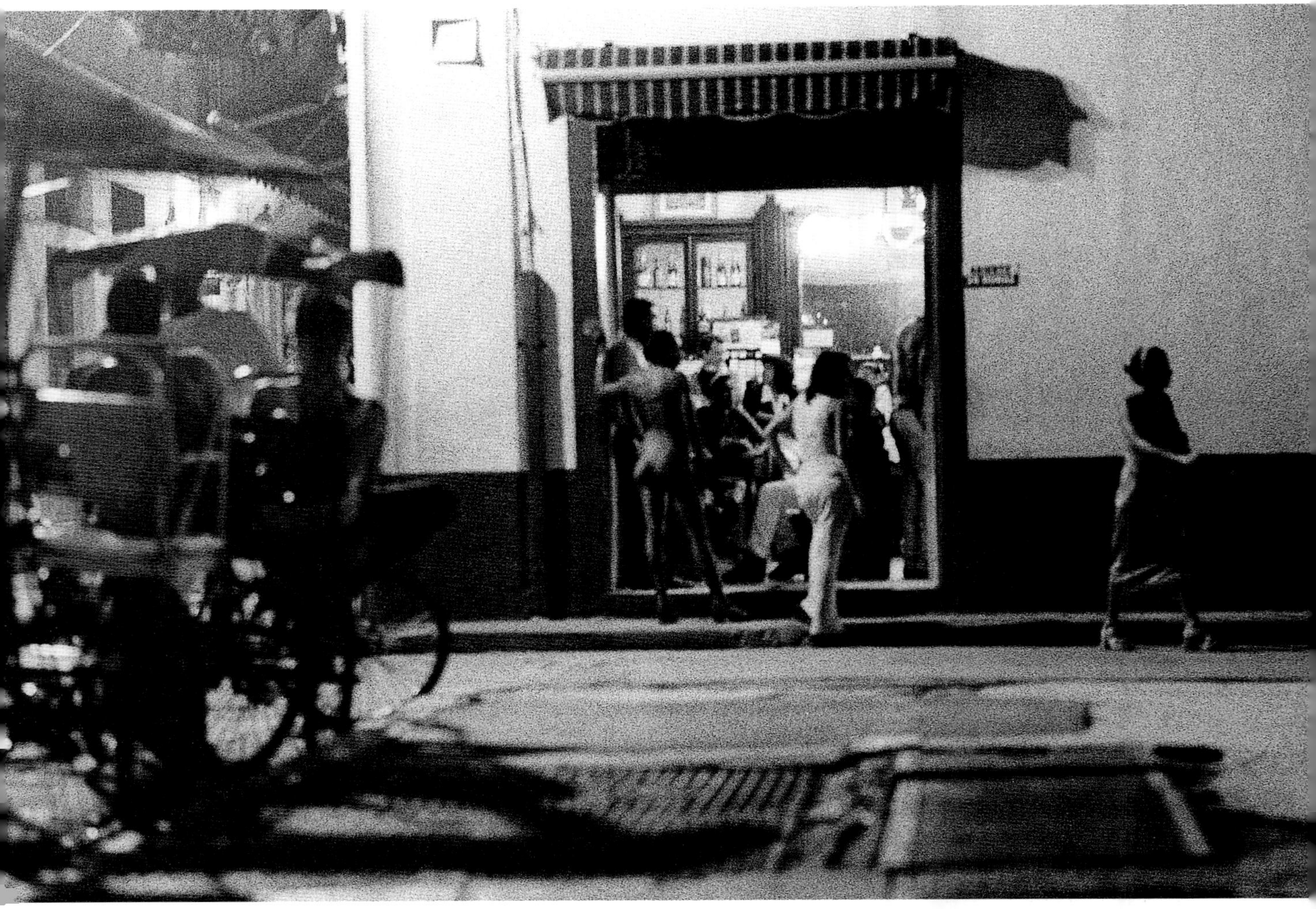

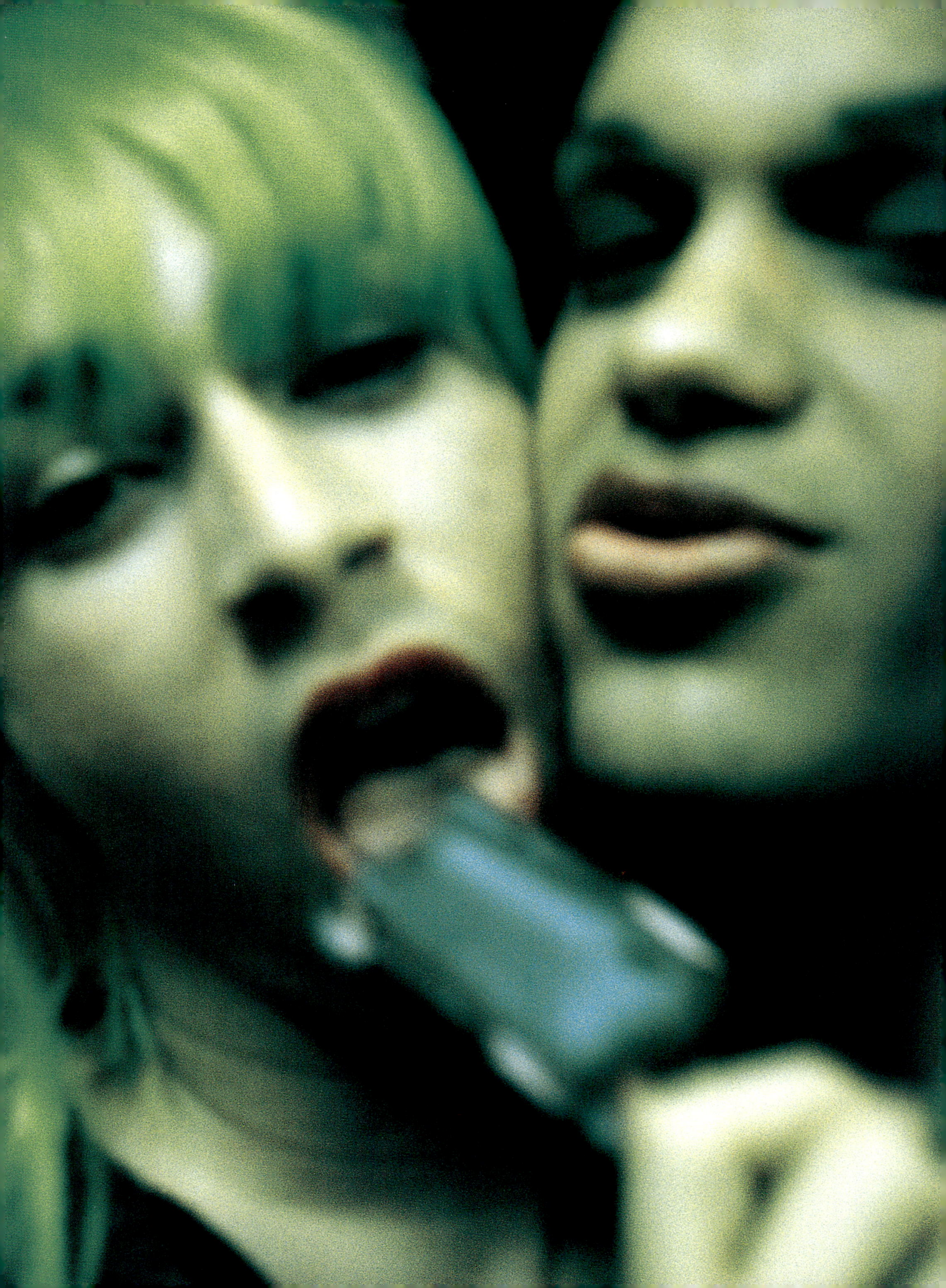

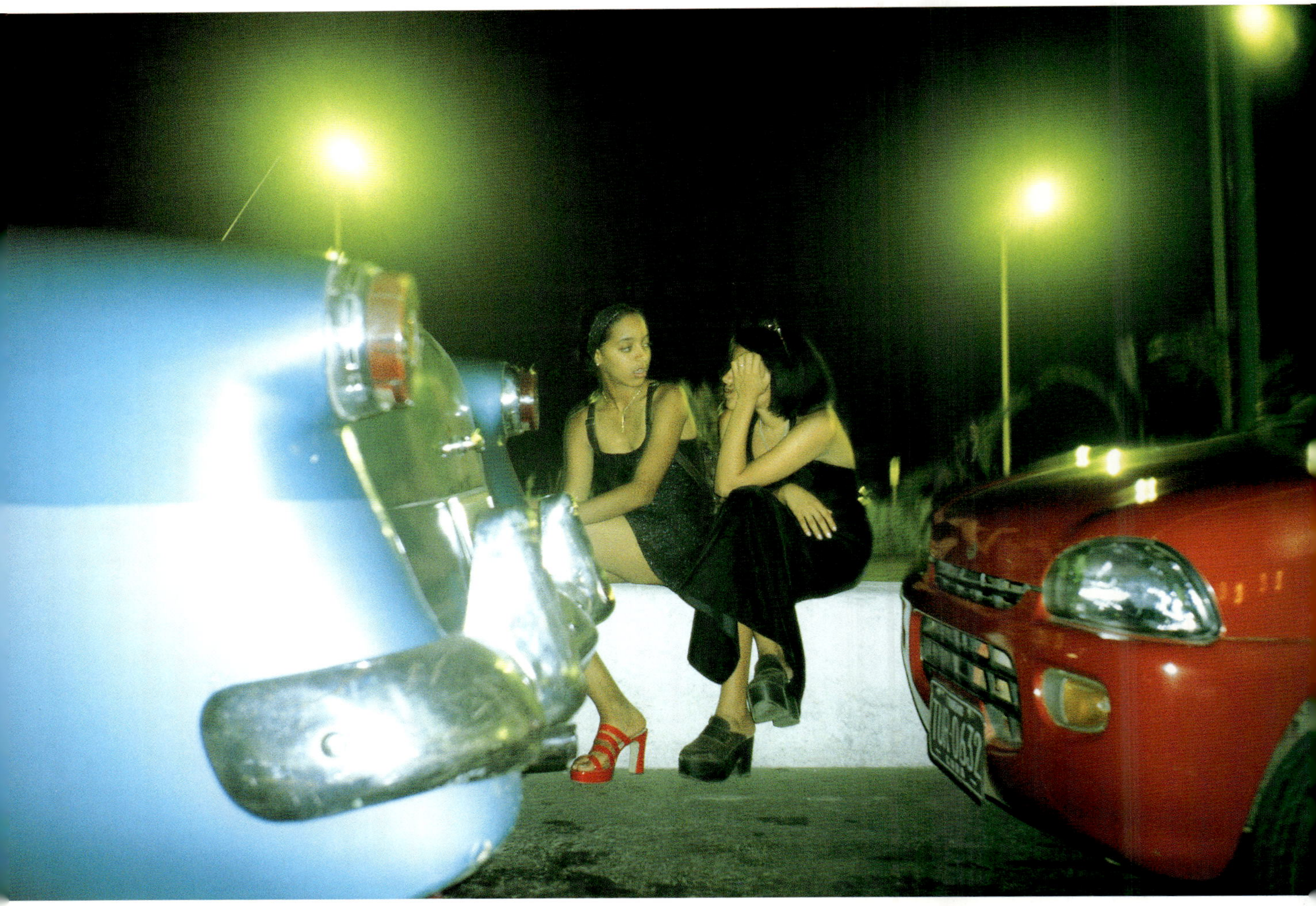

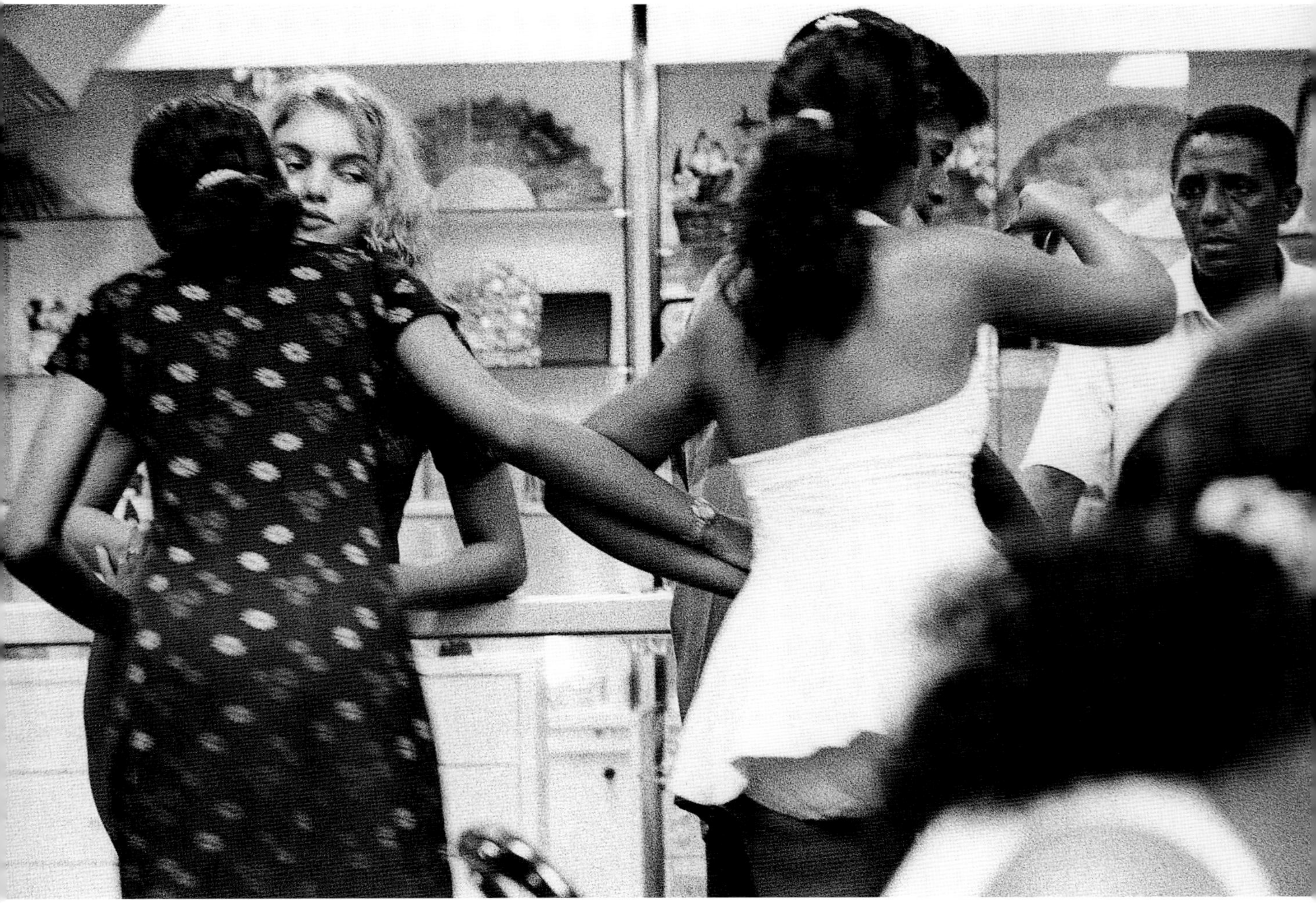

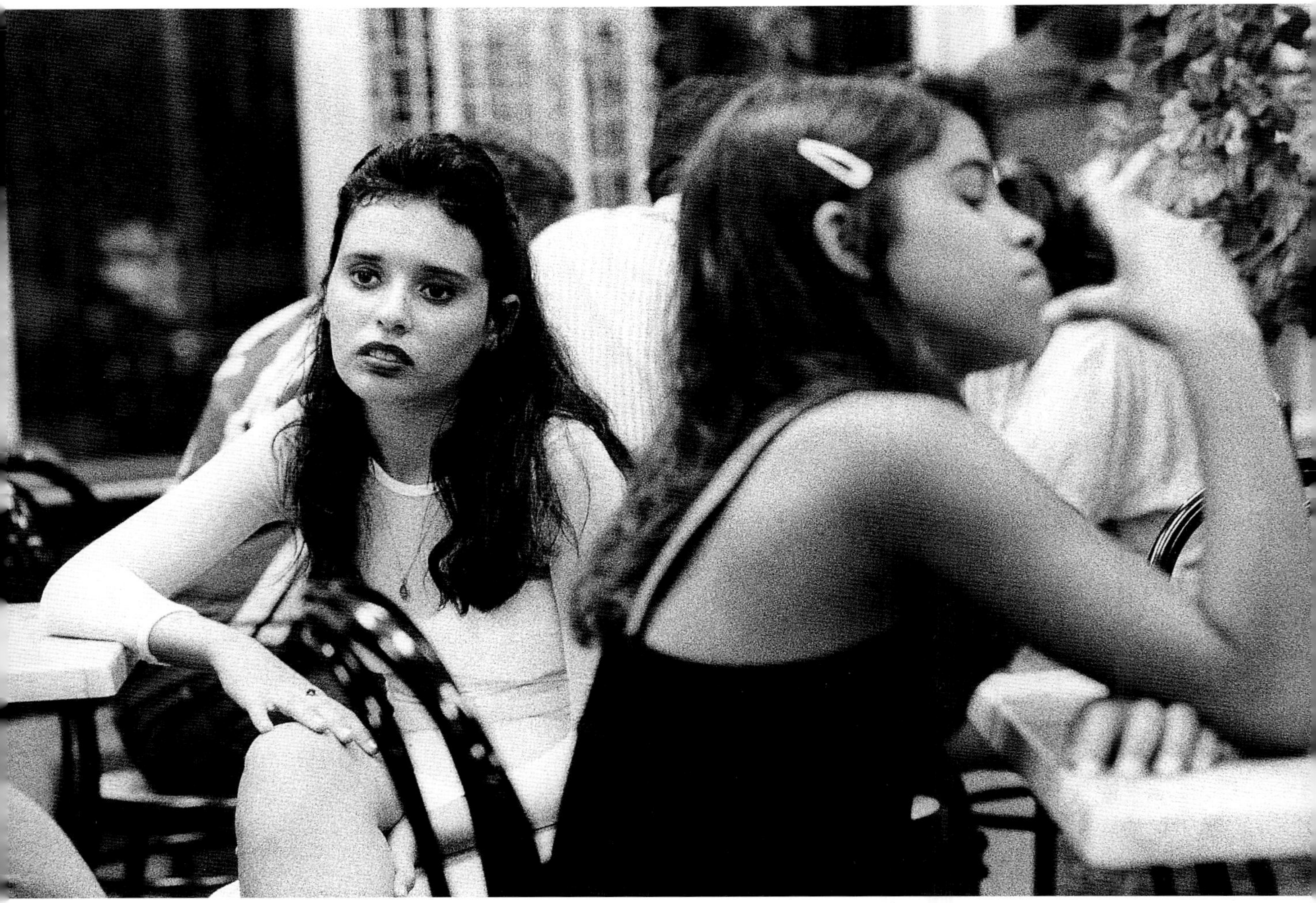

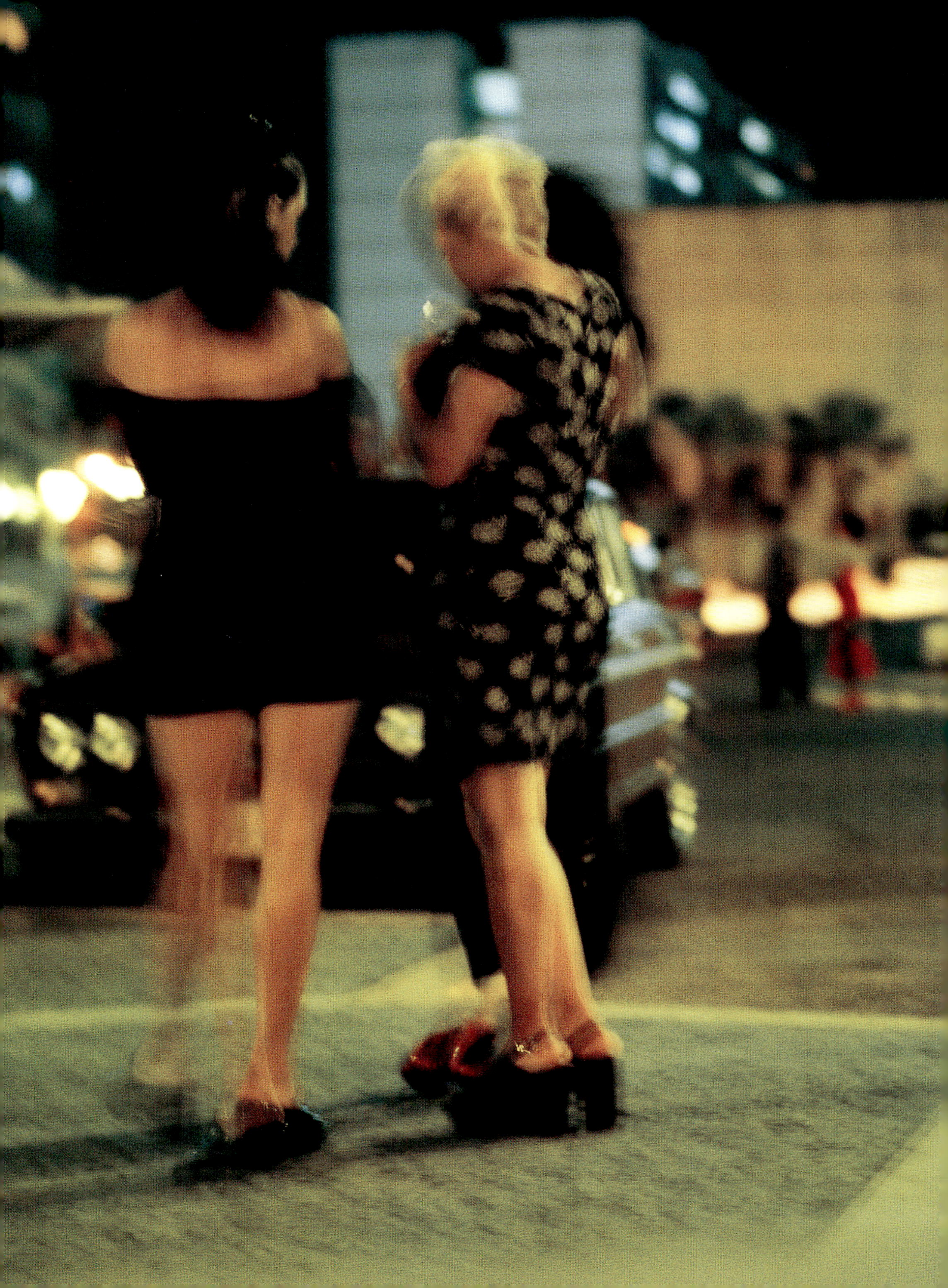

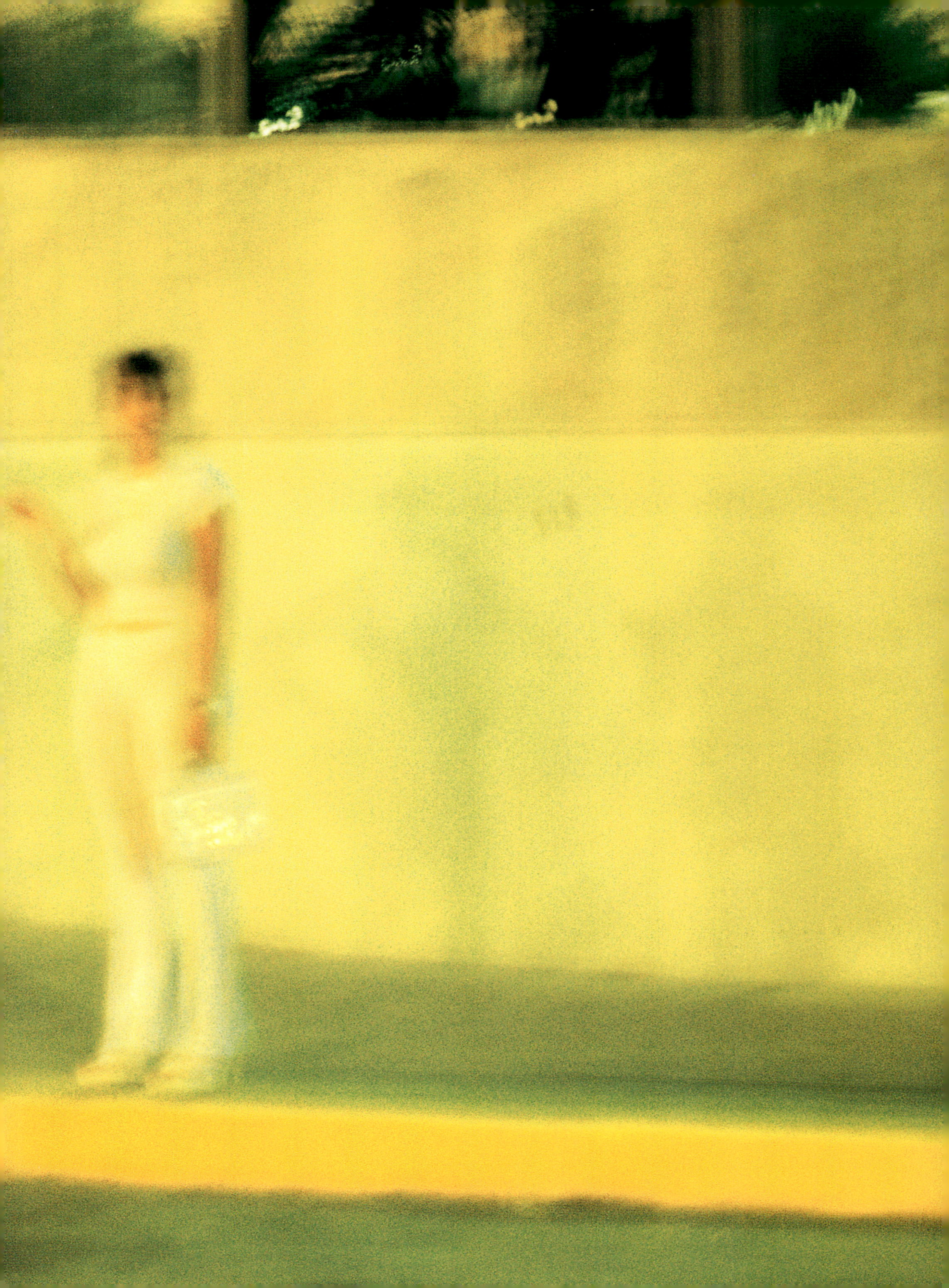

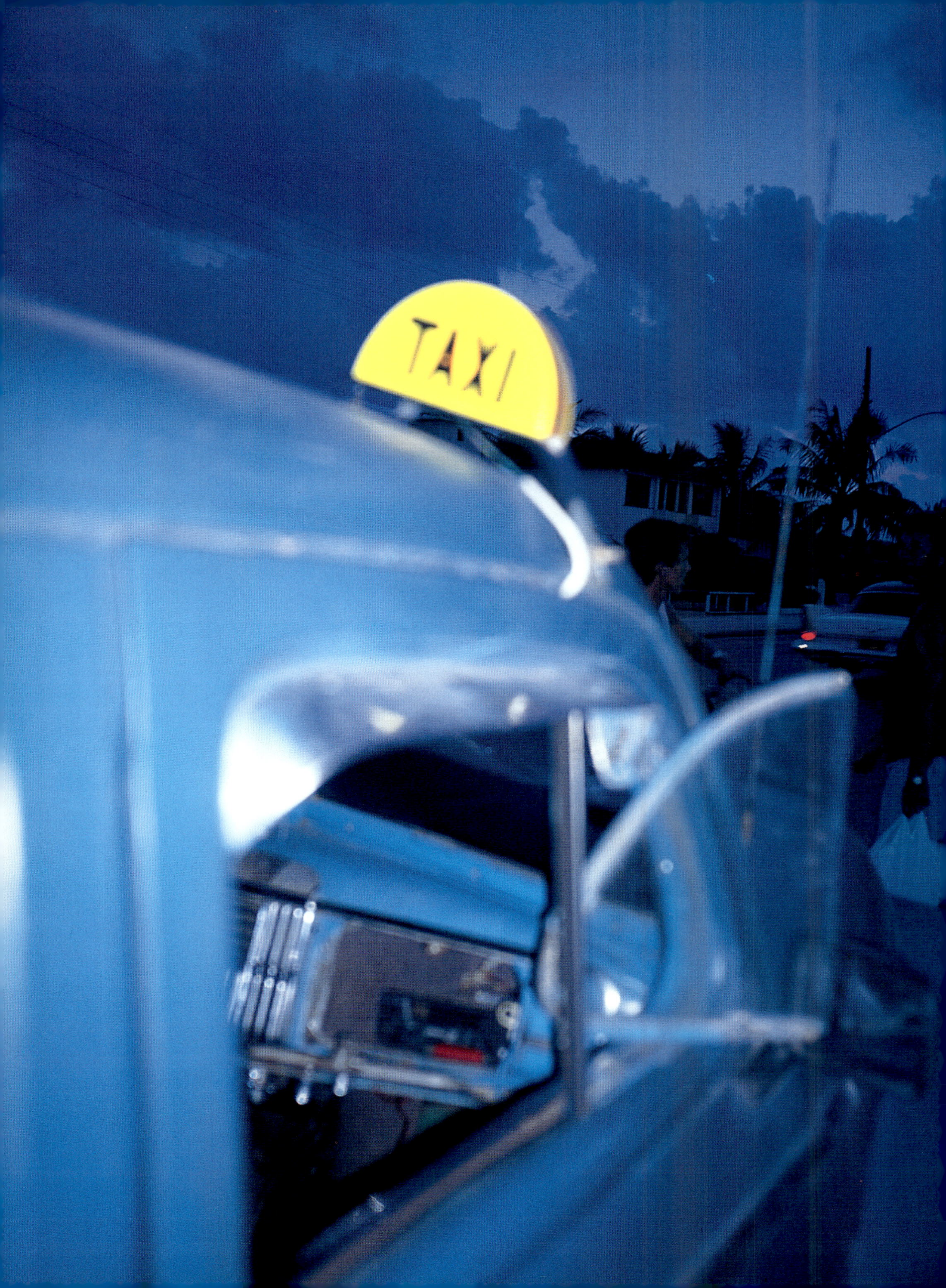
TAXI

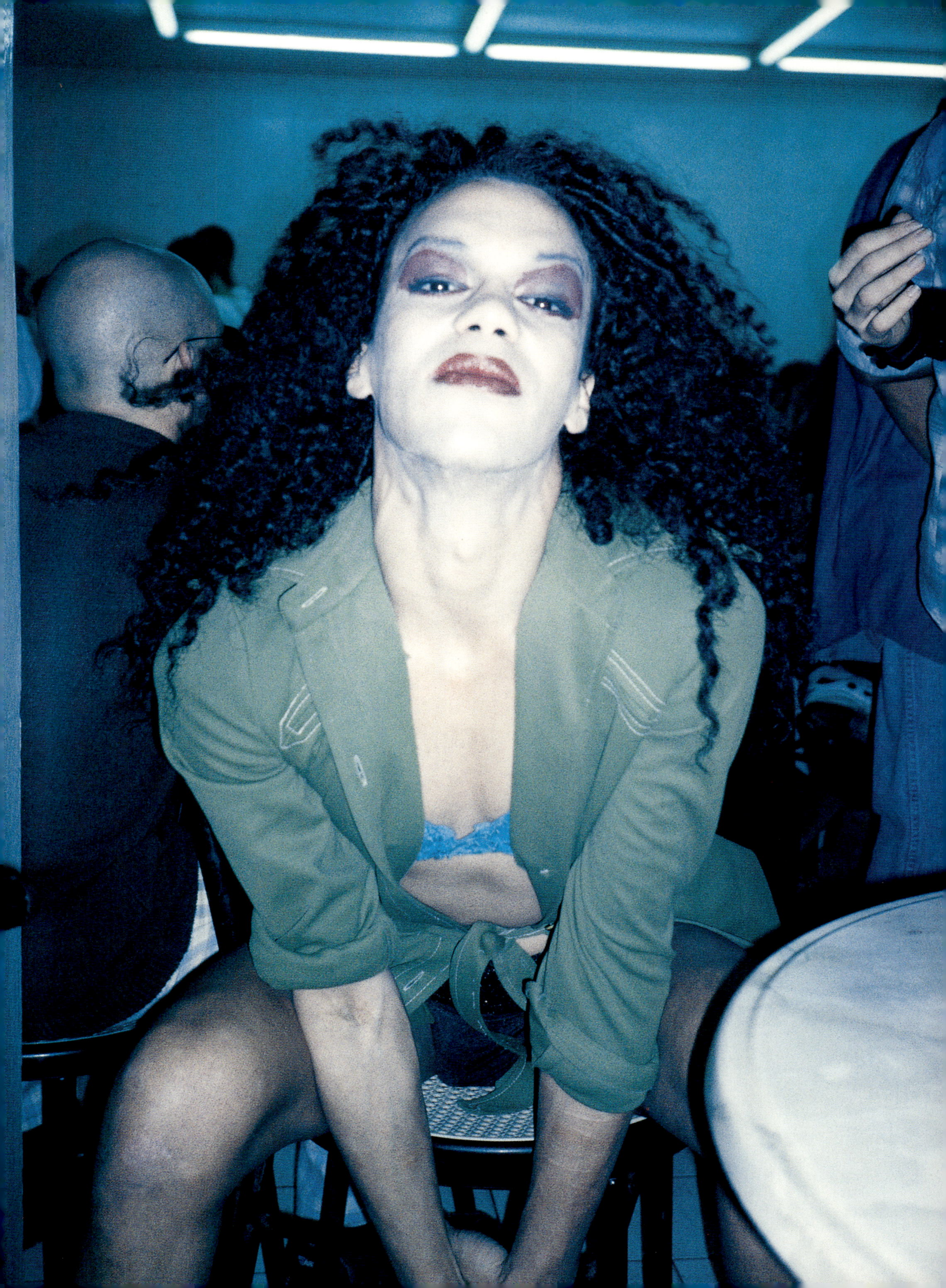

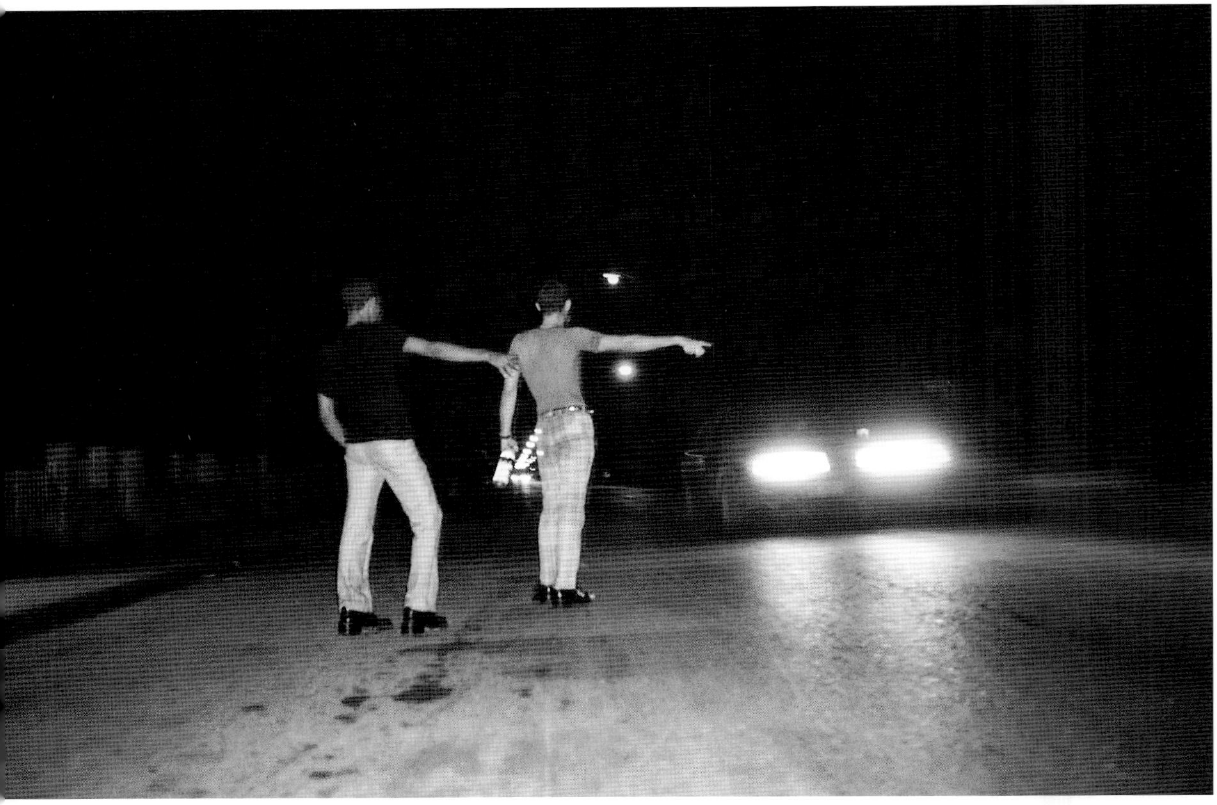

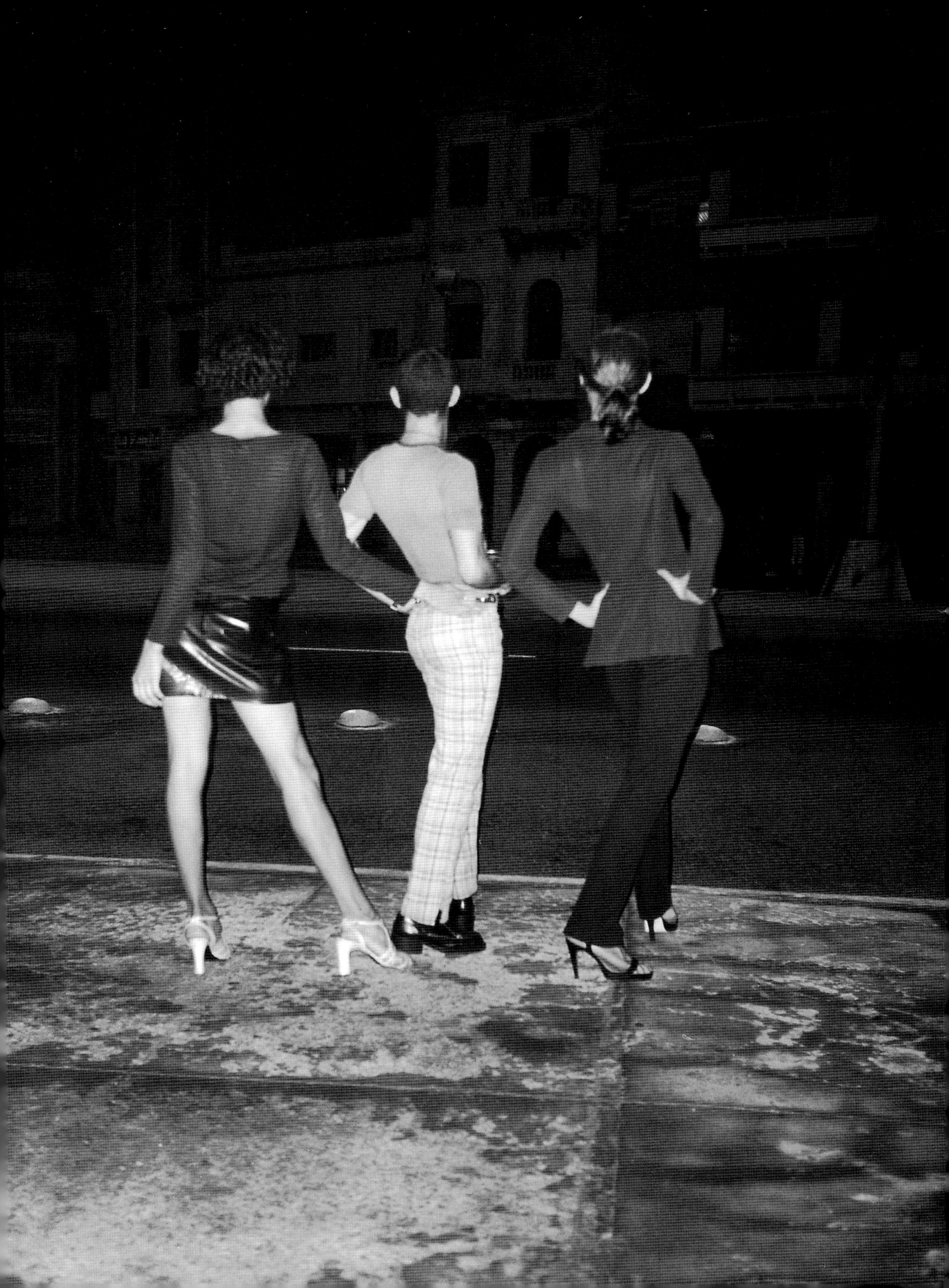

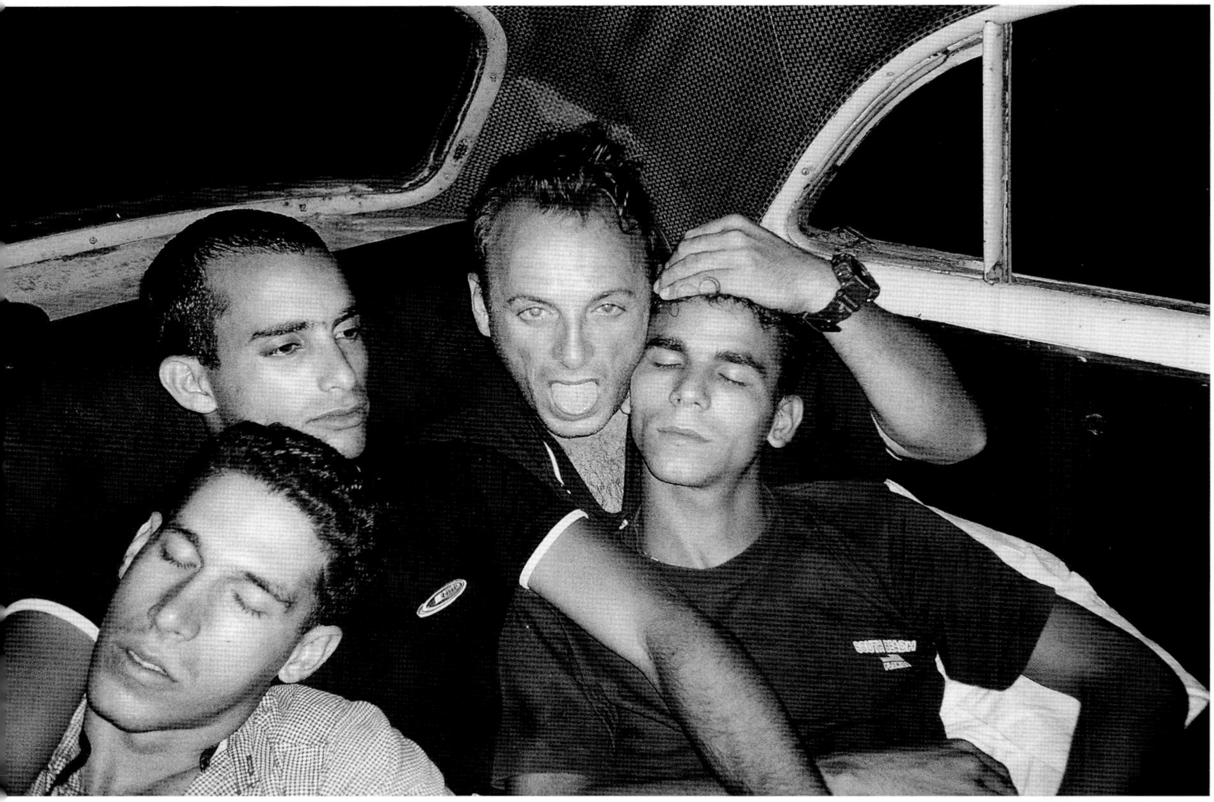

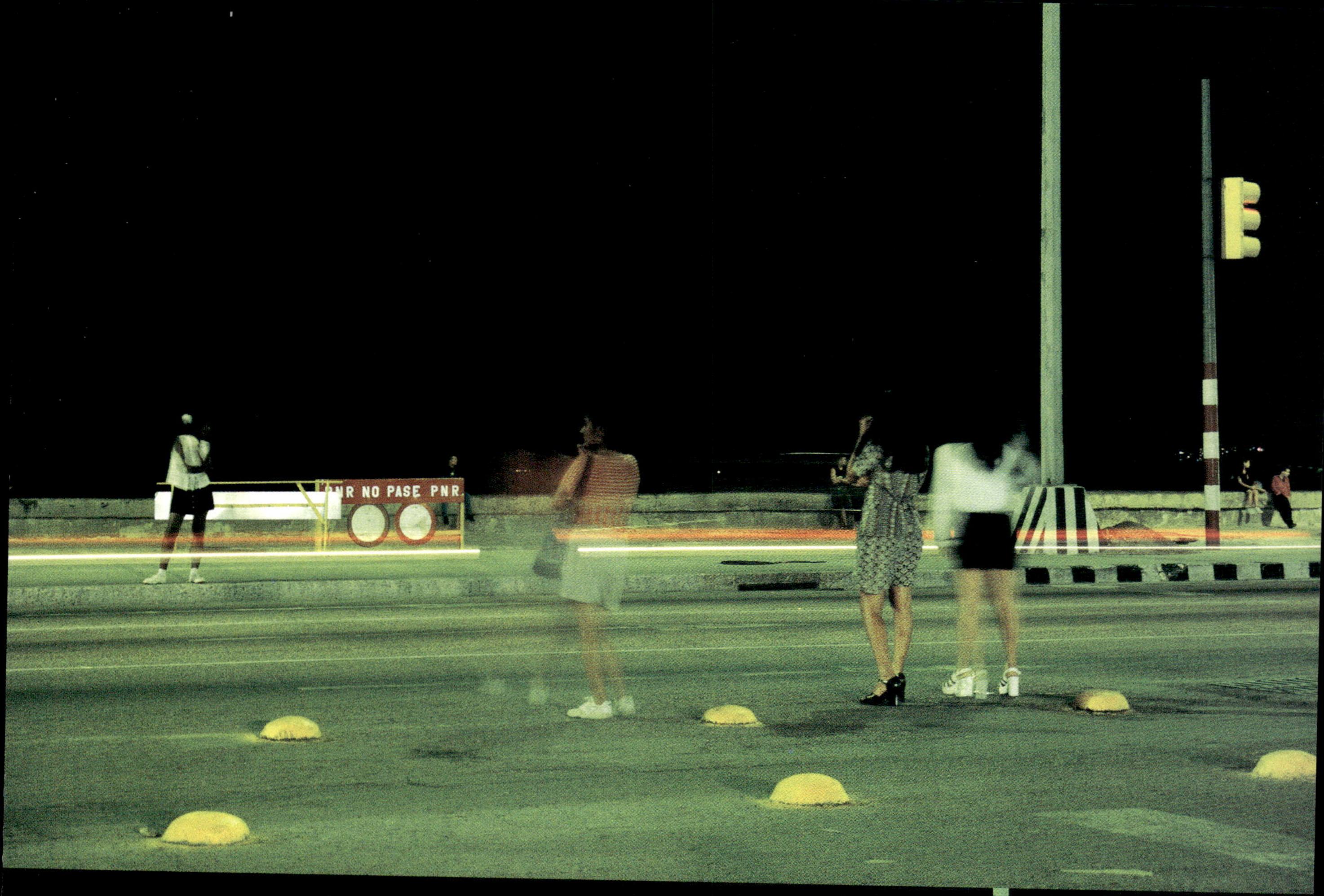
NO PASE PNR.

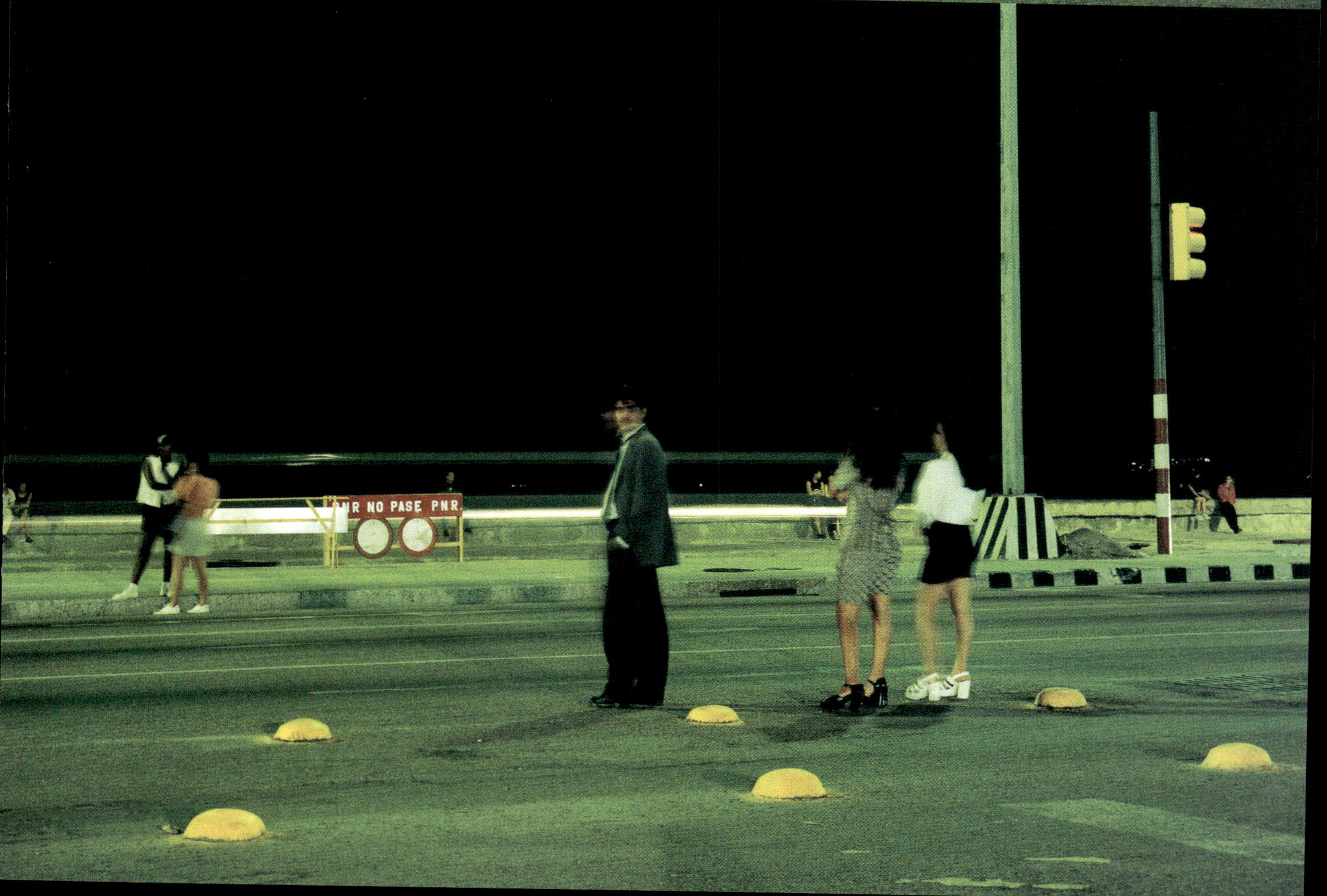
NO PASE PNR.

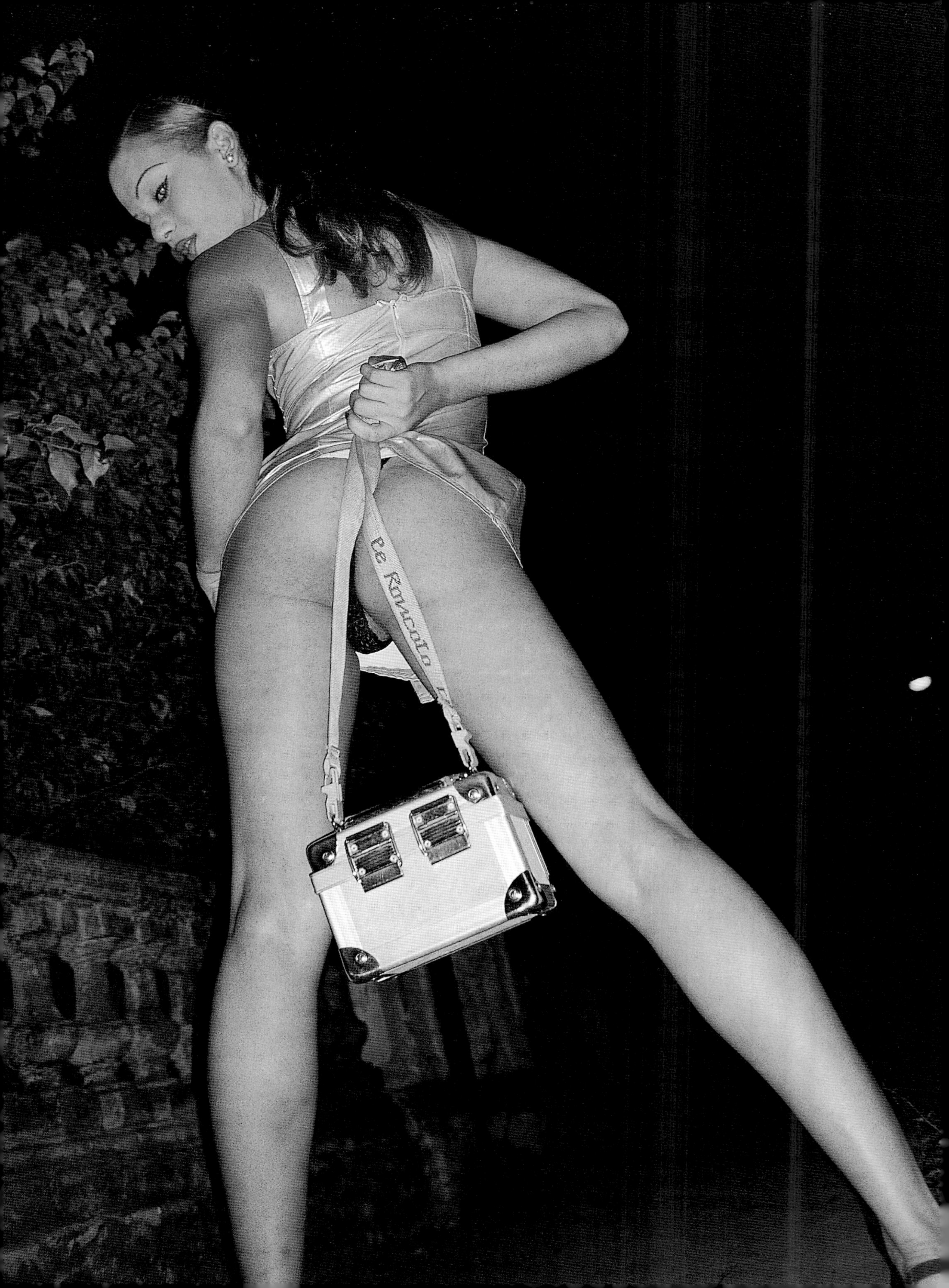

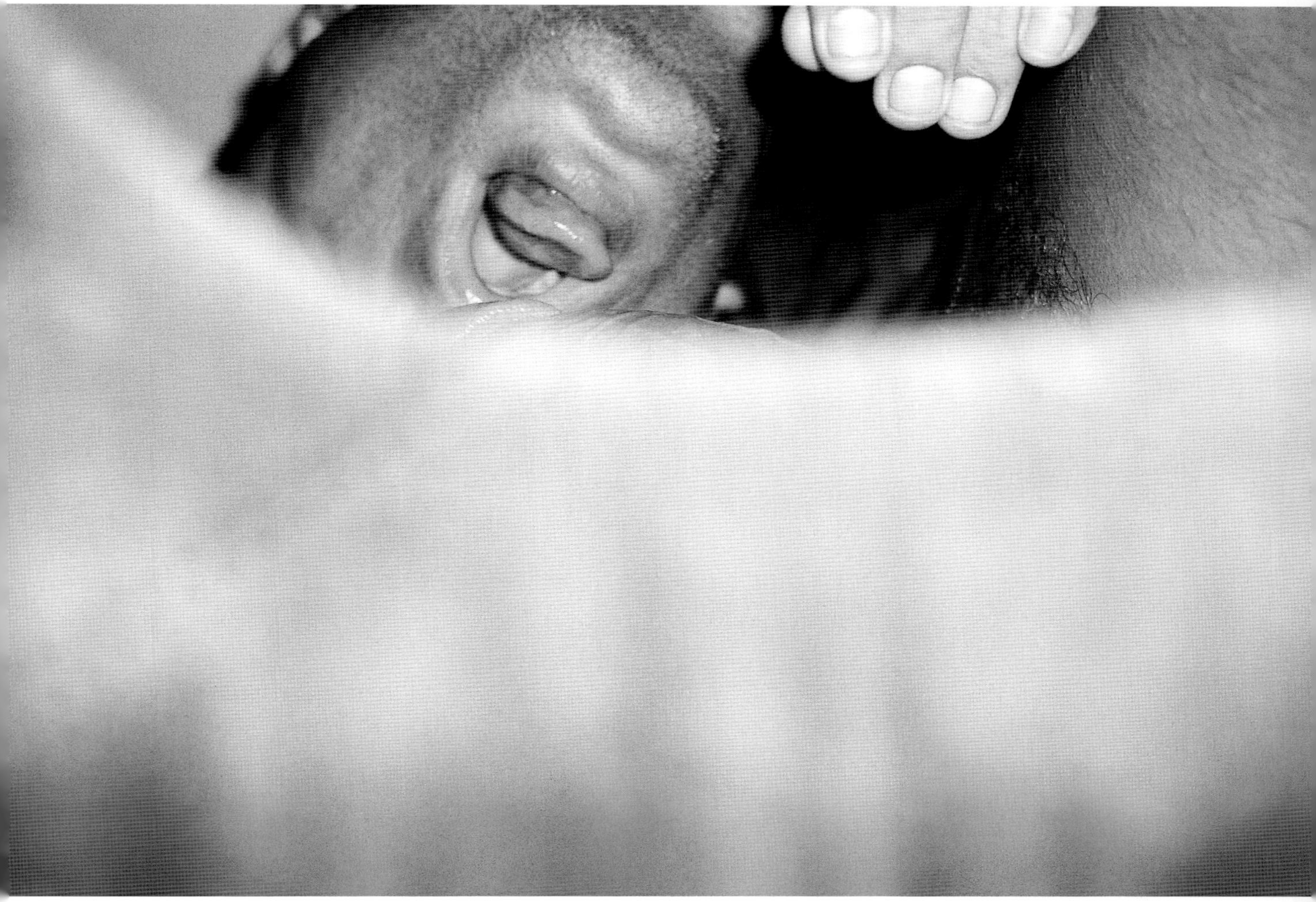

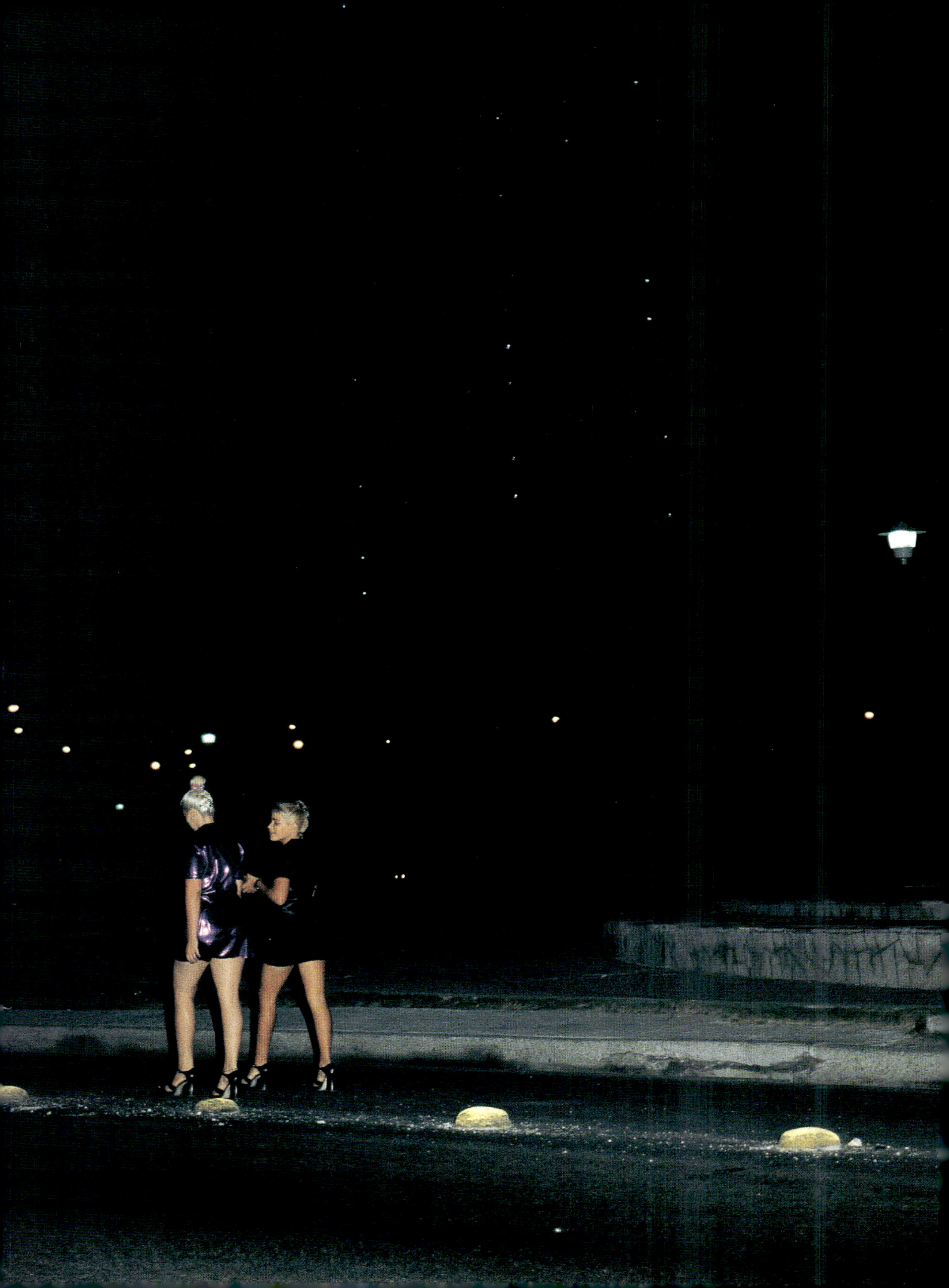

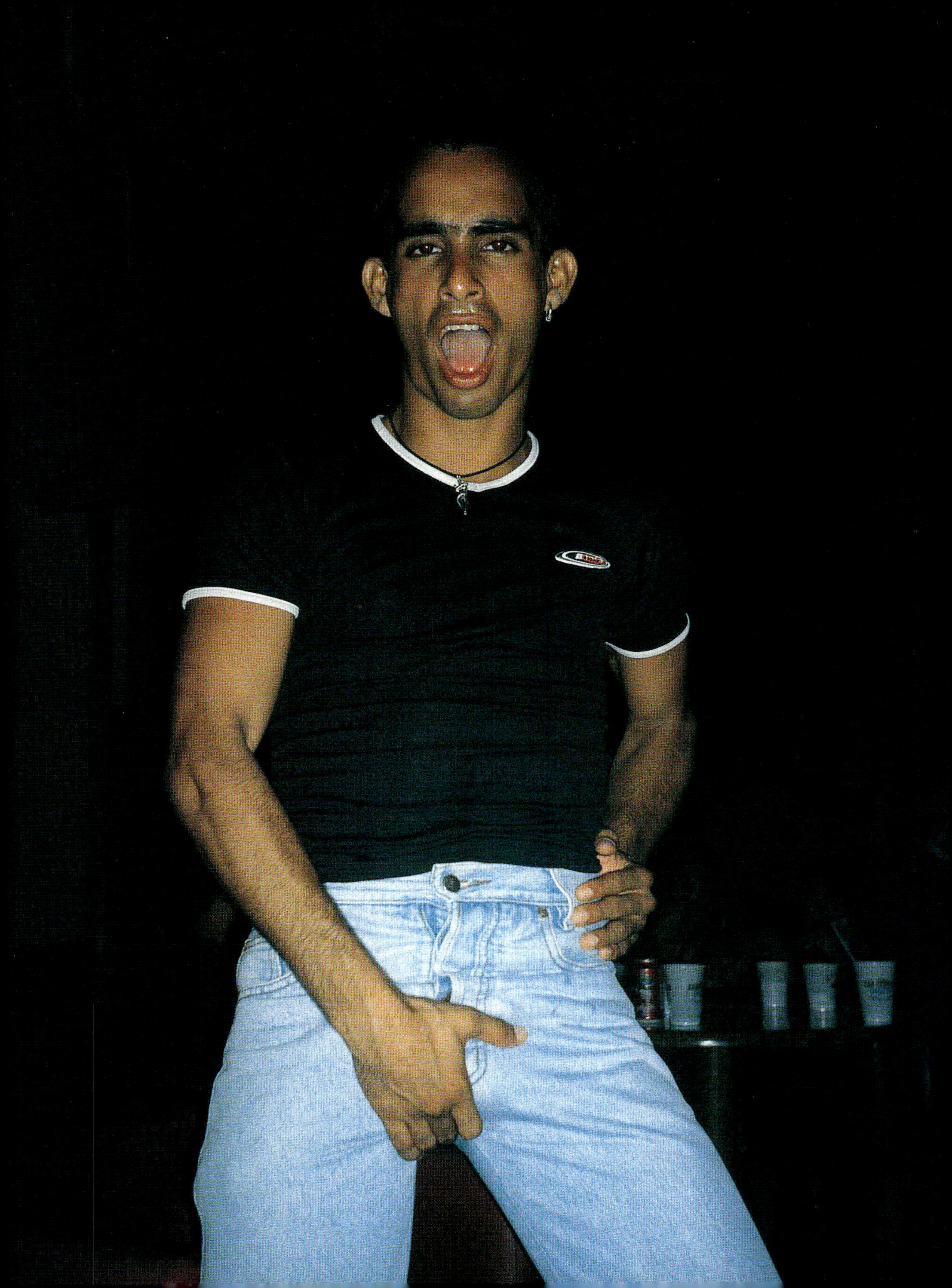

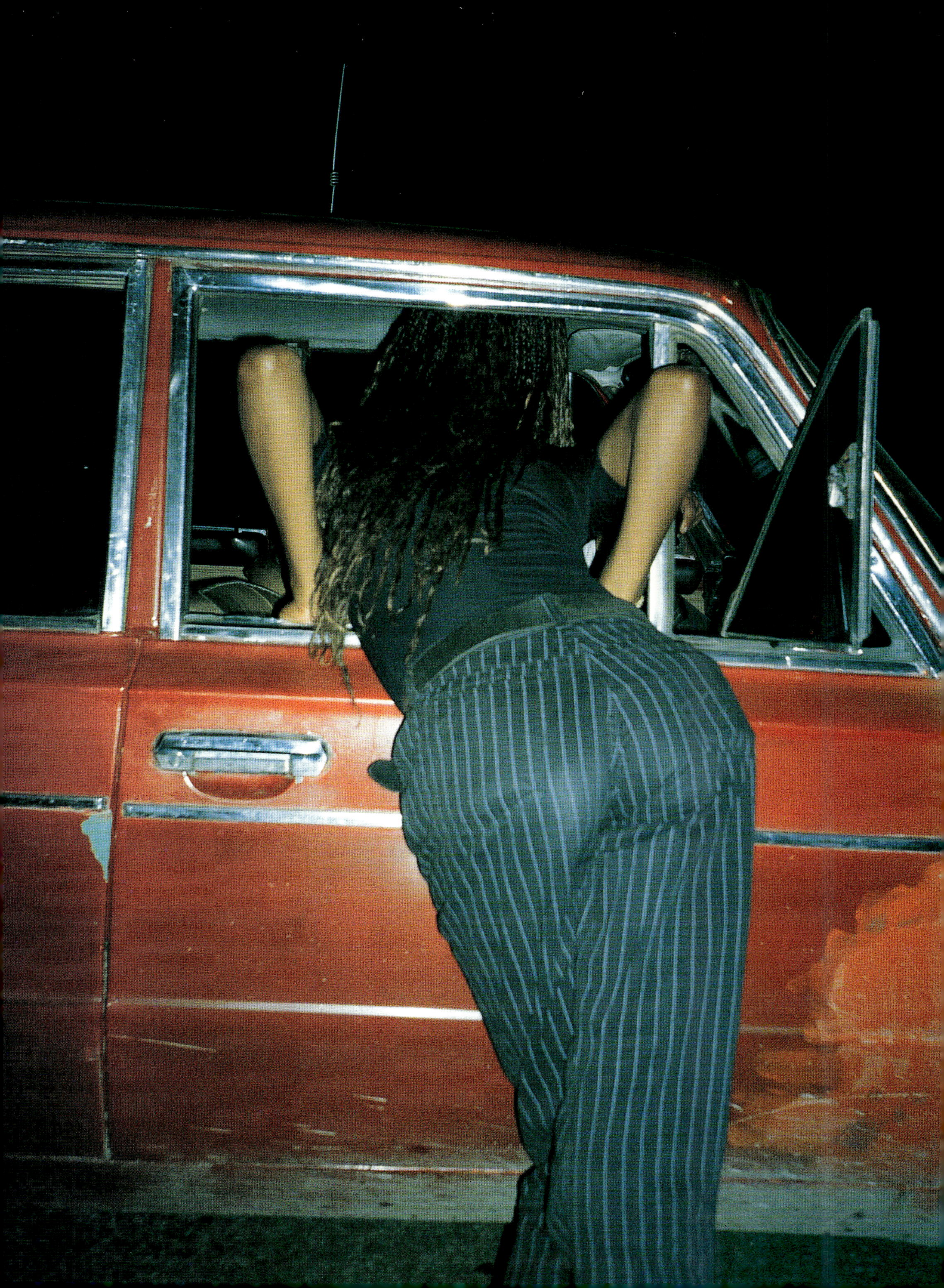

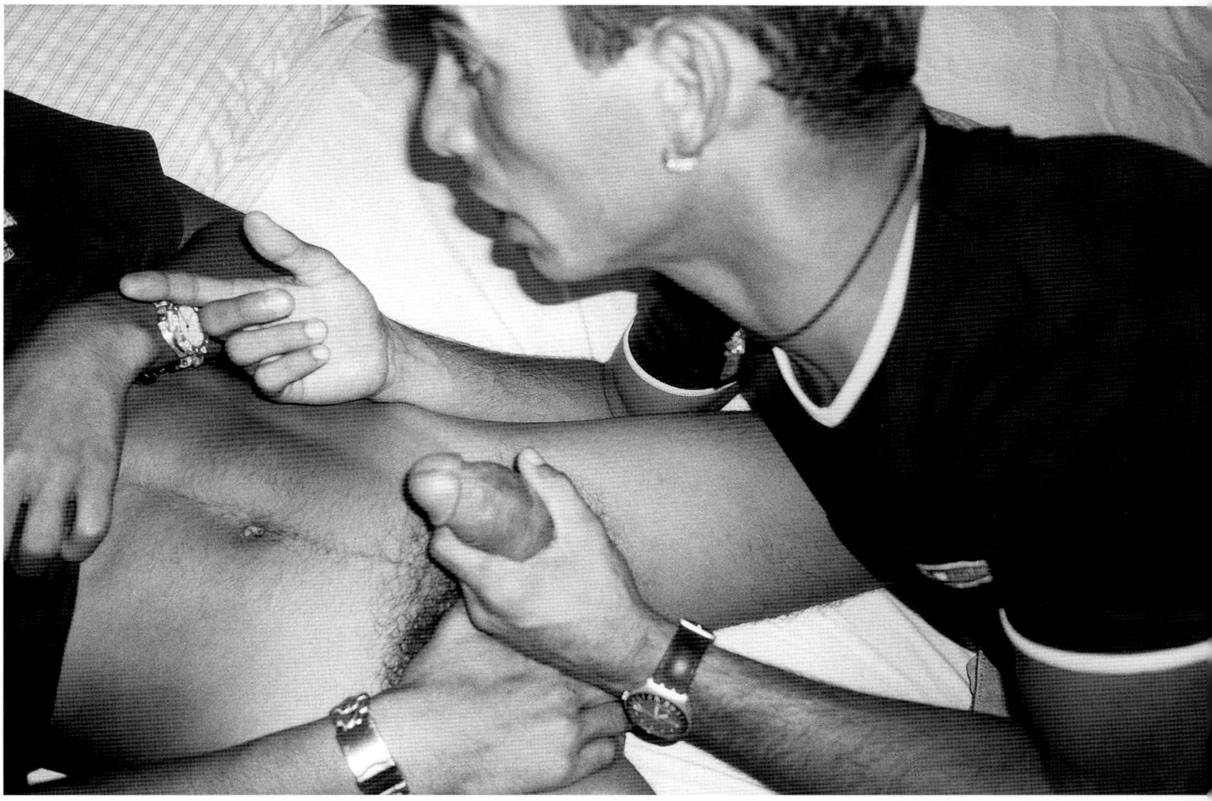

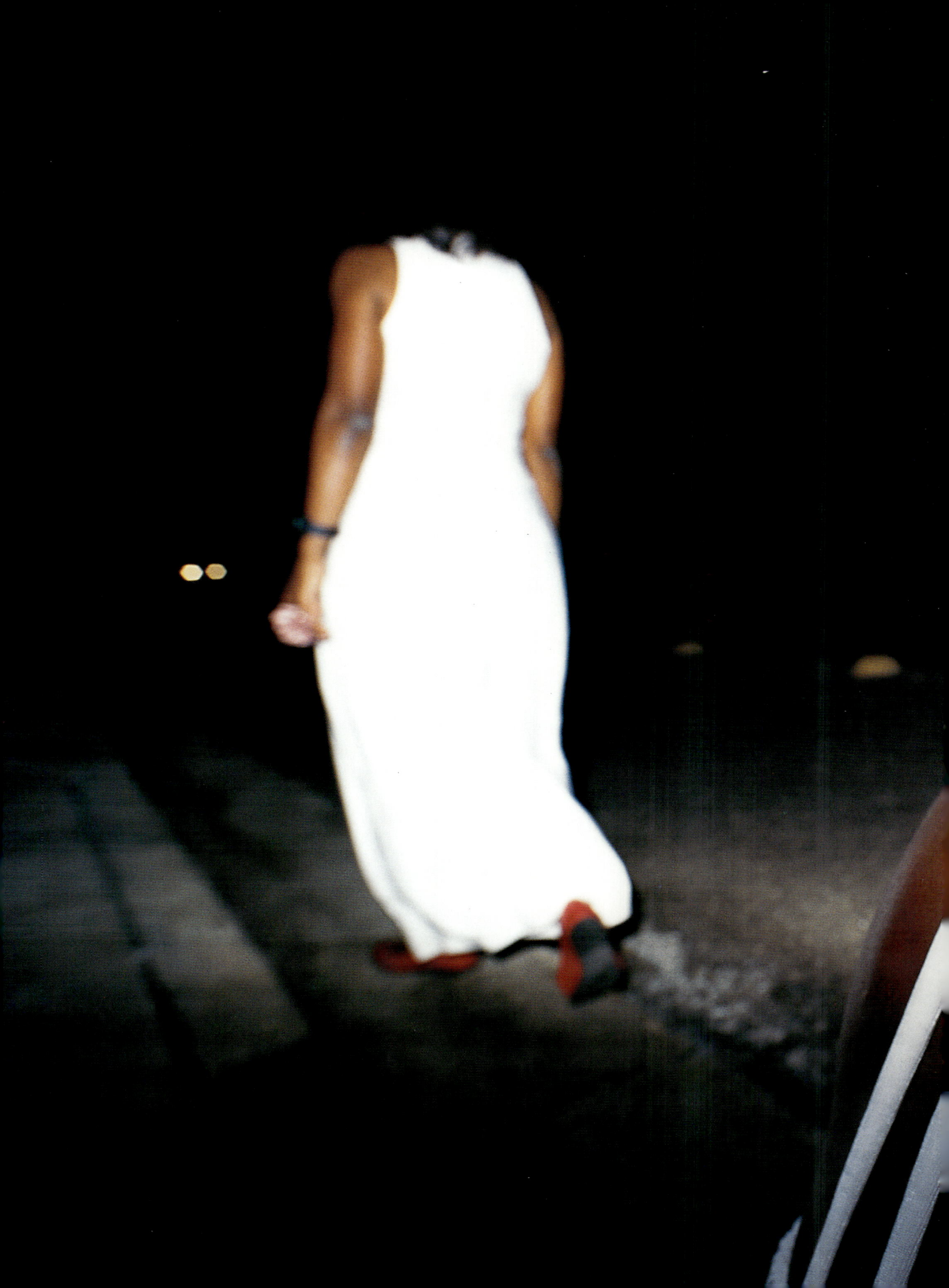

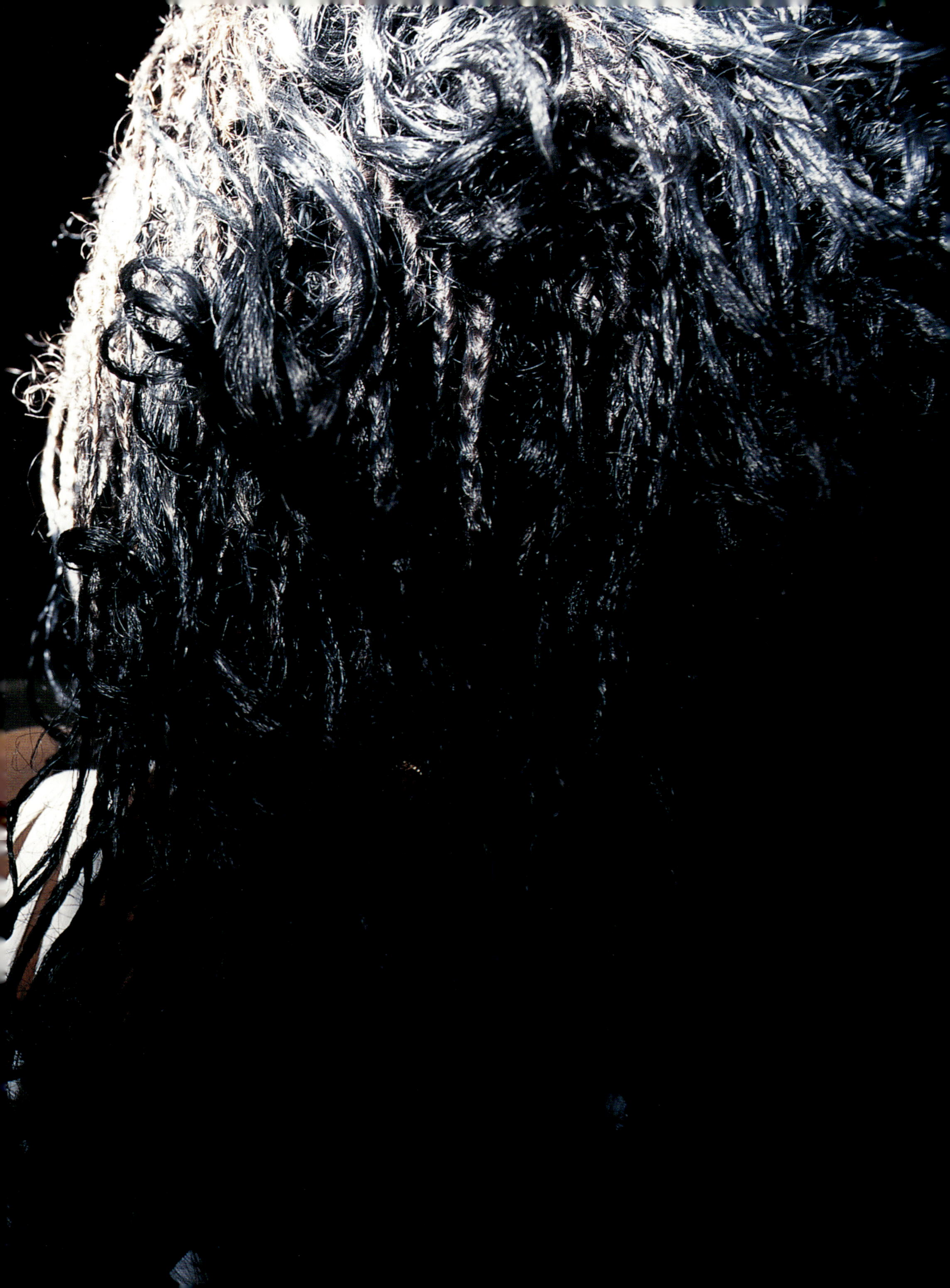

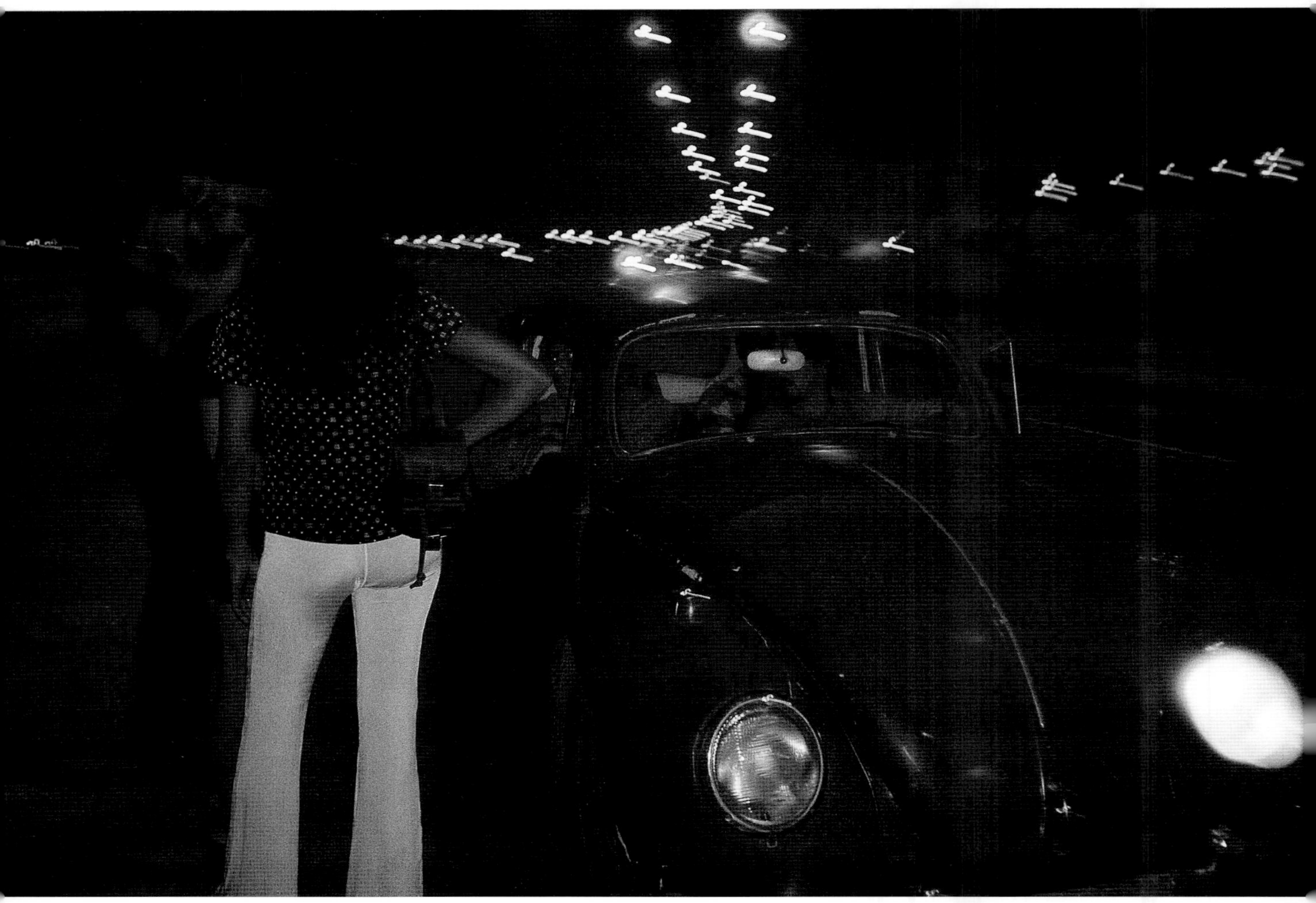

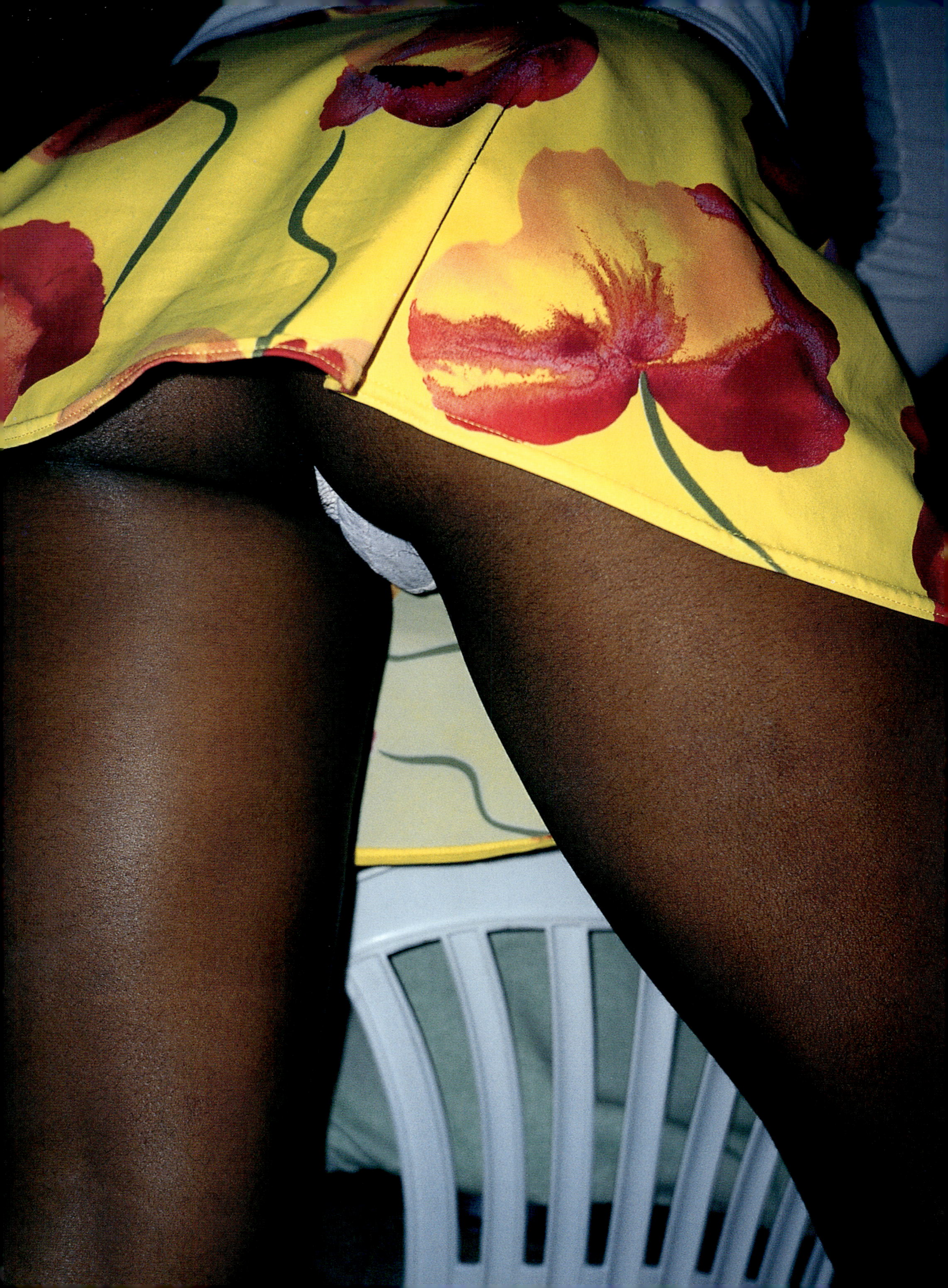

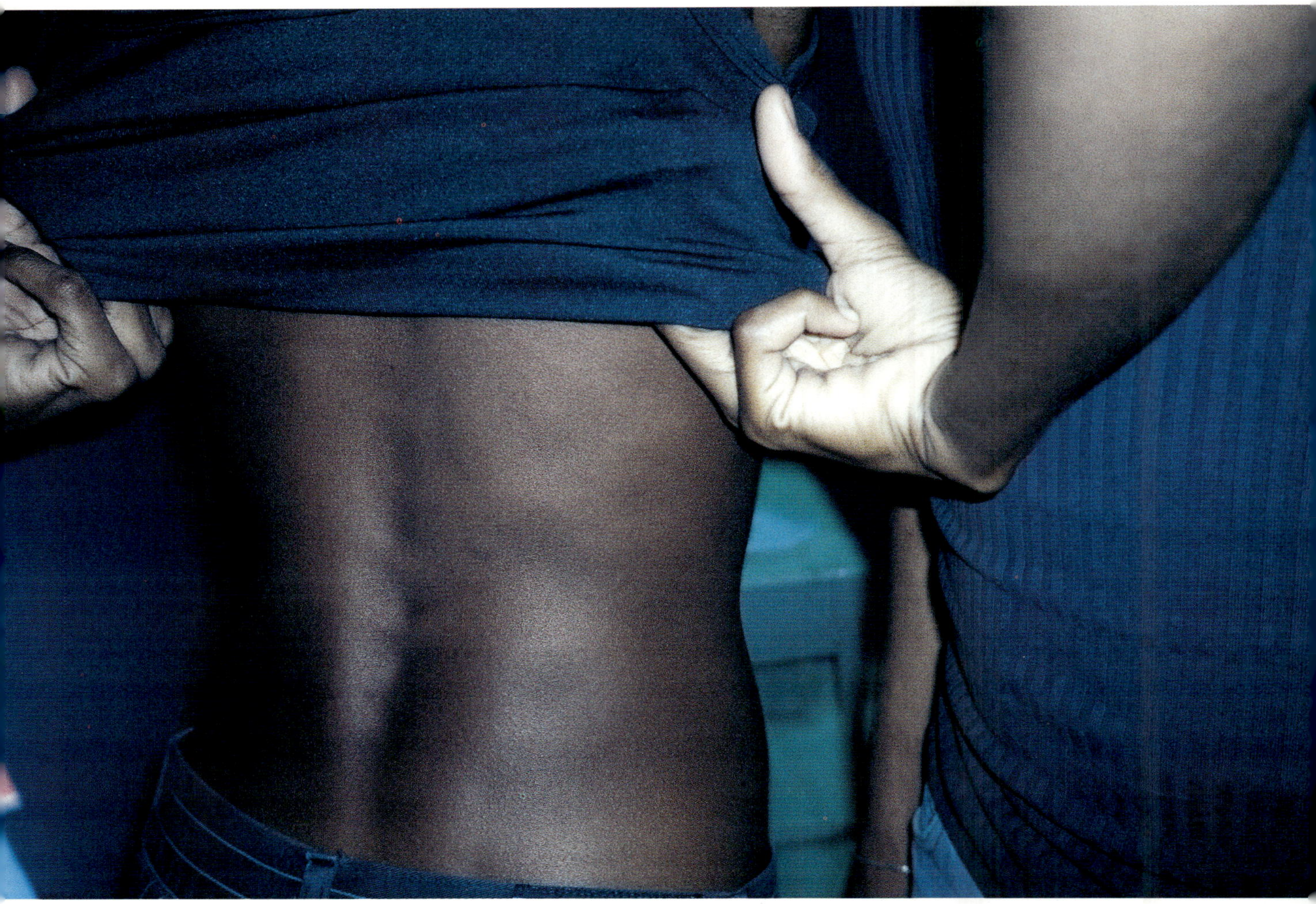

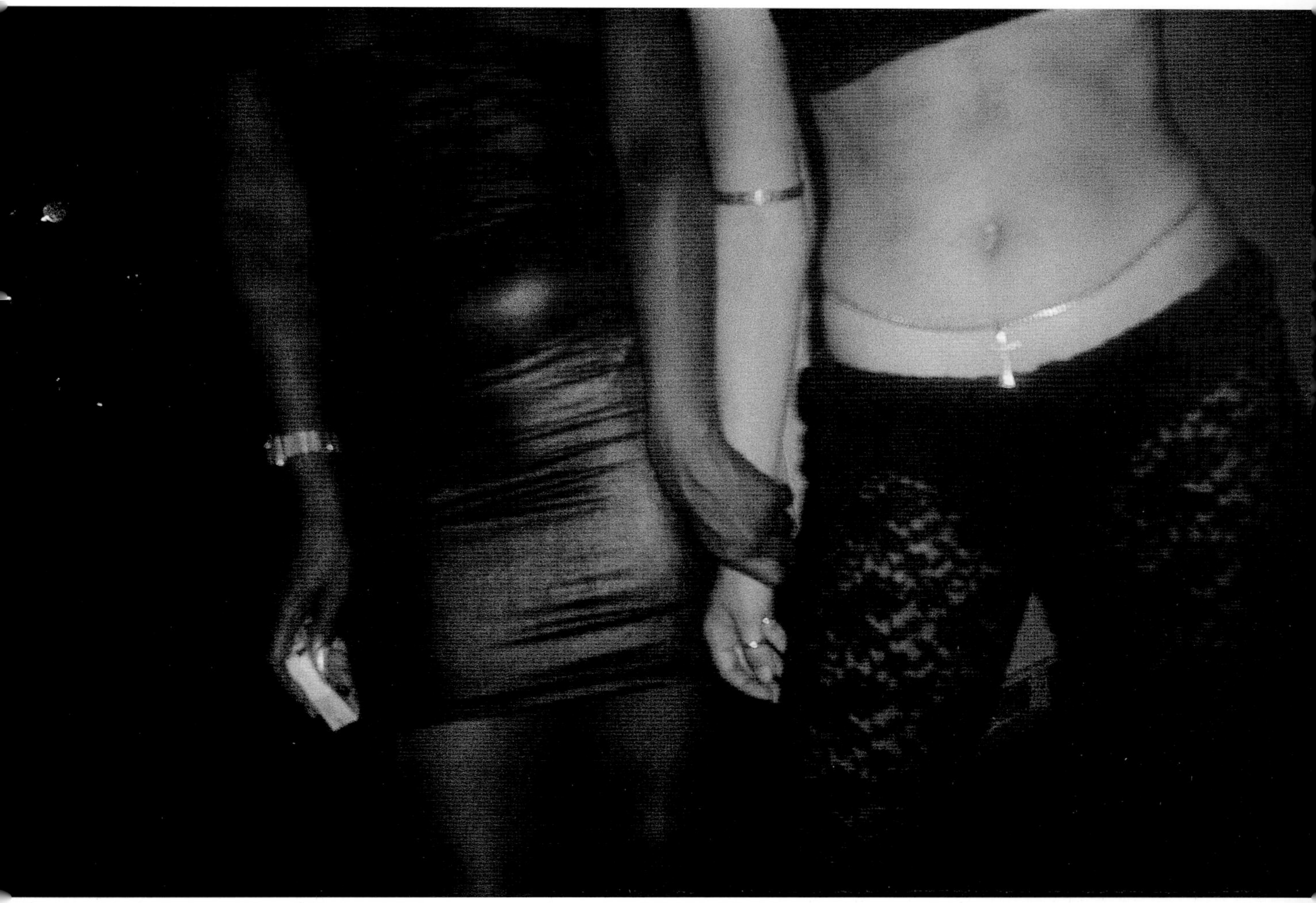

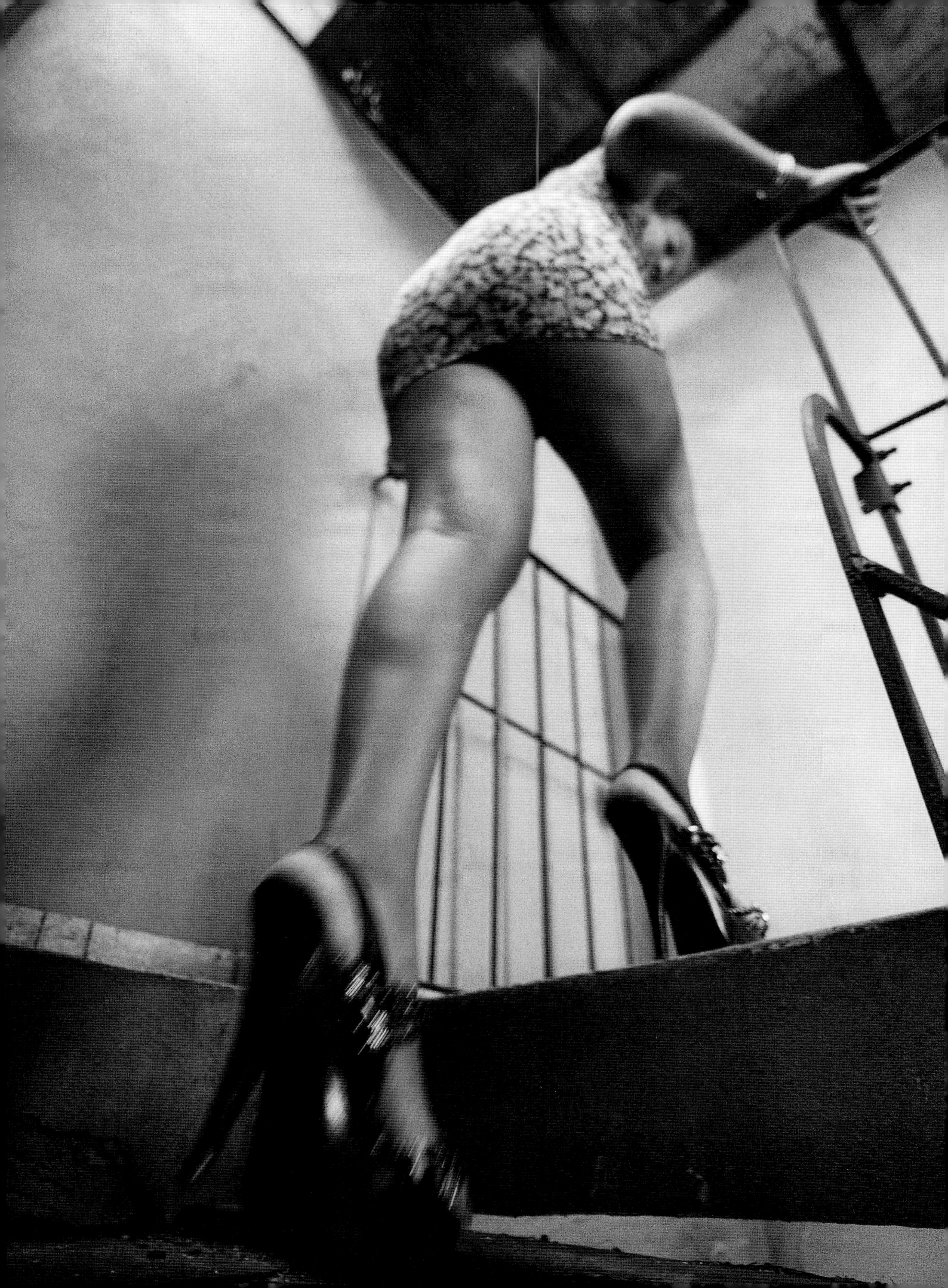

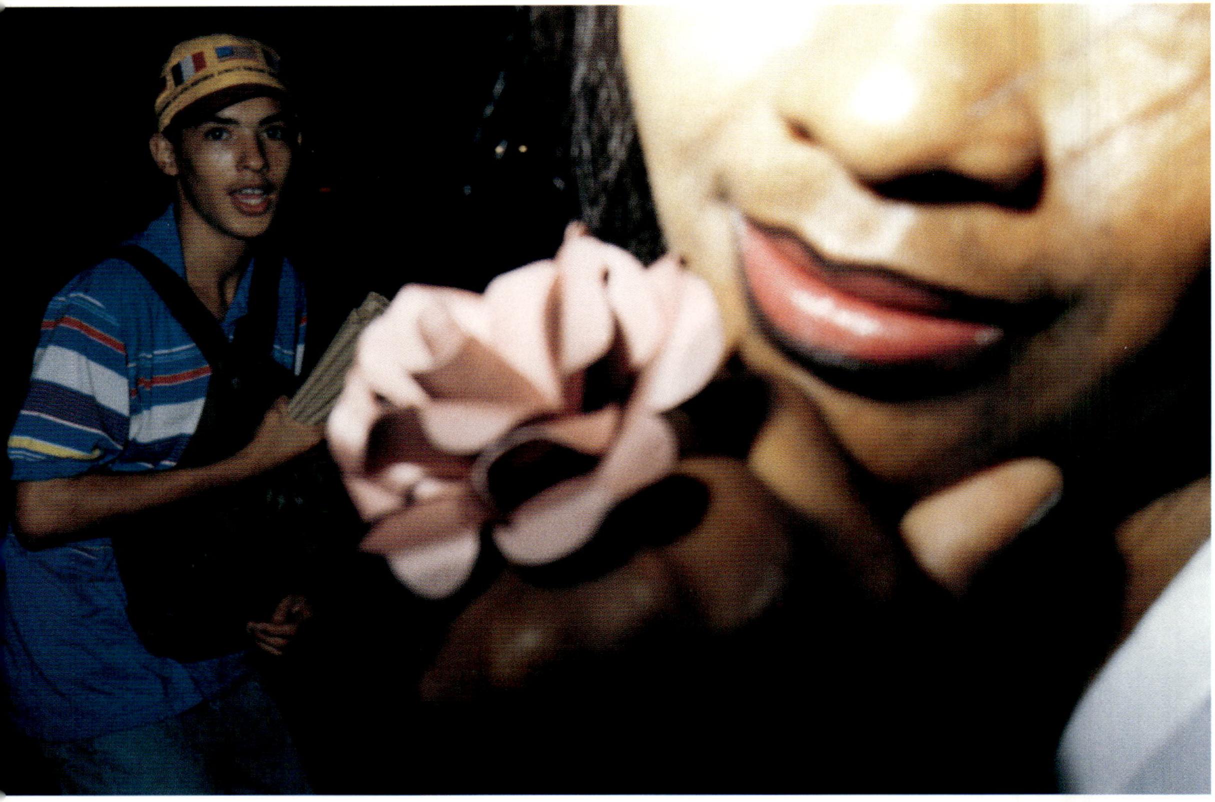

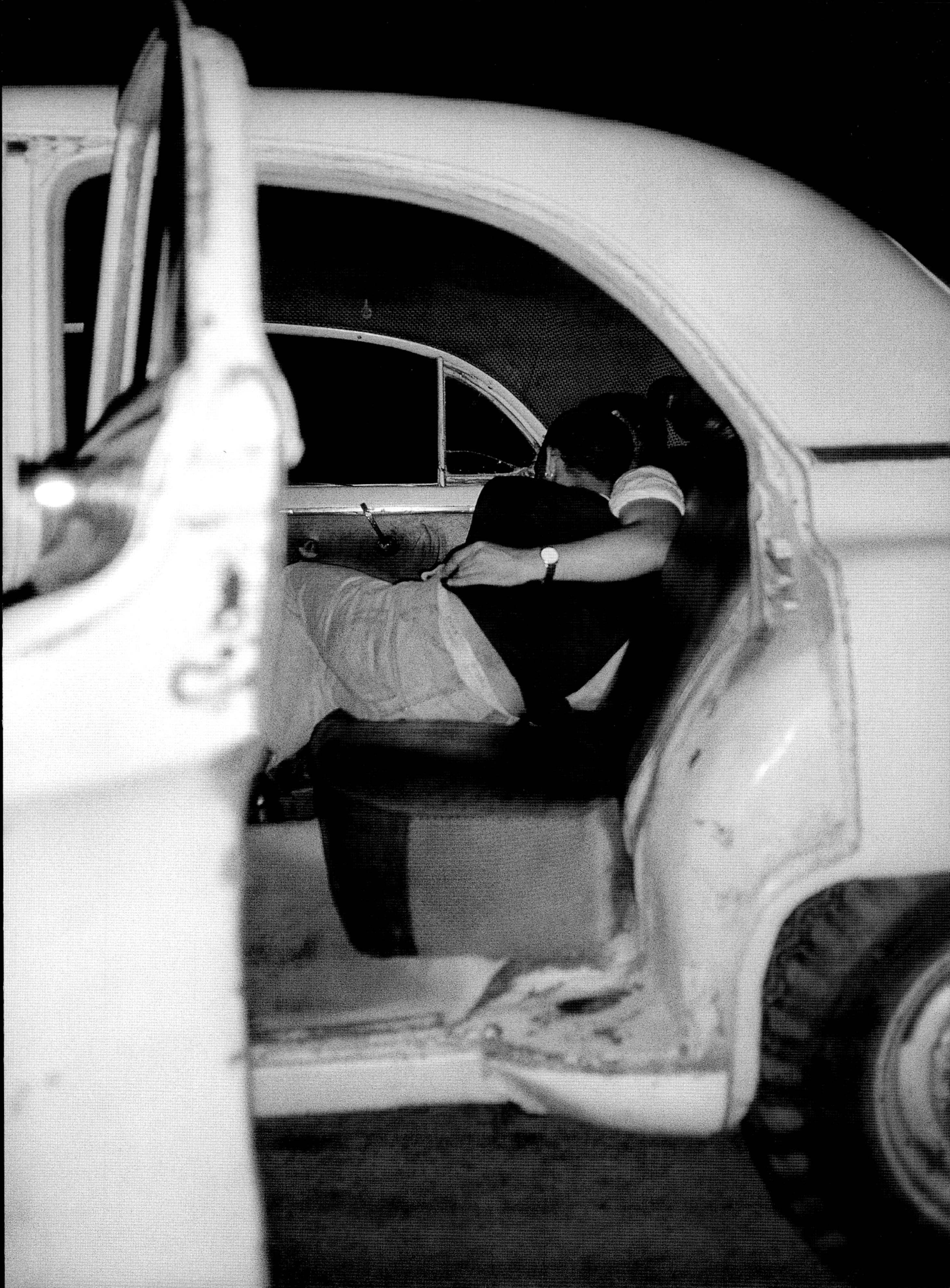

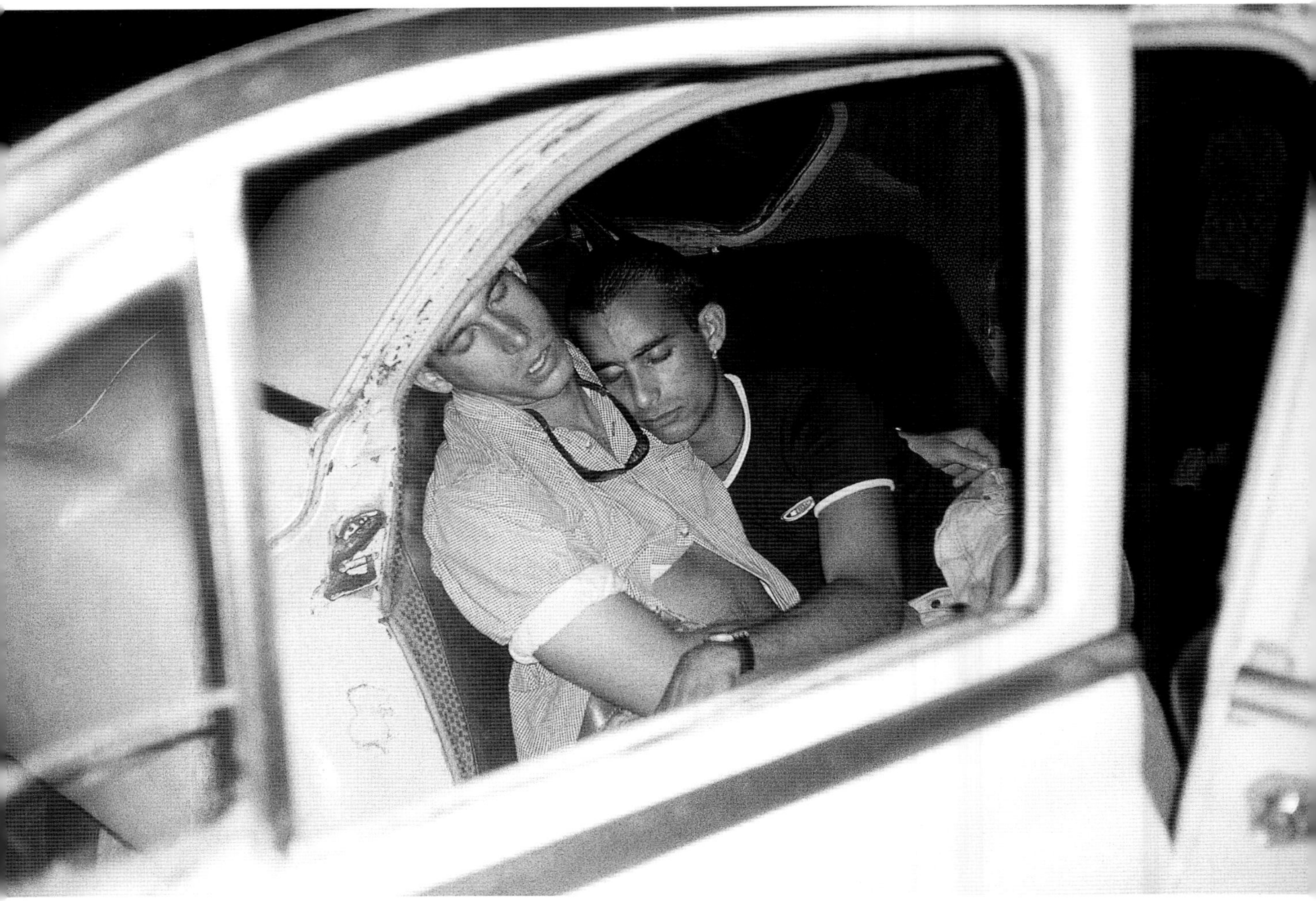

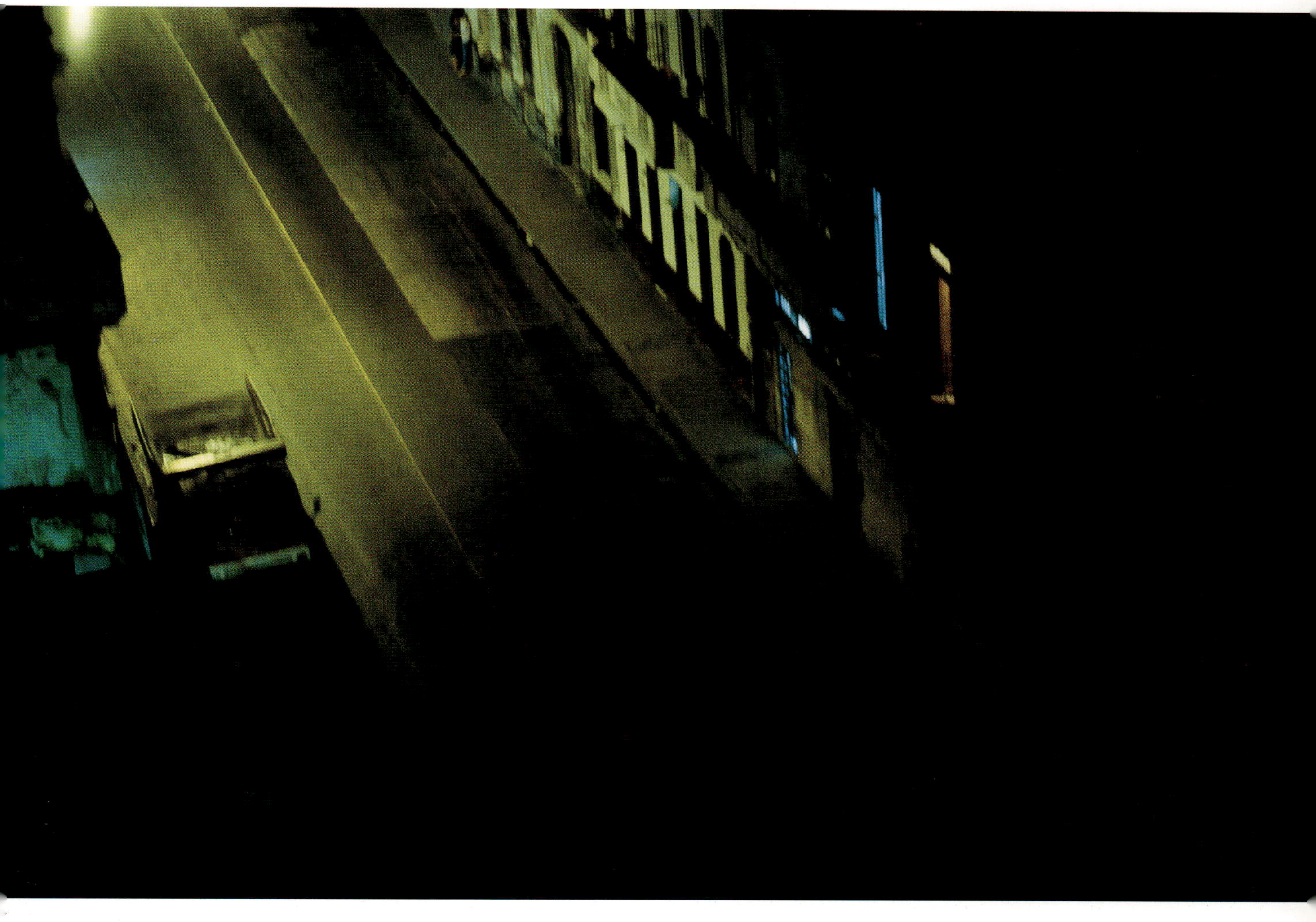

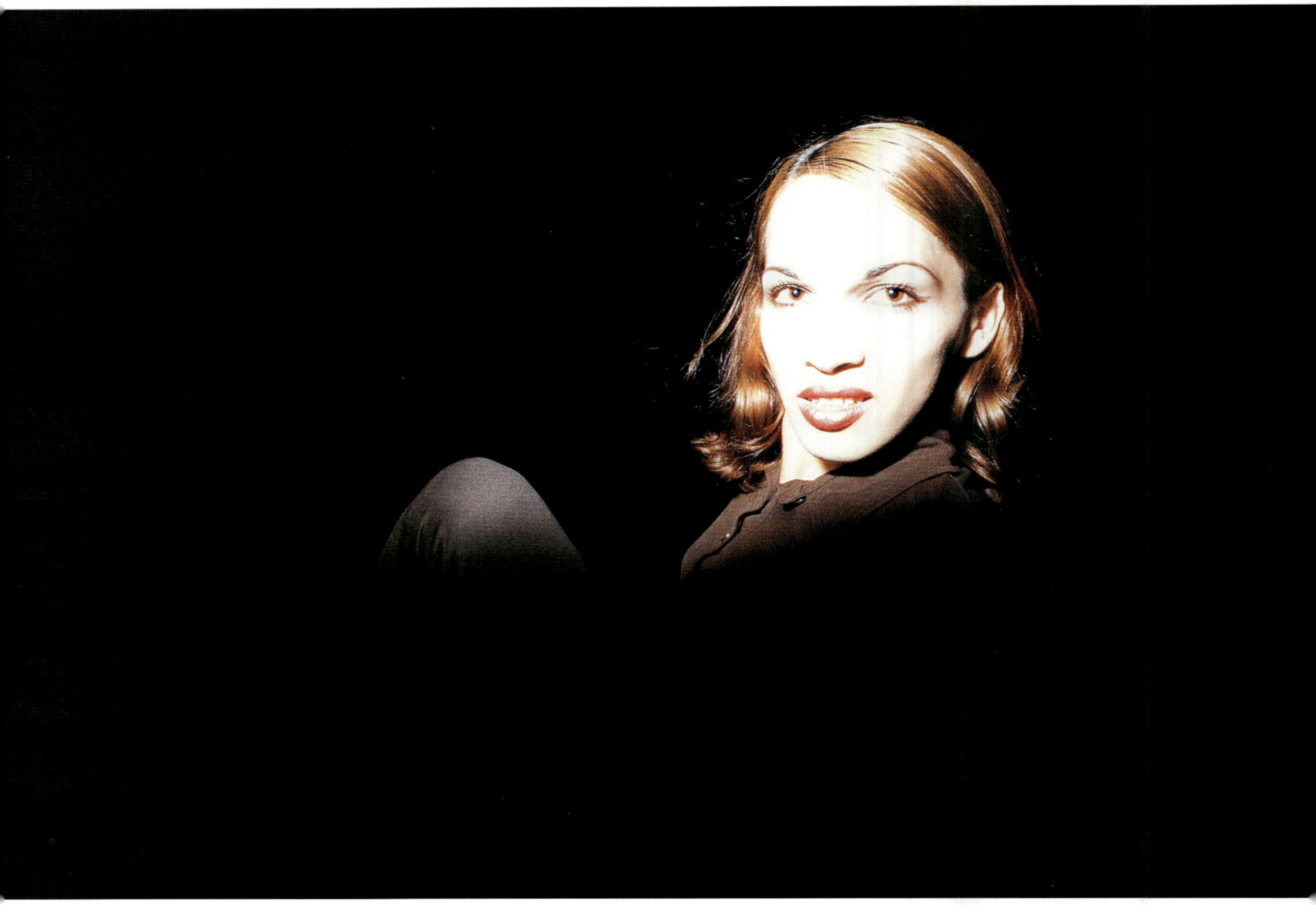

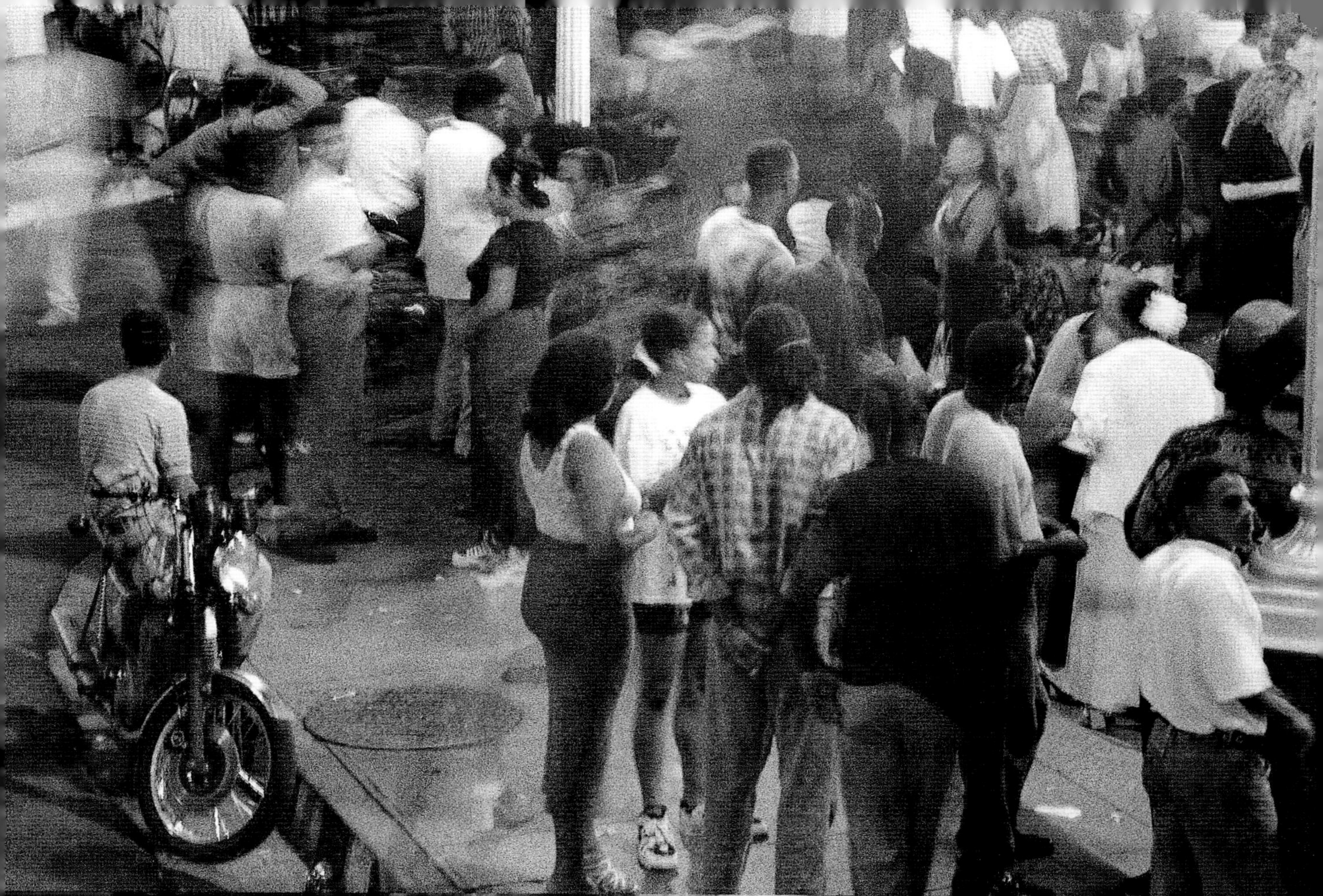
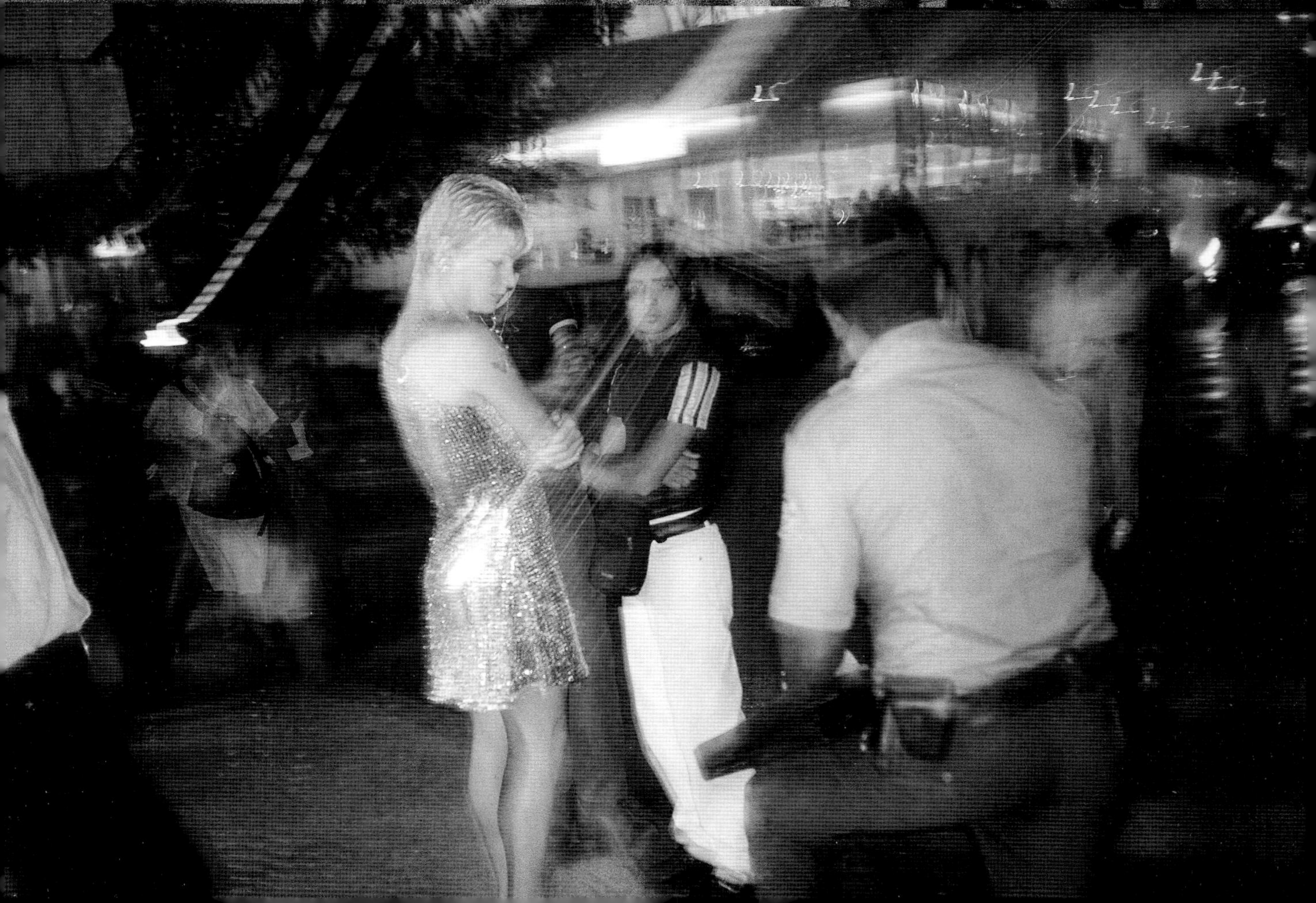

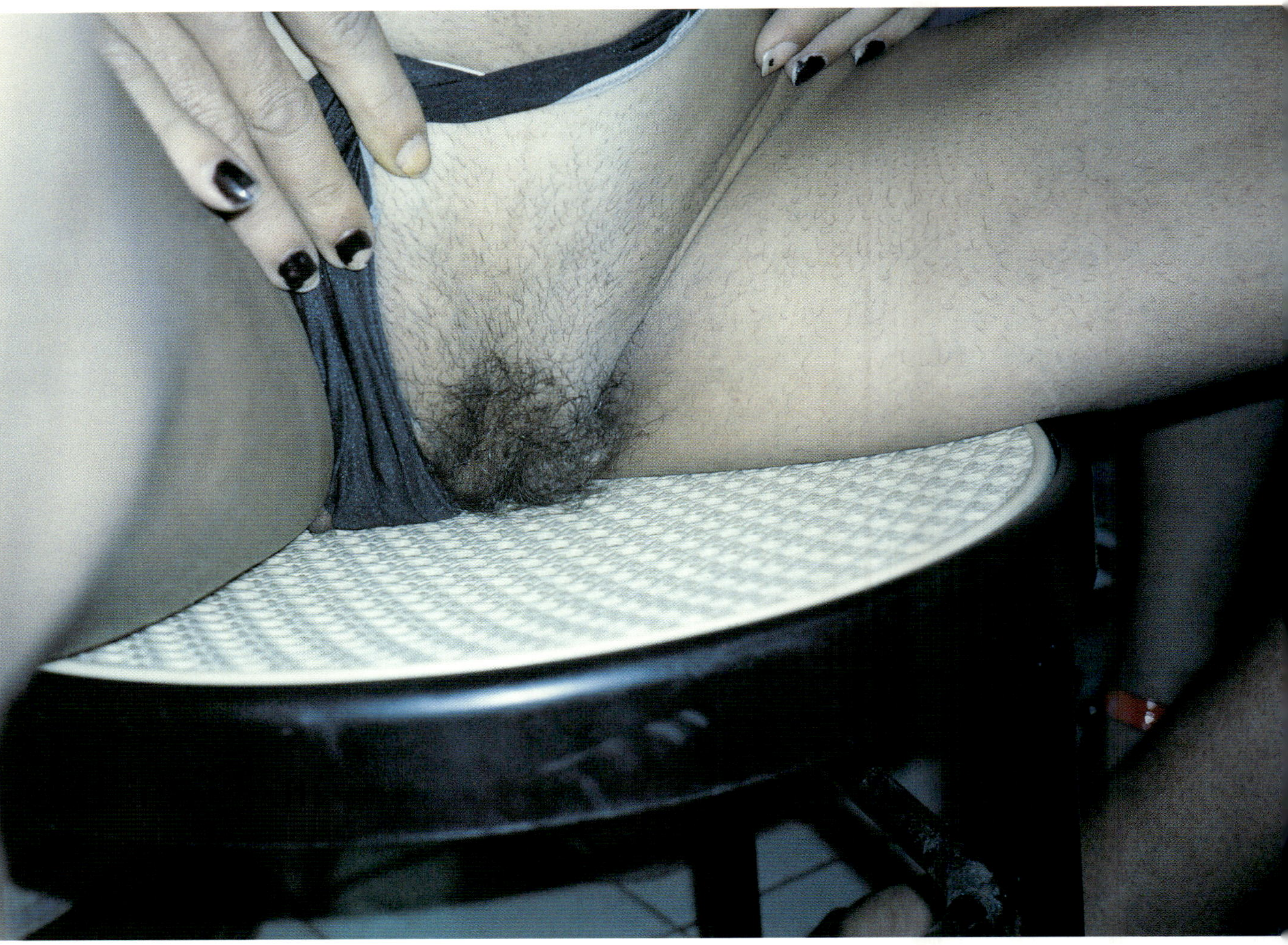

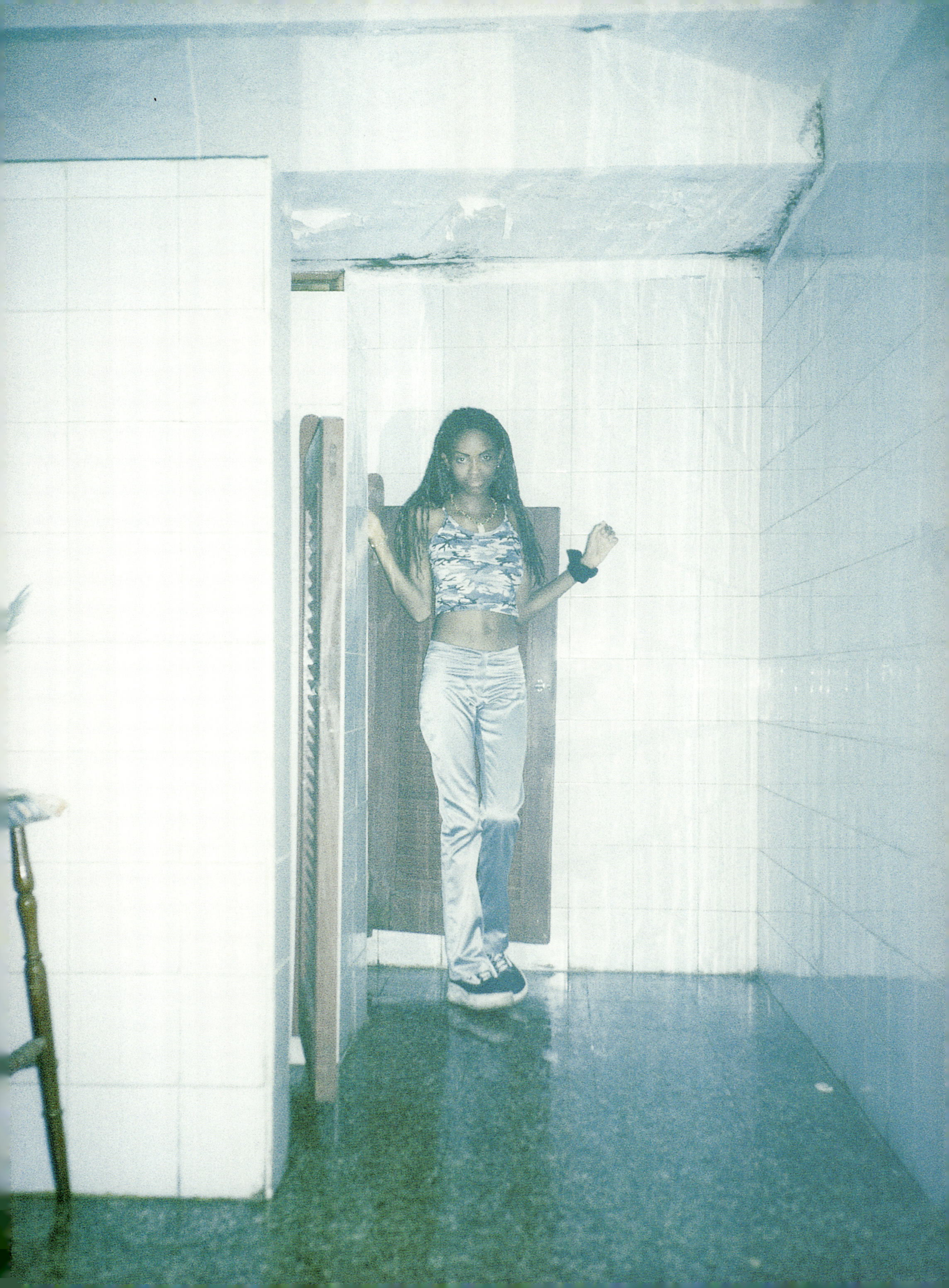

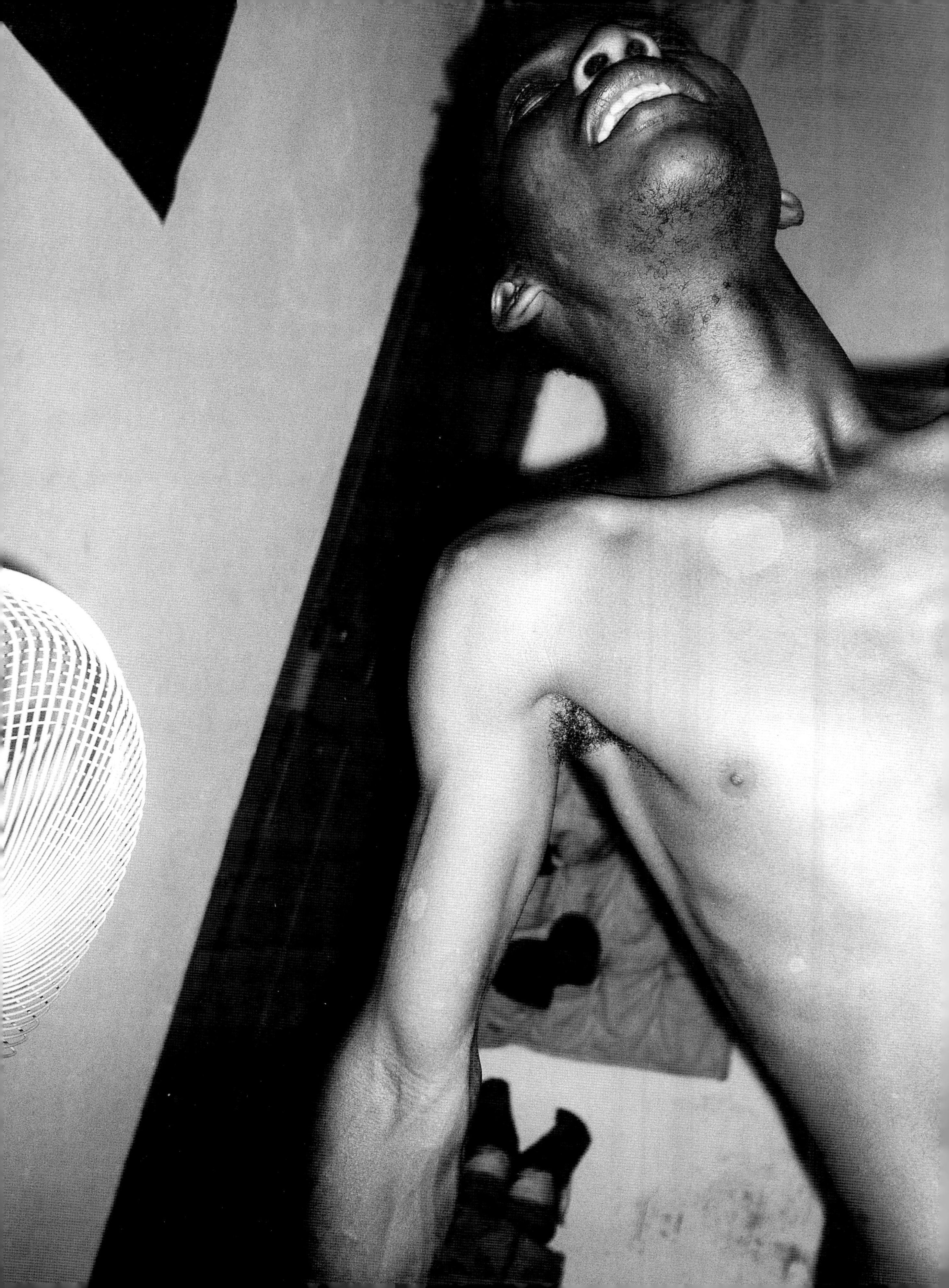

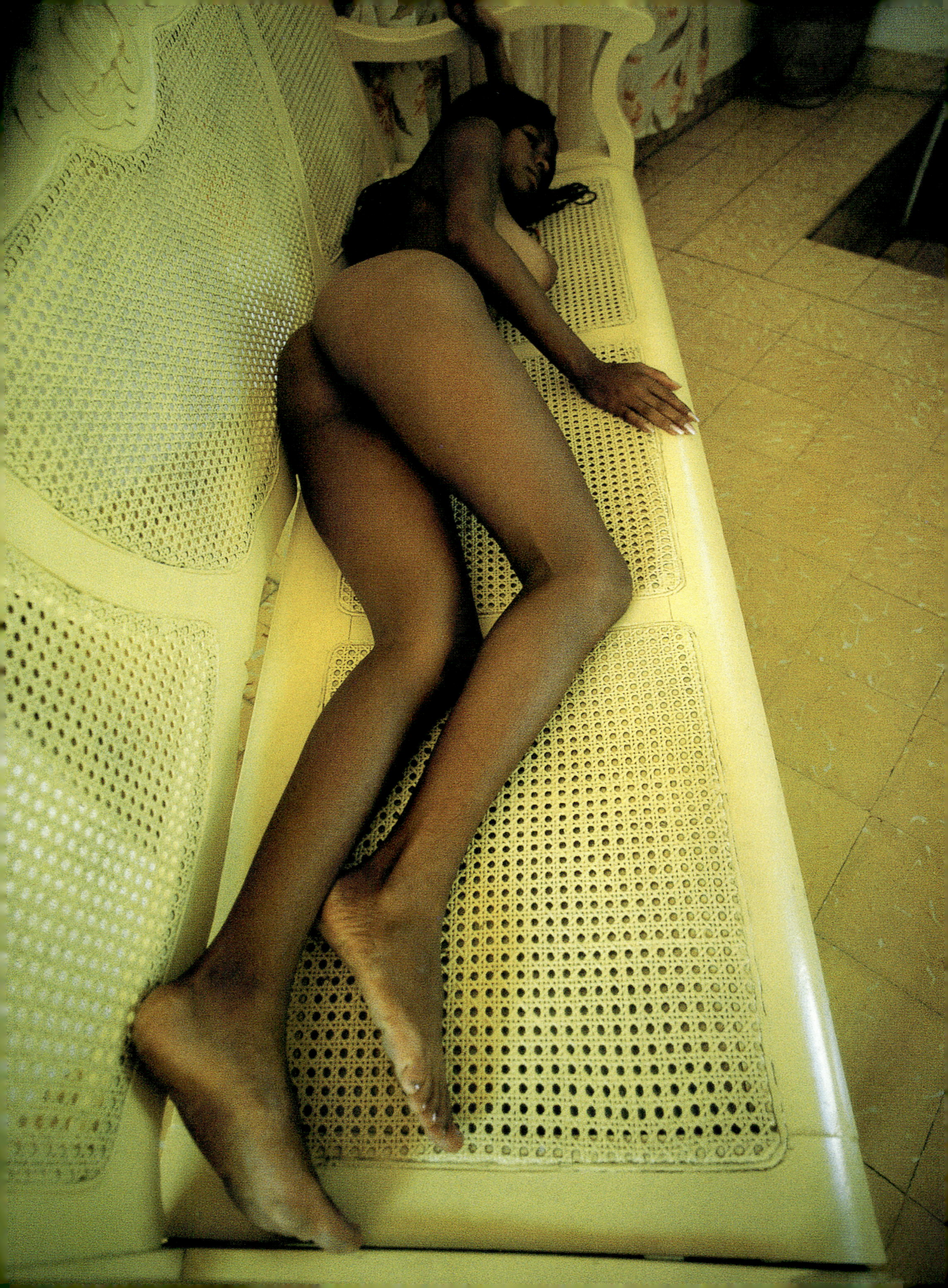

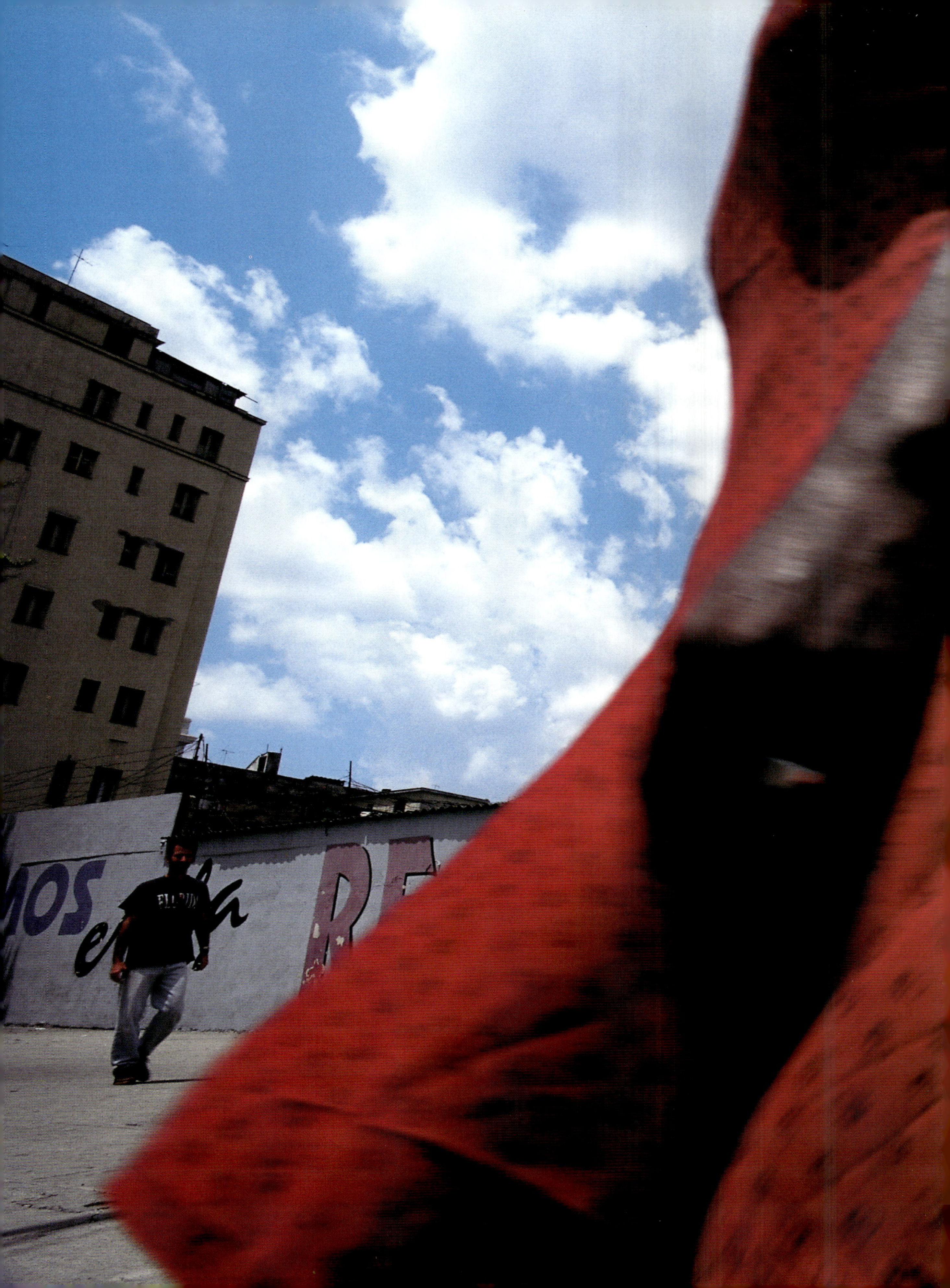

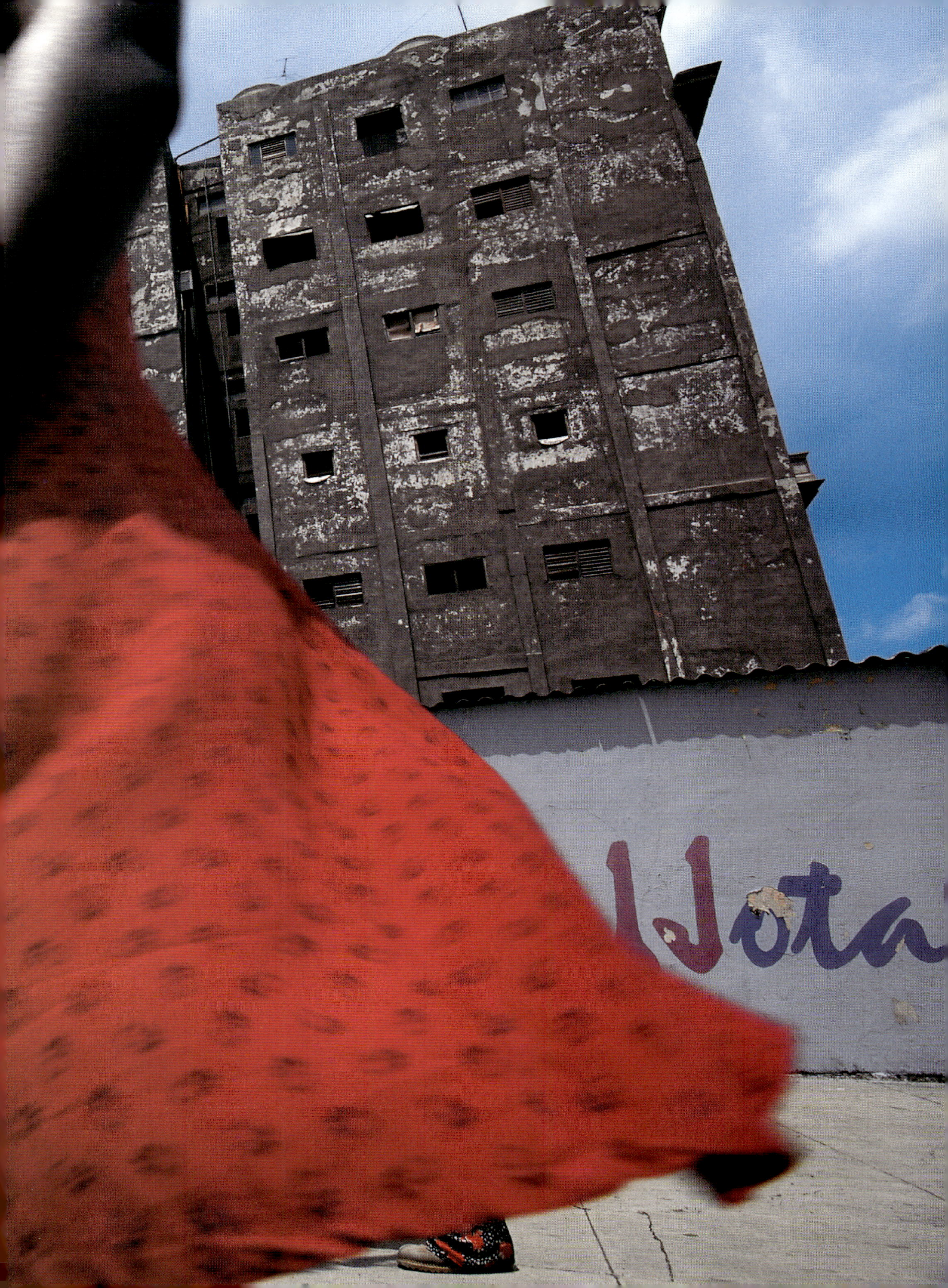
Jota

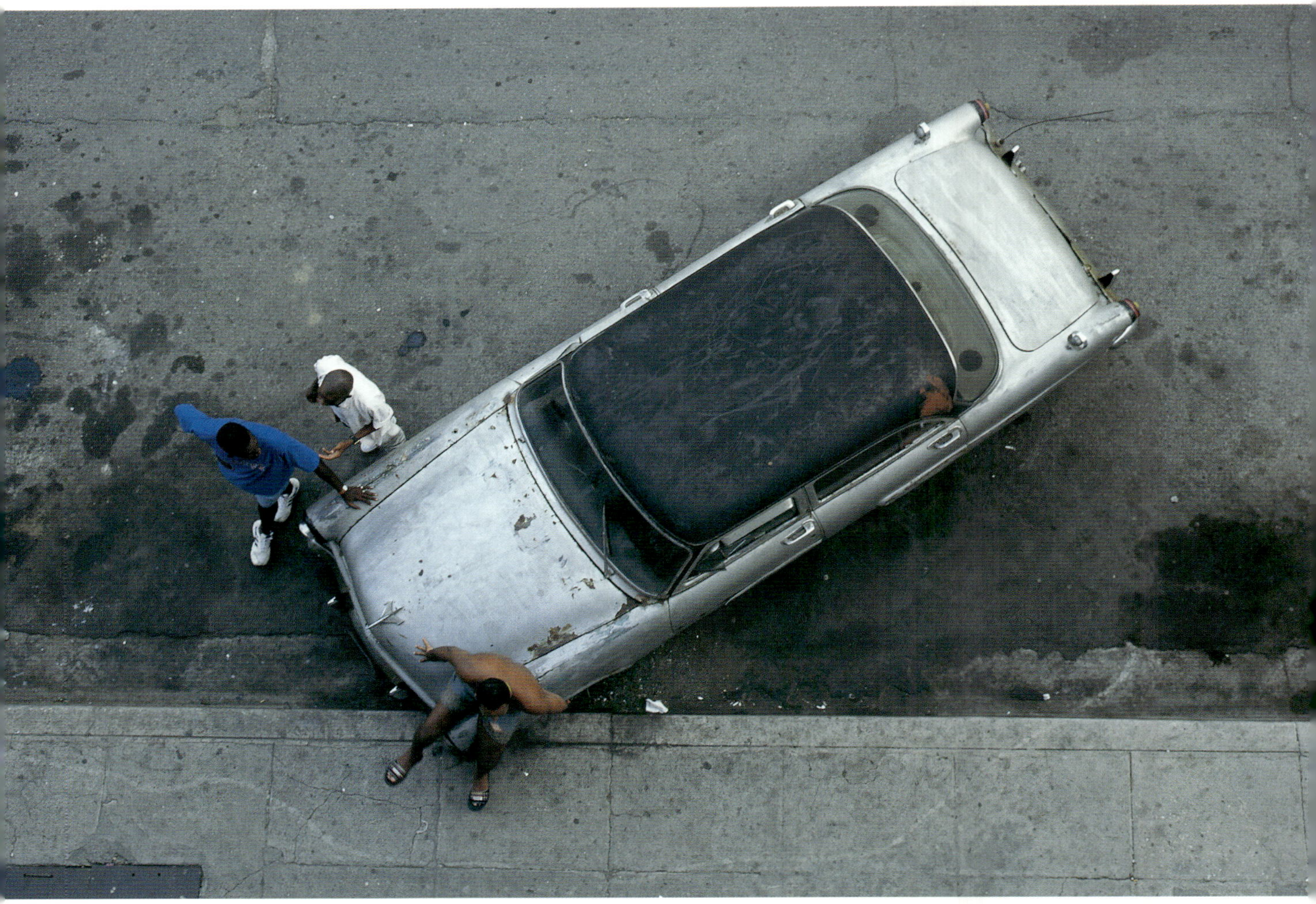

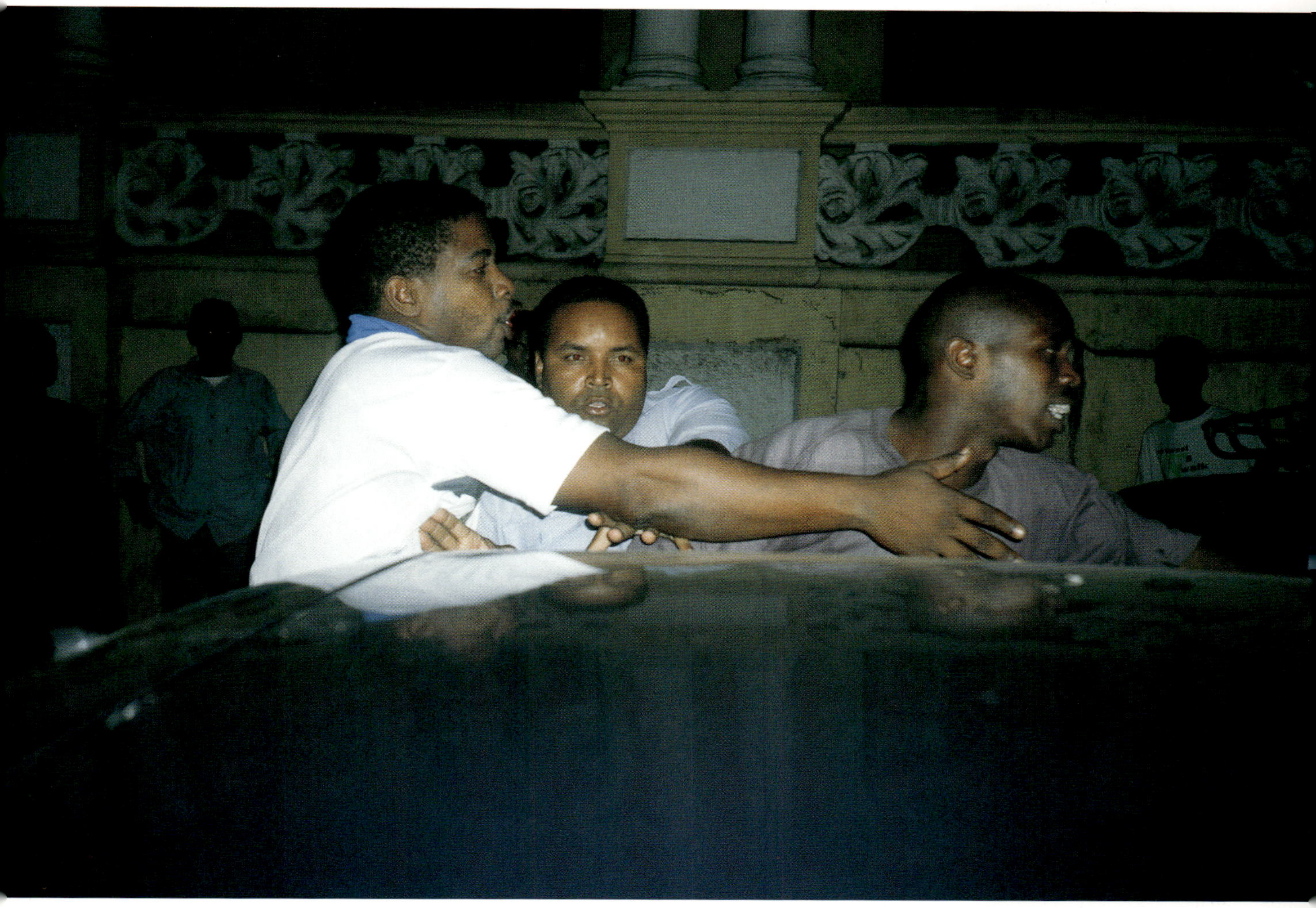

FIDEL CASTRO
L'histoire m'acquittera
LA HISTORIA ME ABSOLVERA
Fidel Castro
mi prisionero
FIDEL
recuerdos del teniente
PEDRO SARRIA
Fidel Castro
1959-1988
FIDEL Y LA RELIGION
Conversaciones con Frei Be
UN ENCUENTRO CON FIDEL
Entrevista realizada por Giann
CHE
CHE
CHE
ABRIENDO SENDEROS
ERNESTO GUEVARA LYNCH
Mi hijo el Che
de ñacahuasú a la higuera
POLITICA Y DESARROLLO
Che
Che Guevara Speaks
EL DIARIO DEL CHE EN BOLIVIA
EL ESCALON MAS ALTO
CHE
Sierra adentro
Froilán Escobar/Félix Guerra
EN MARCHA CON FIDEL
1959
cinco documentos
POMBO
UN HOMBRE DE LA GUERRILLA DEL CHE
Harry Villegas
AGRESIONES DE ESTADOS UNIDOS A CUBA 1787-1976
Che Guevara Speaks

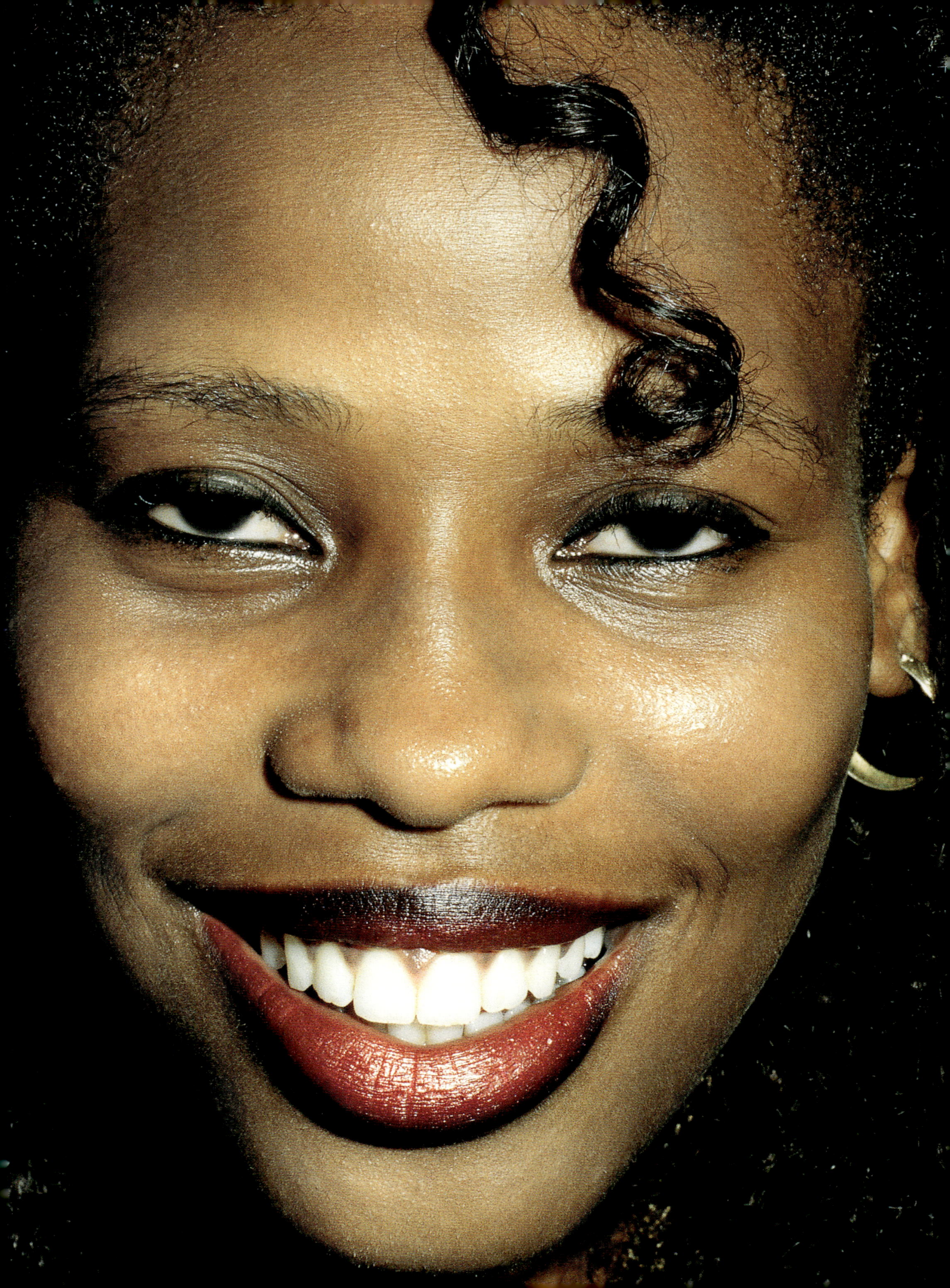

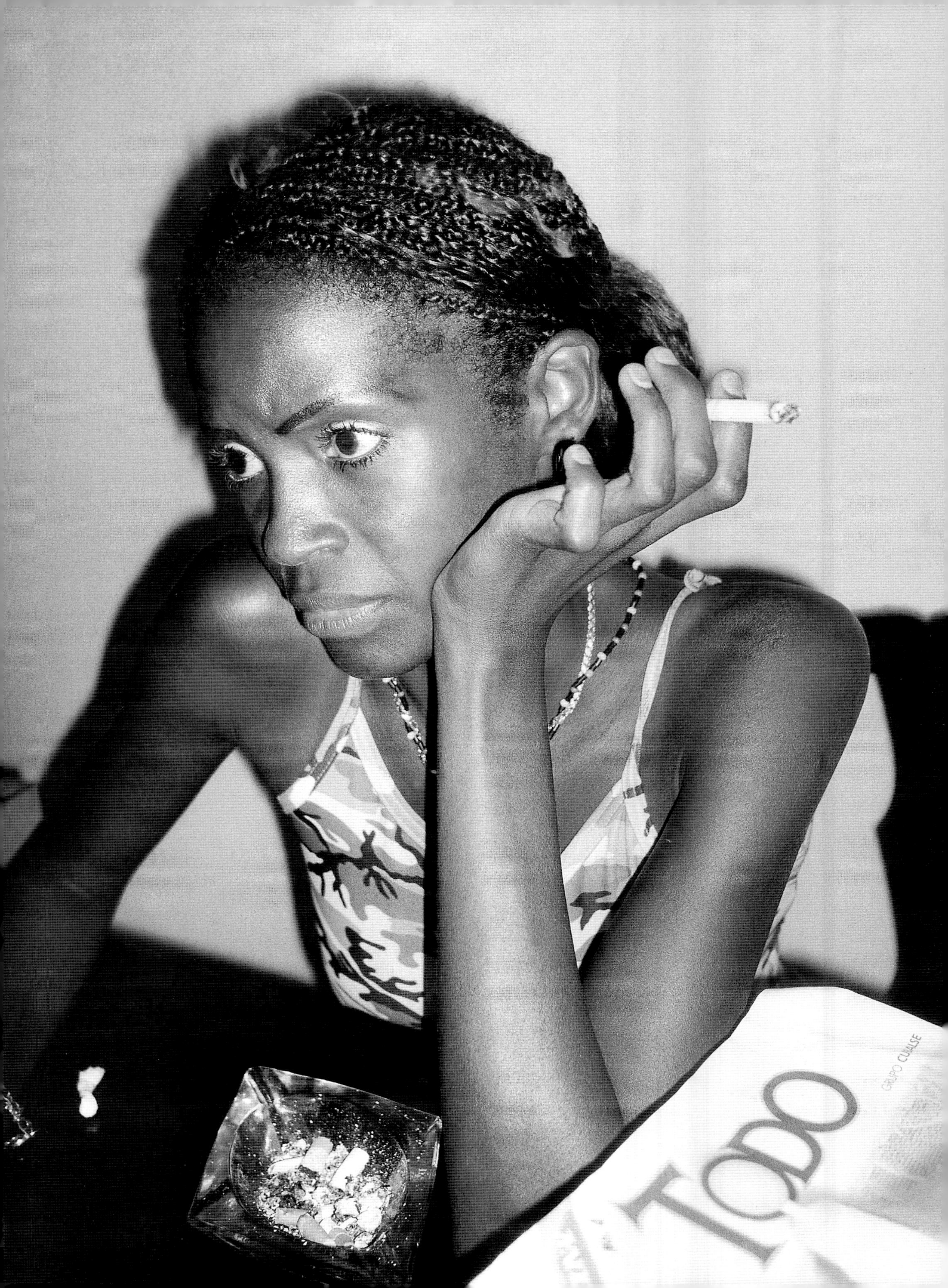
TODO
GRUPO CUALSE

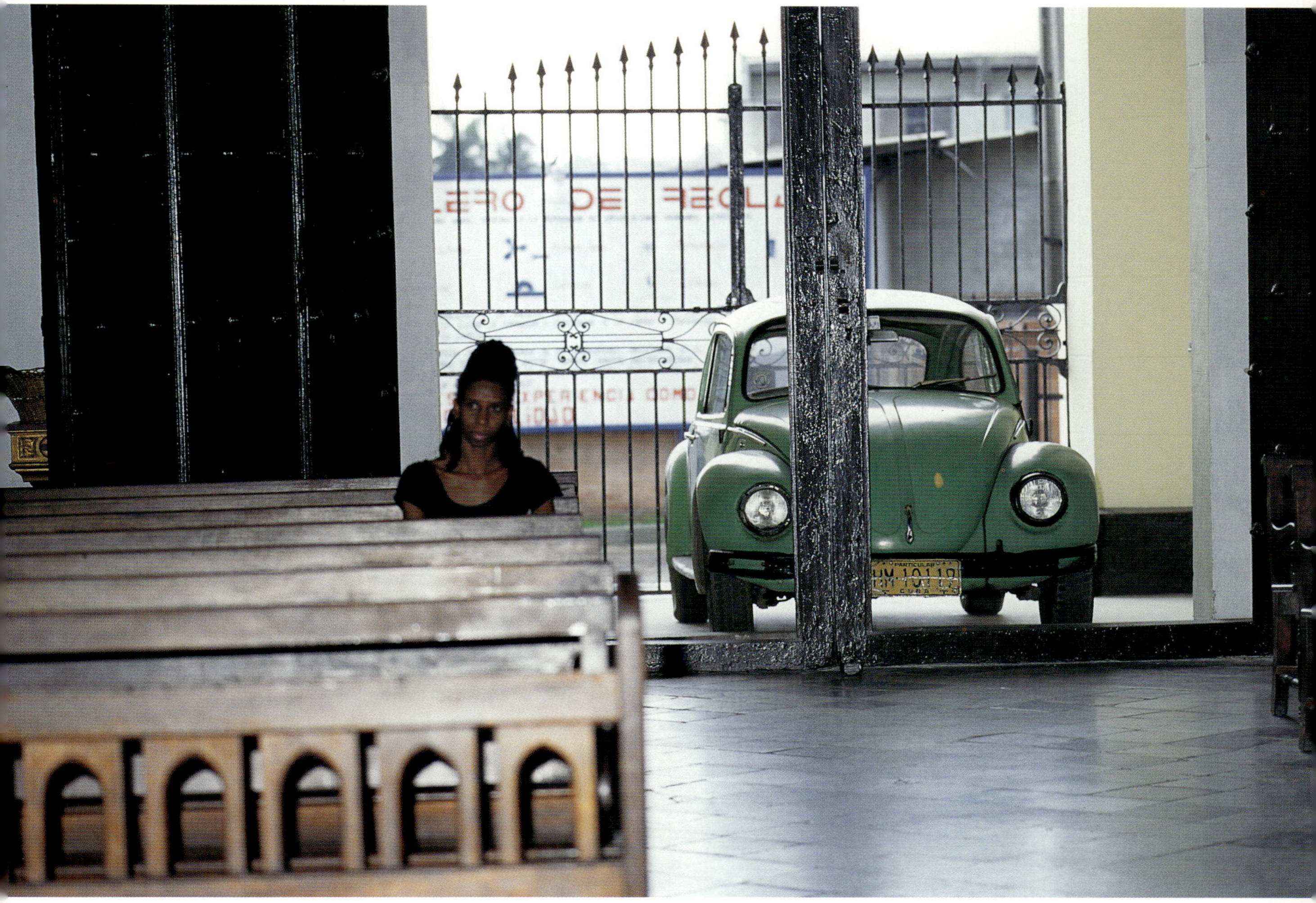

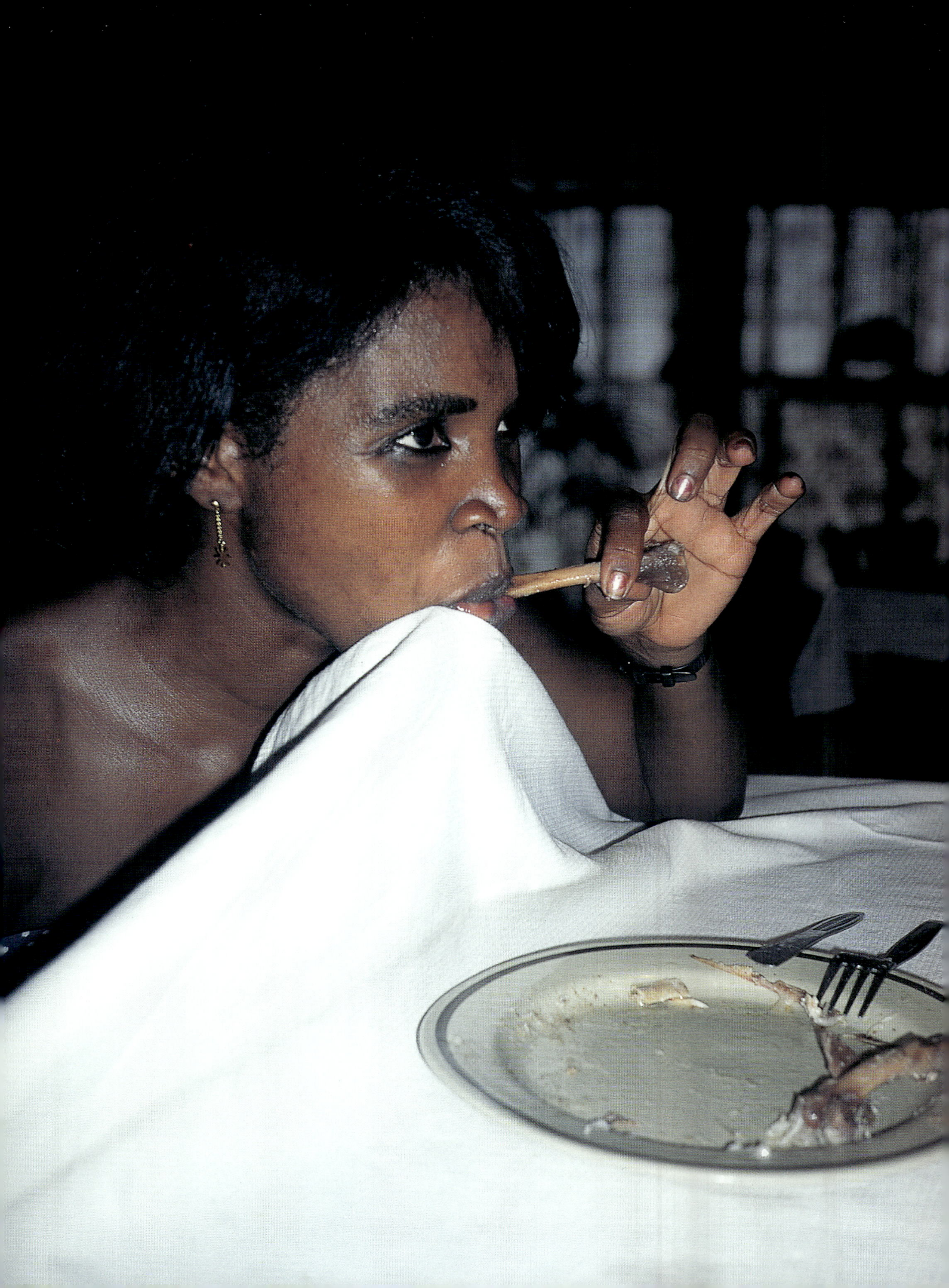

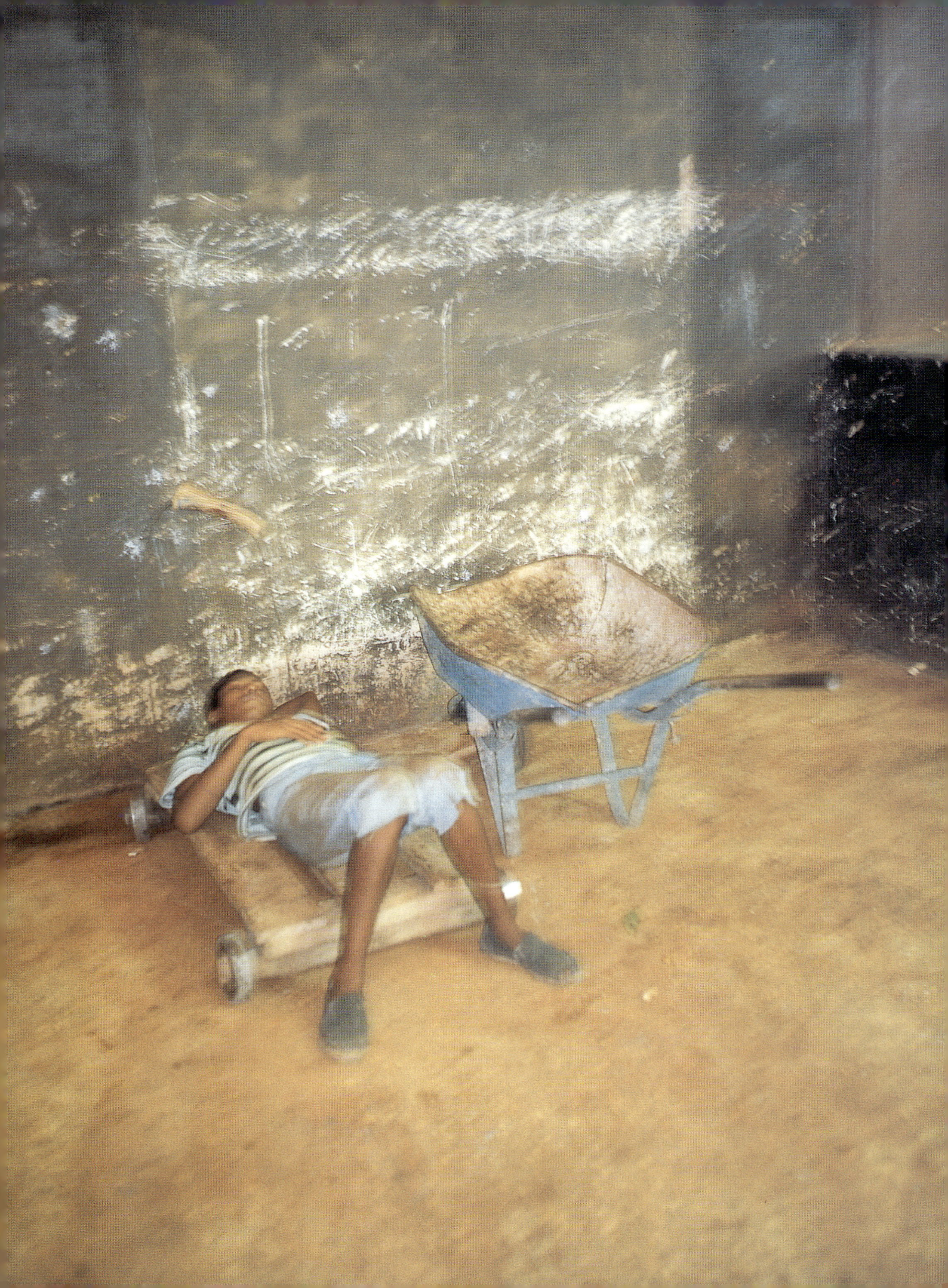

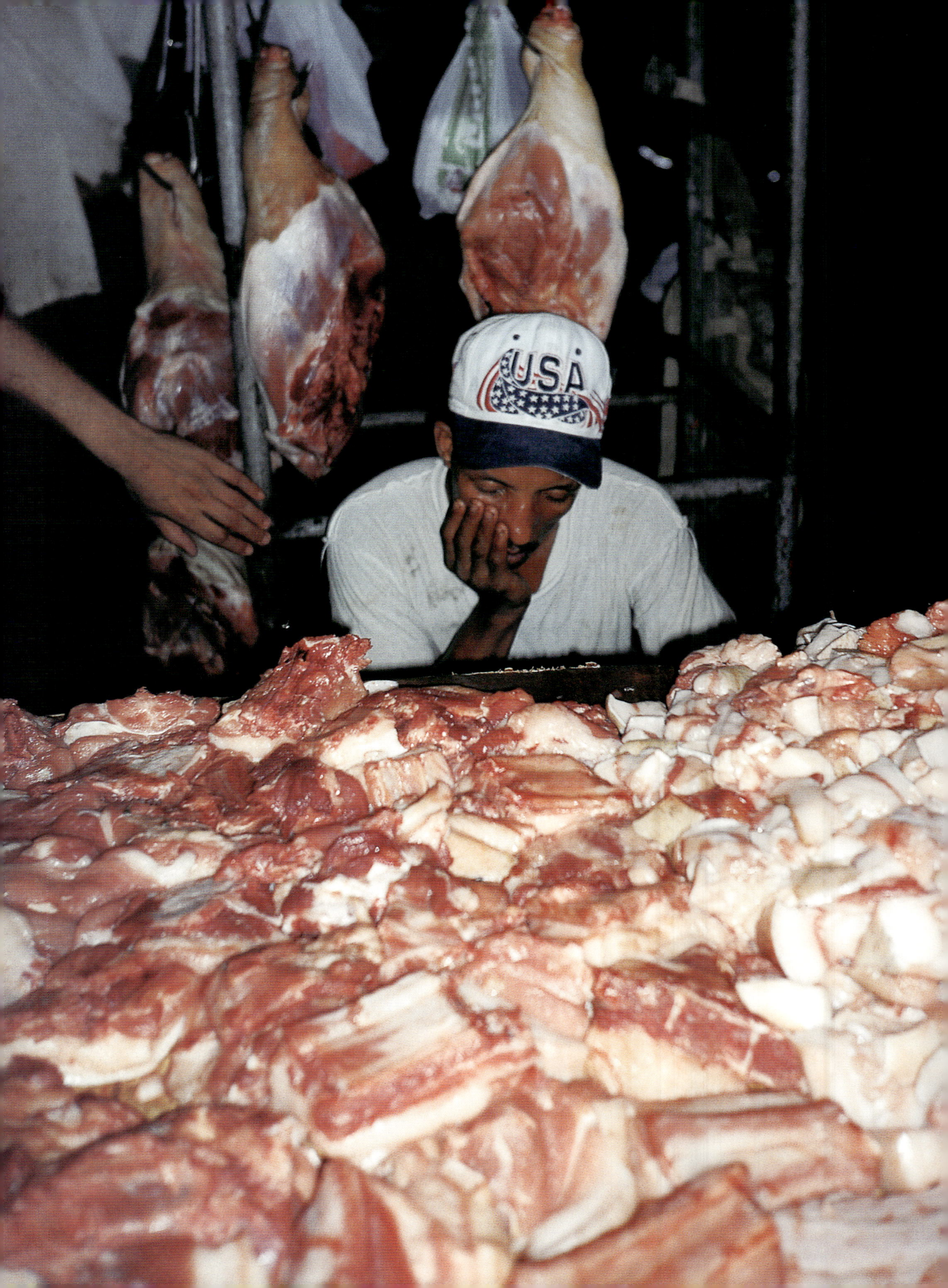
USA

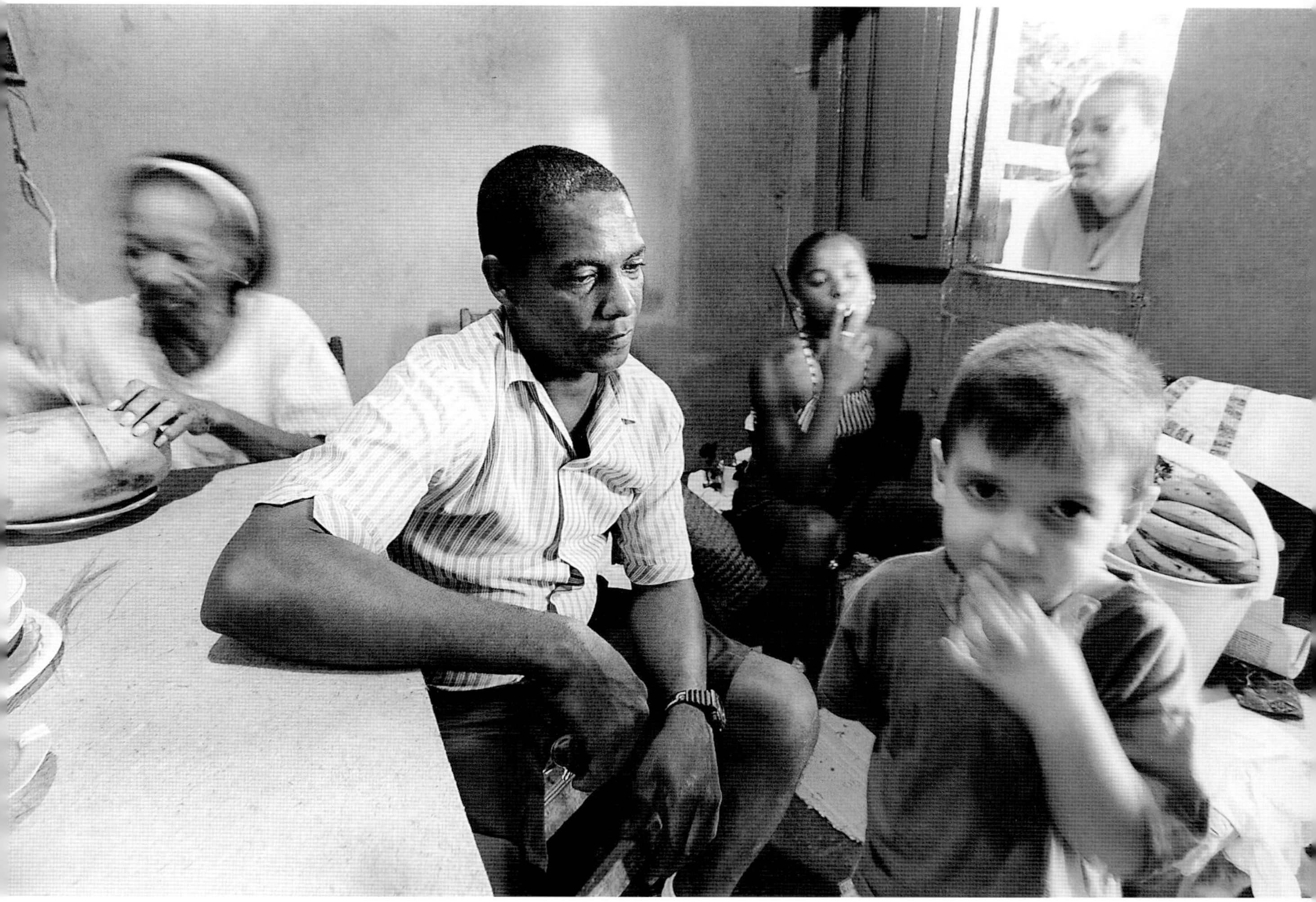

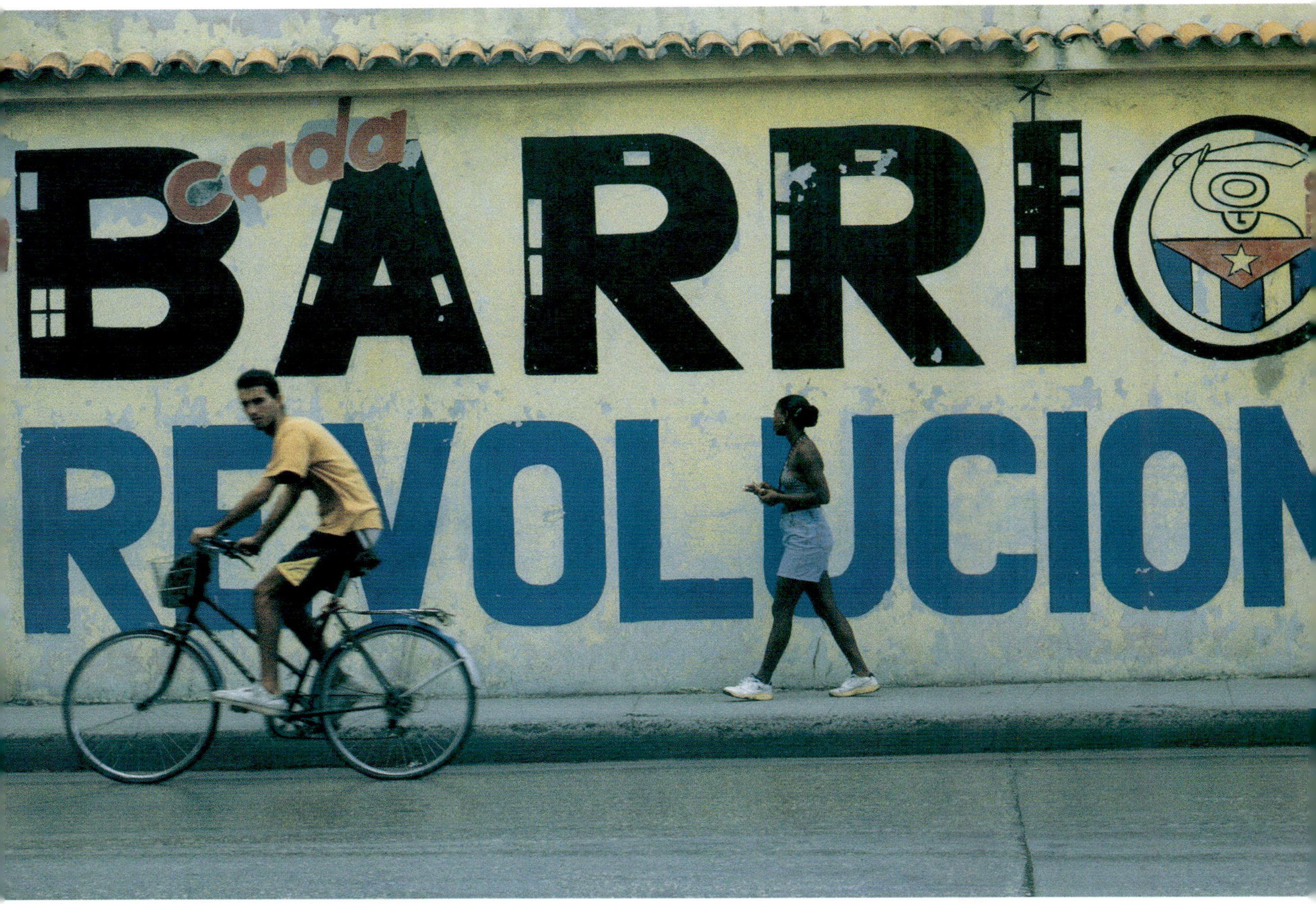
cada
BARRIO
REVOLUCION

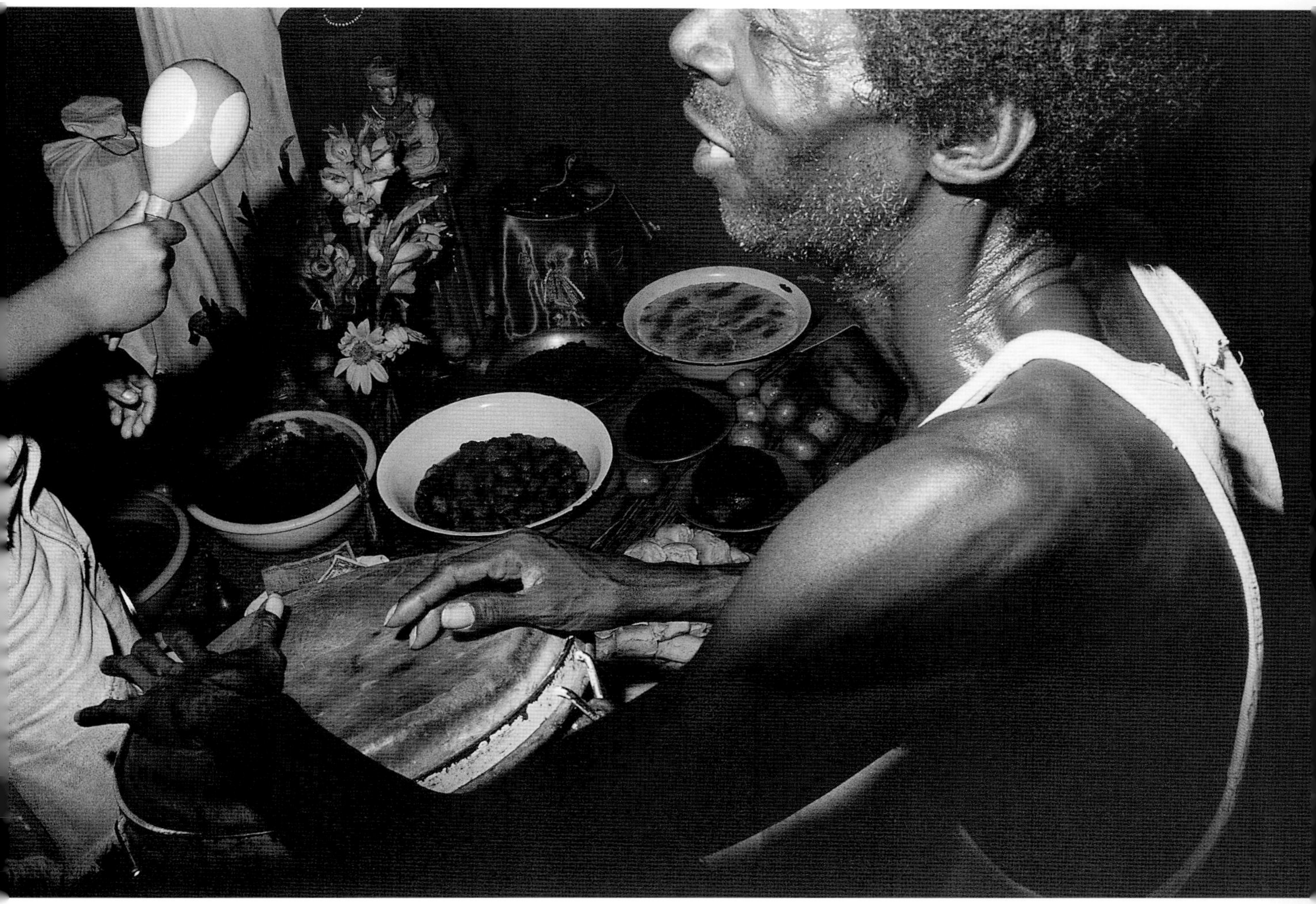

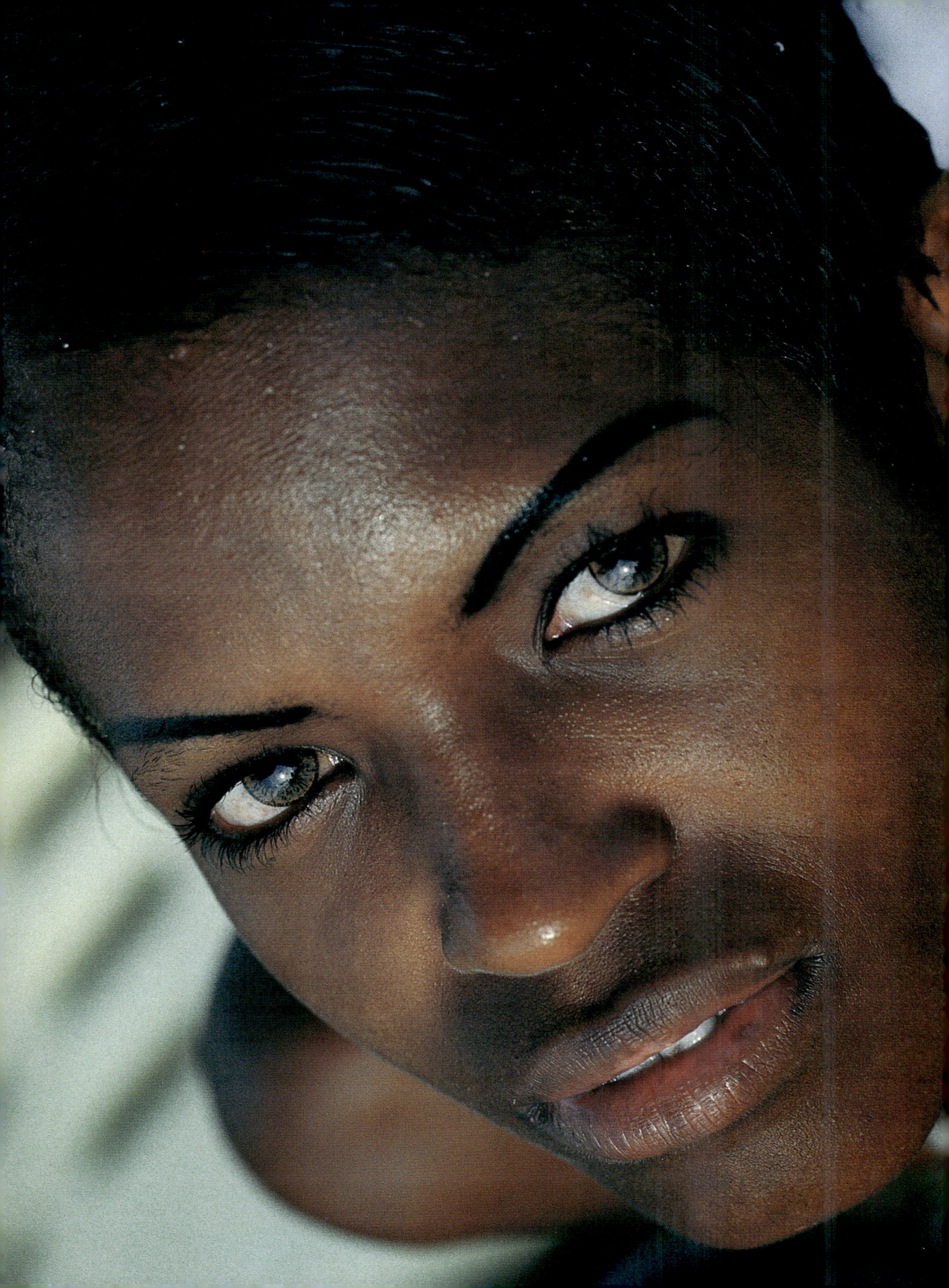

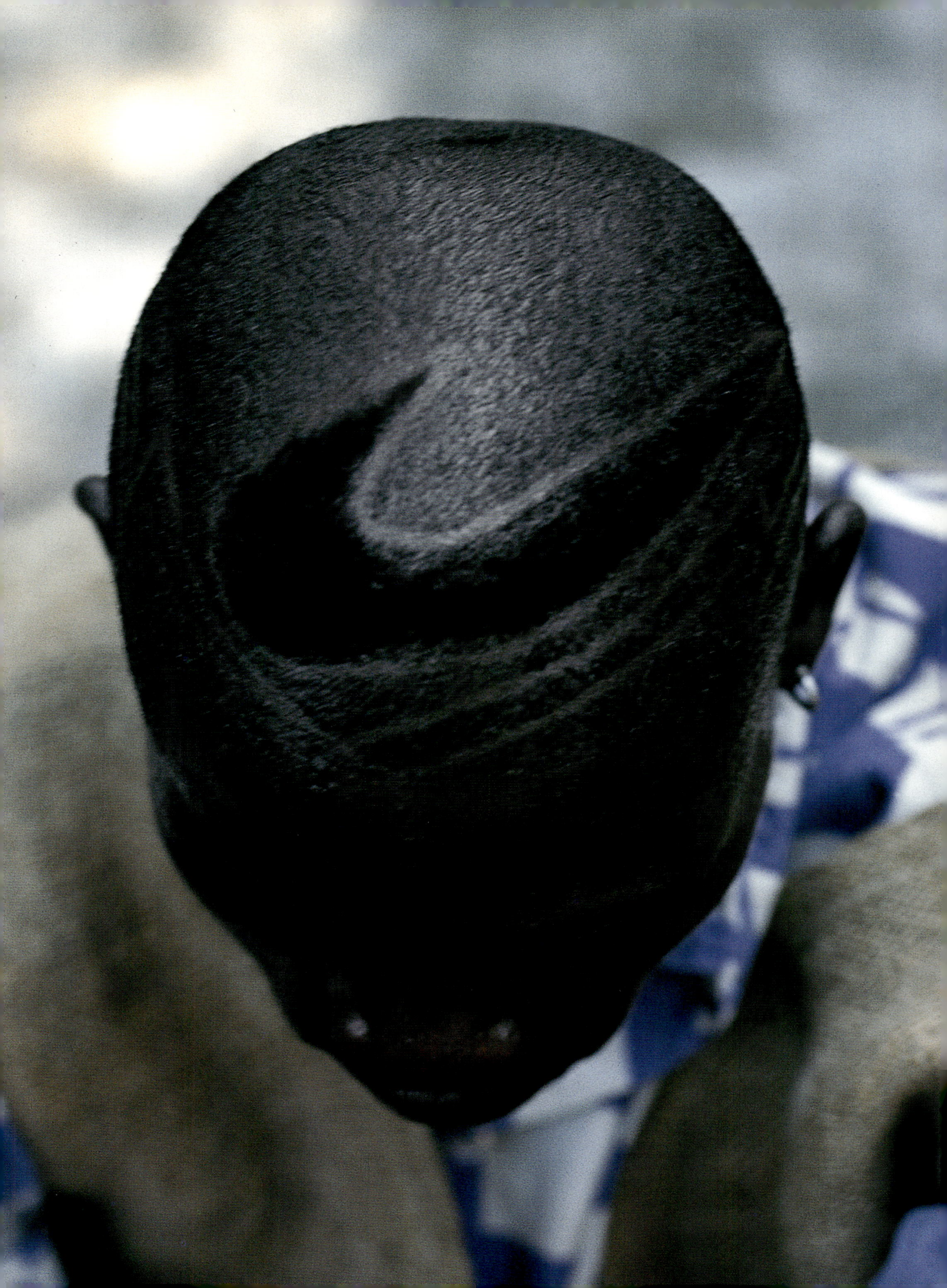

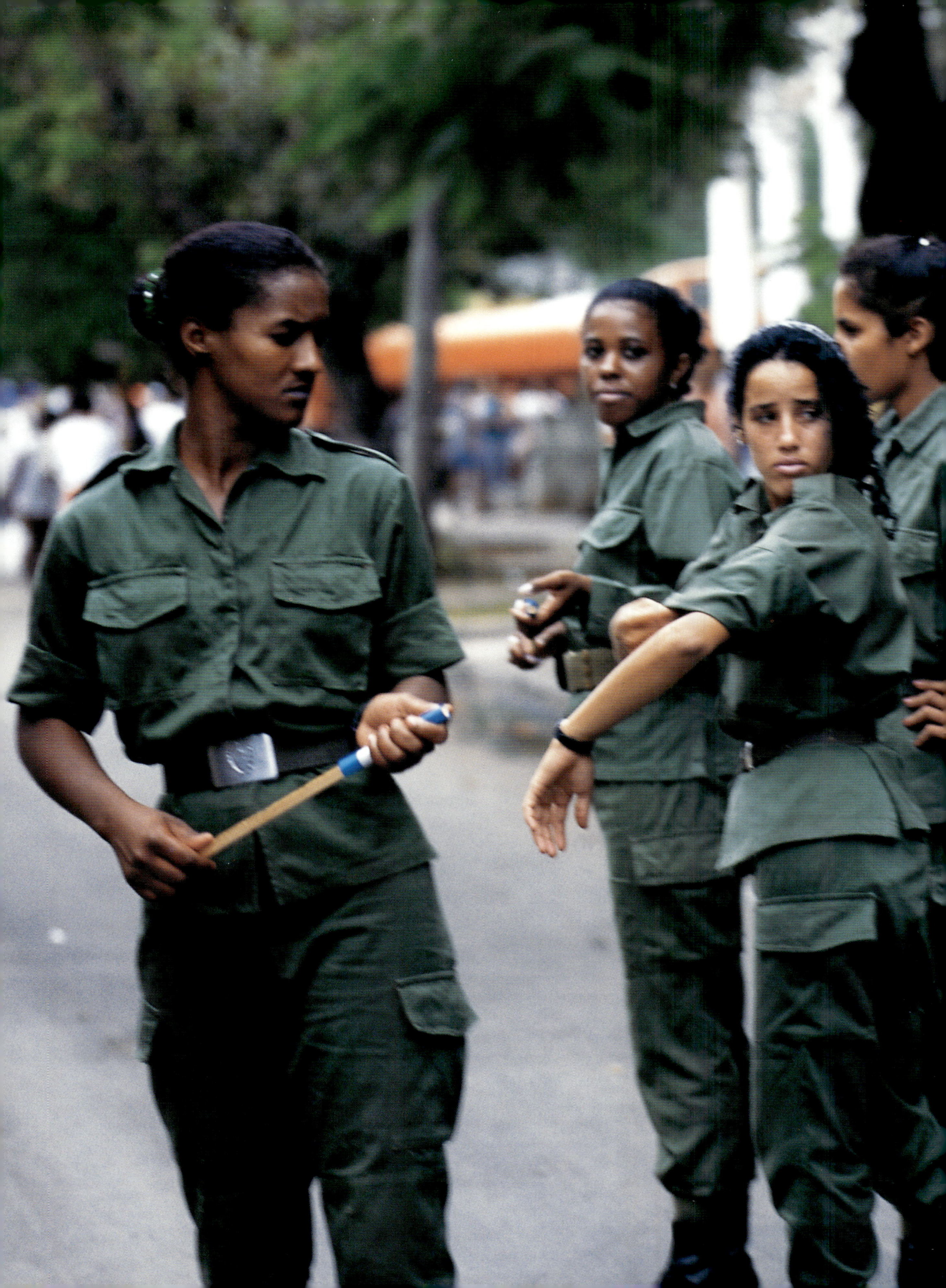

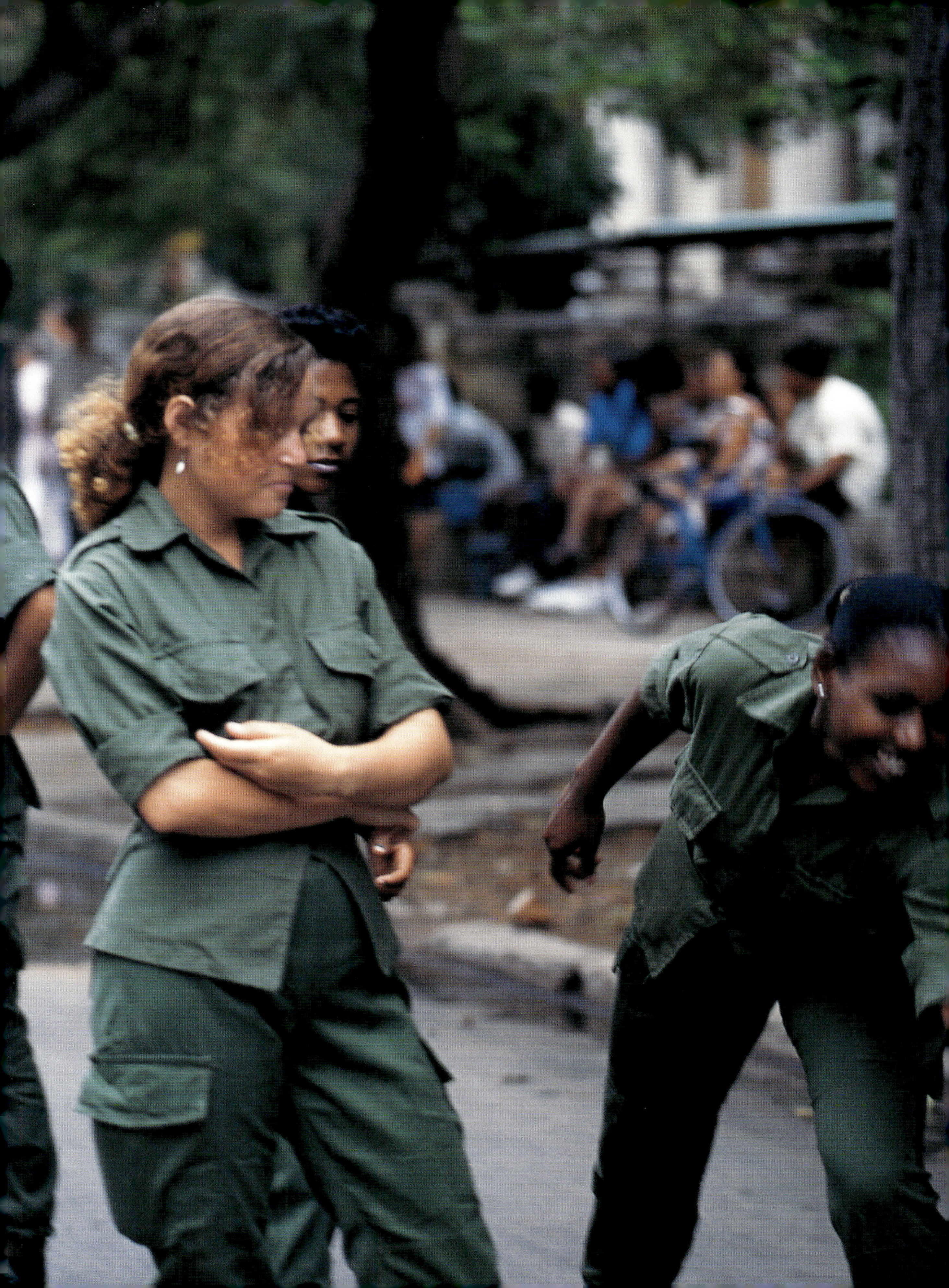

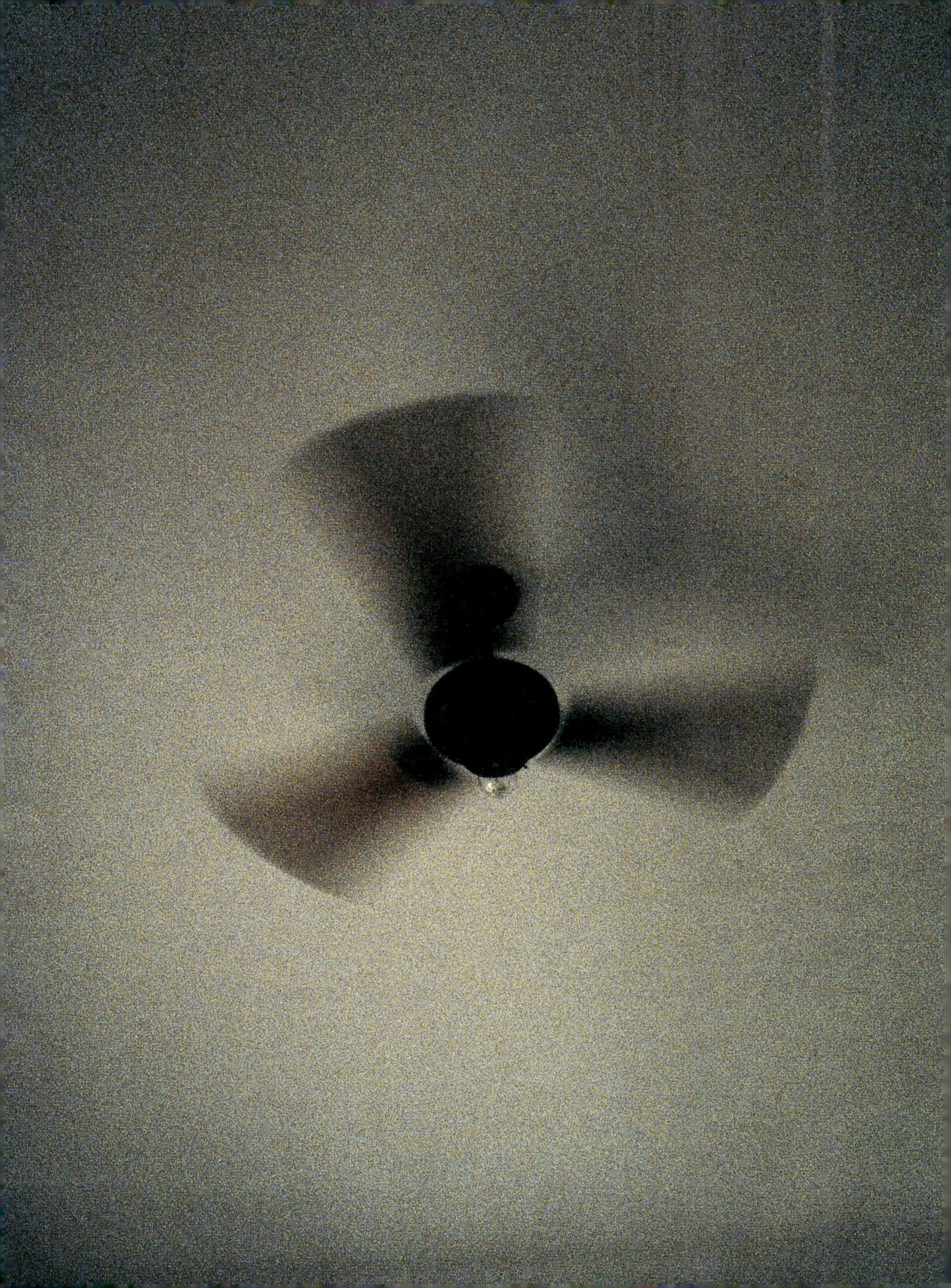

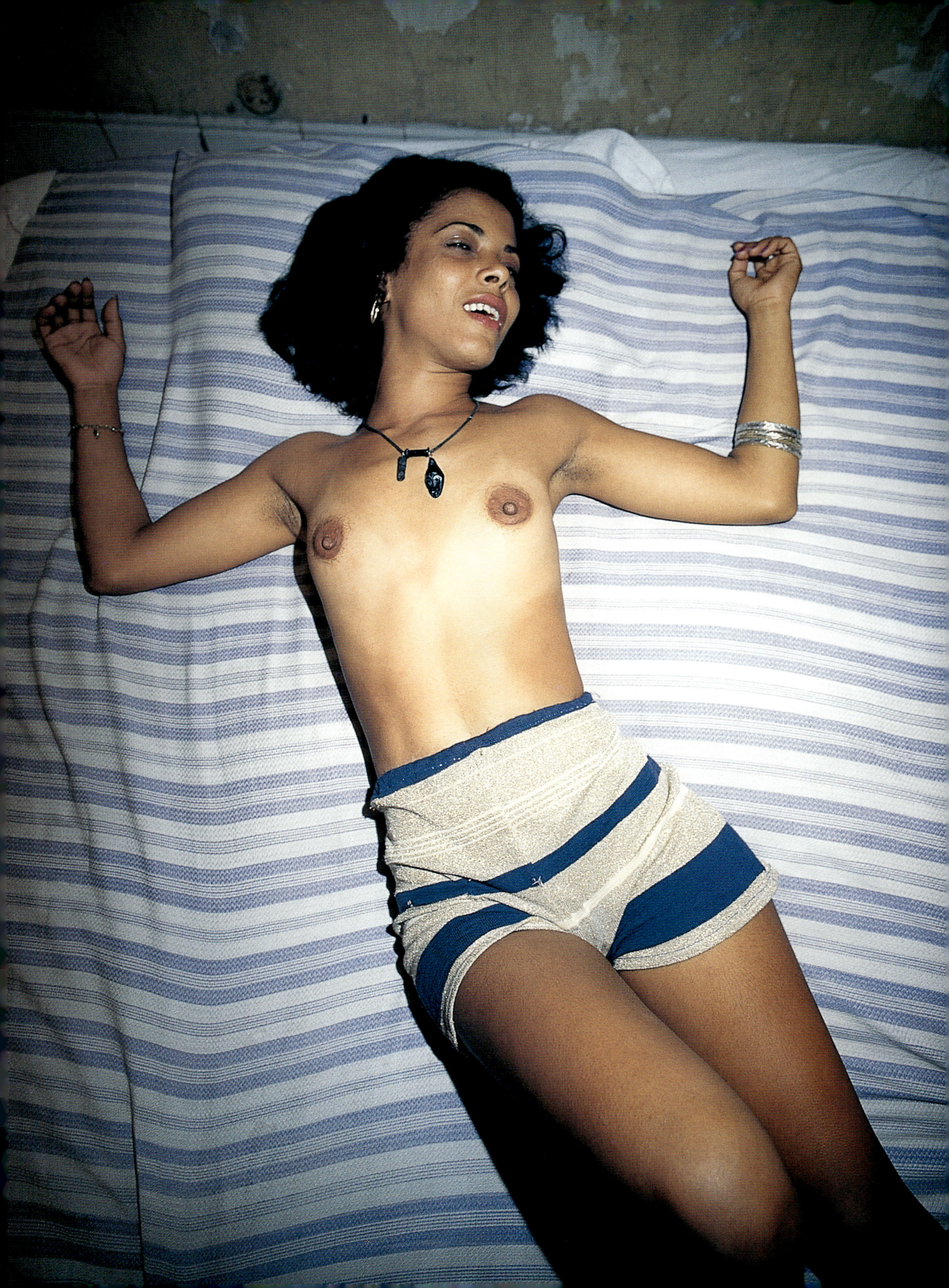

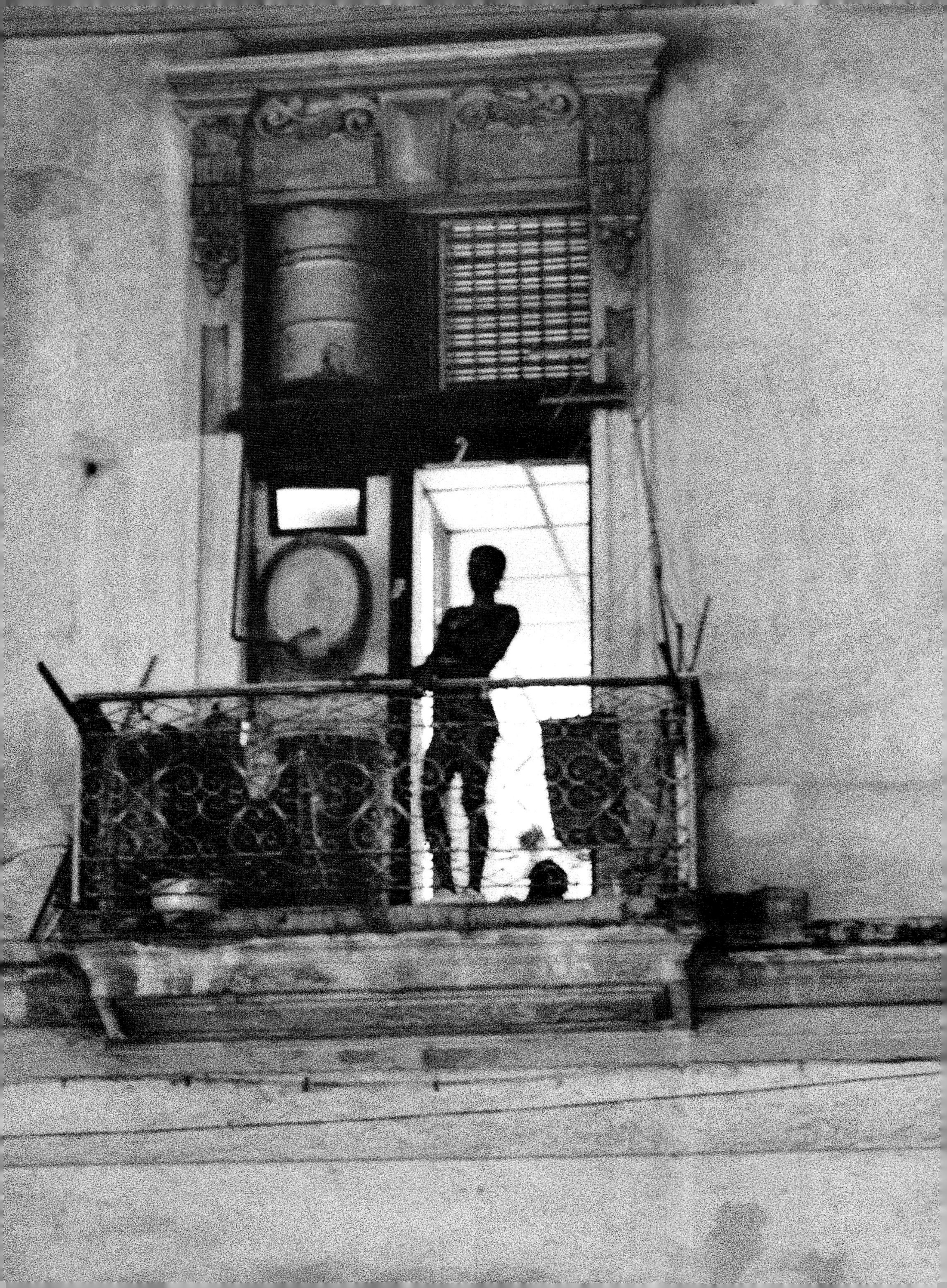

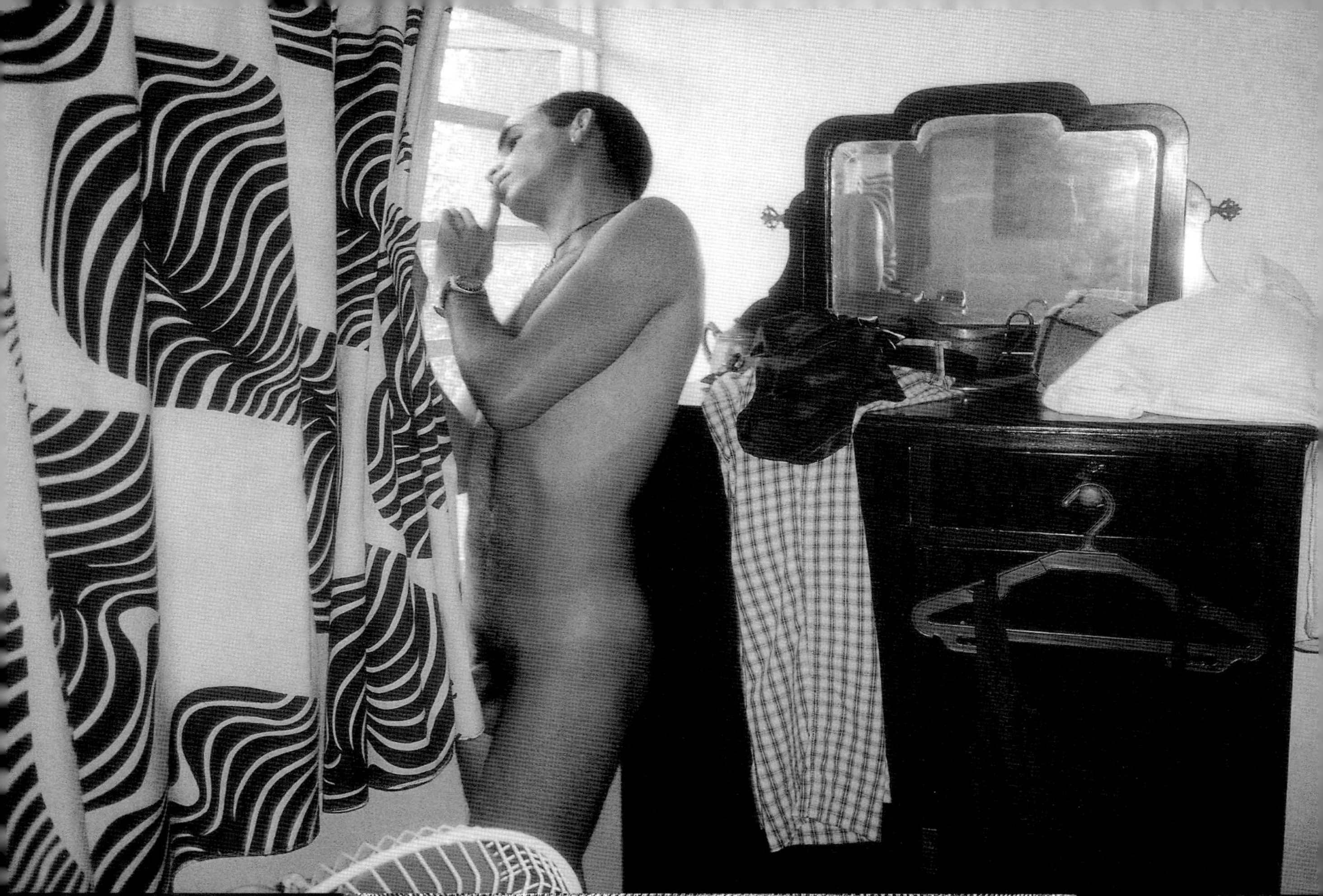

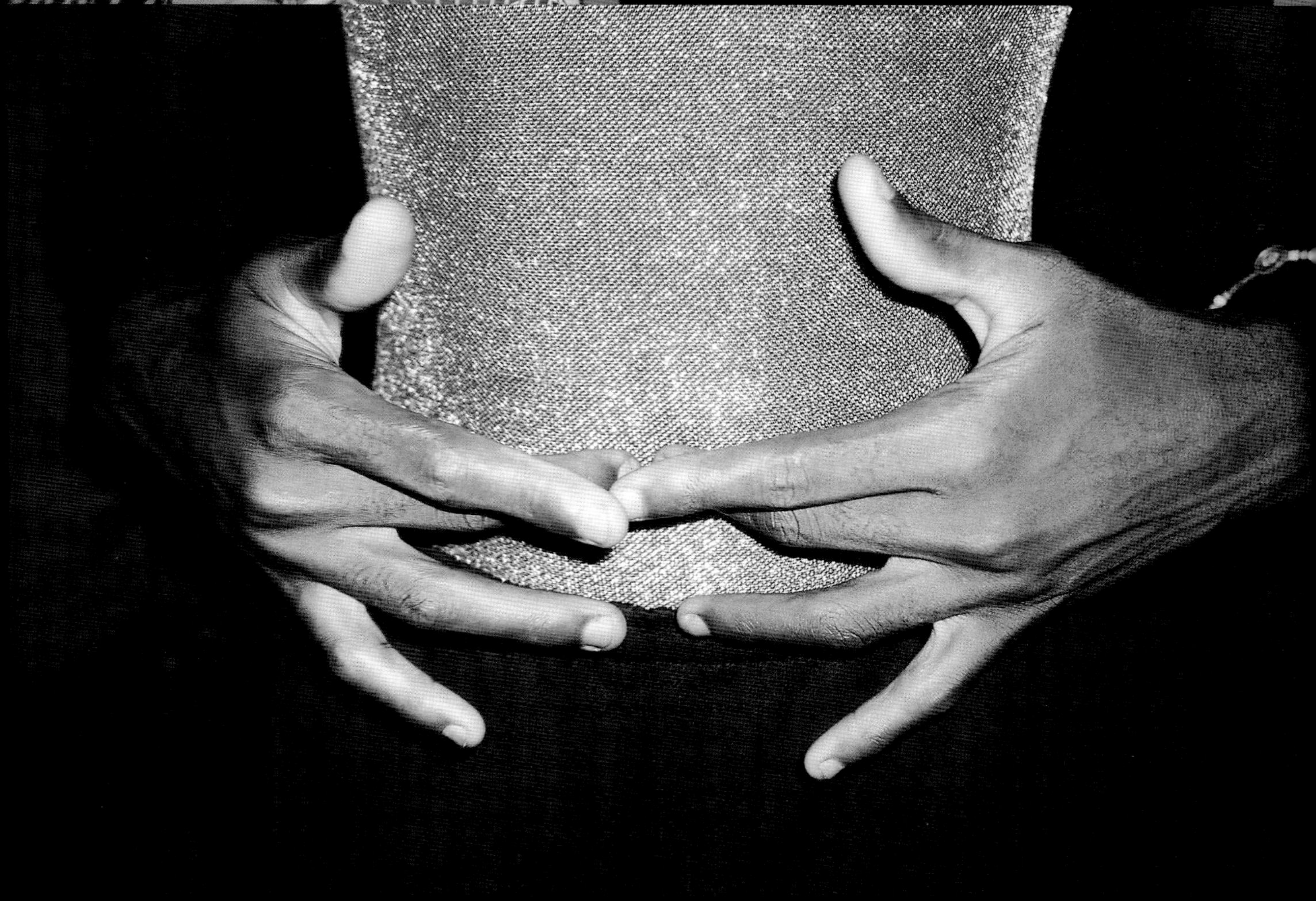

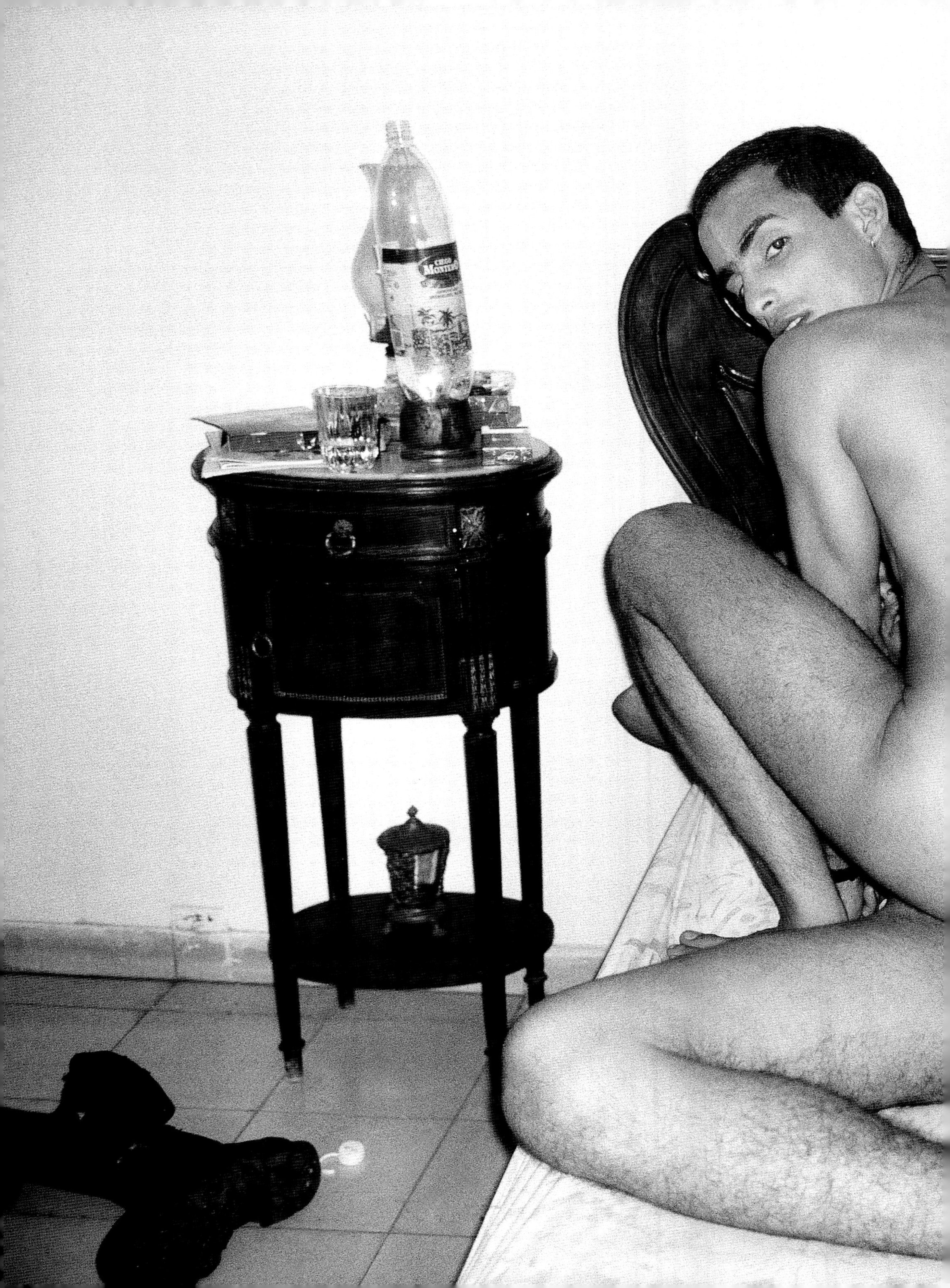

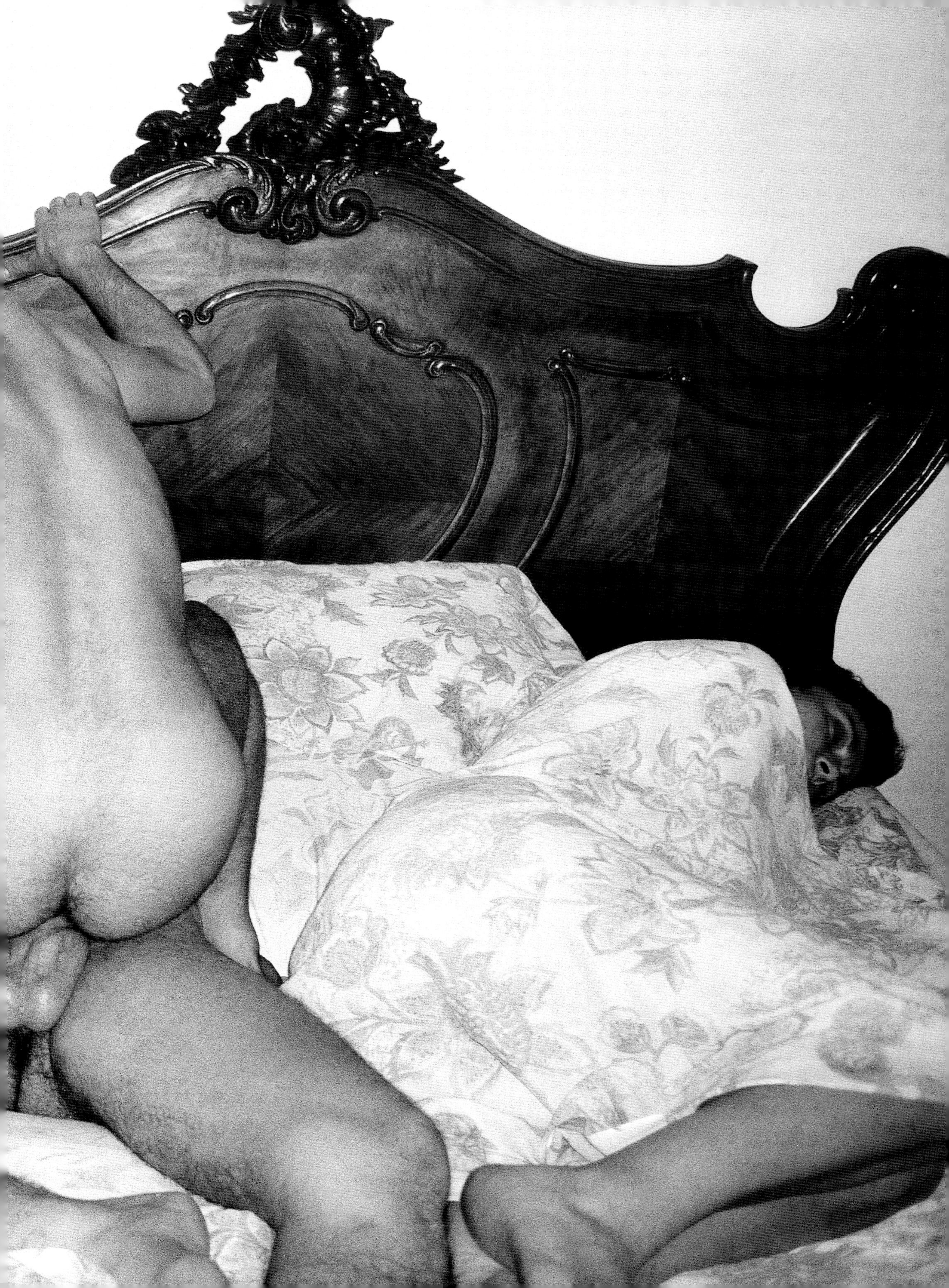

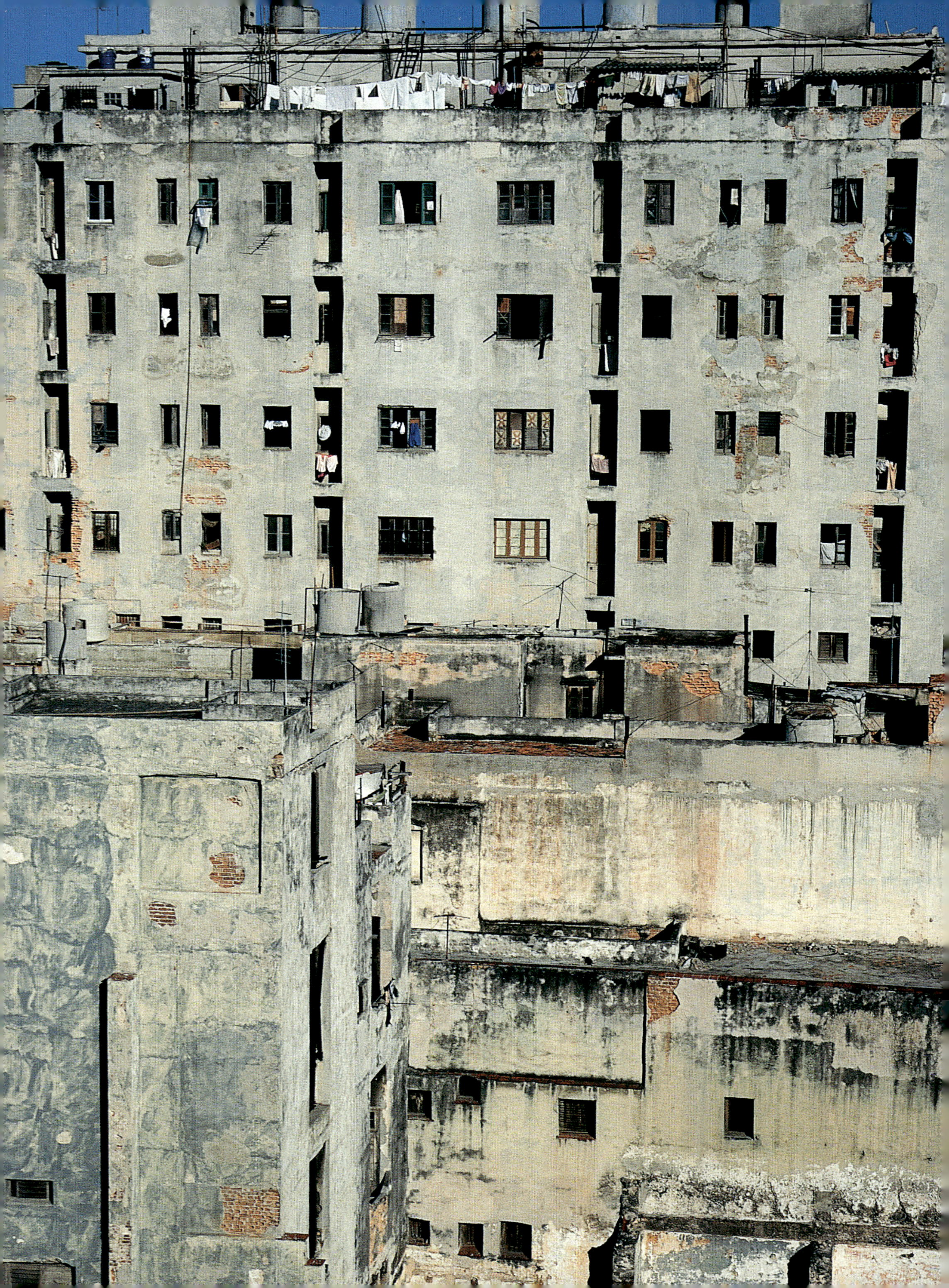

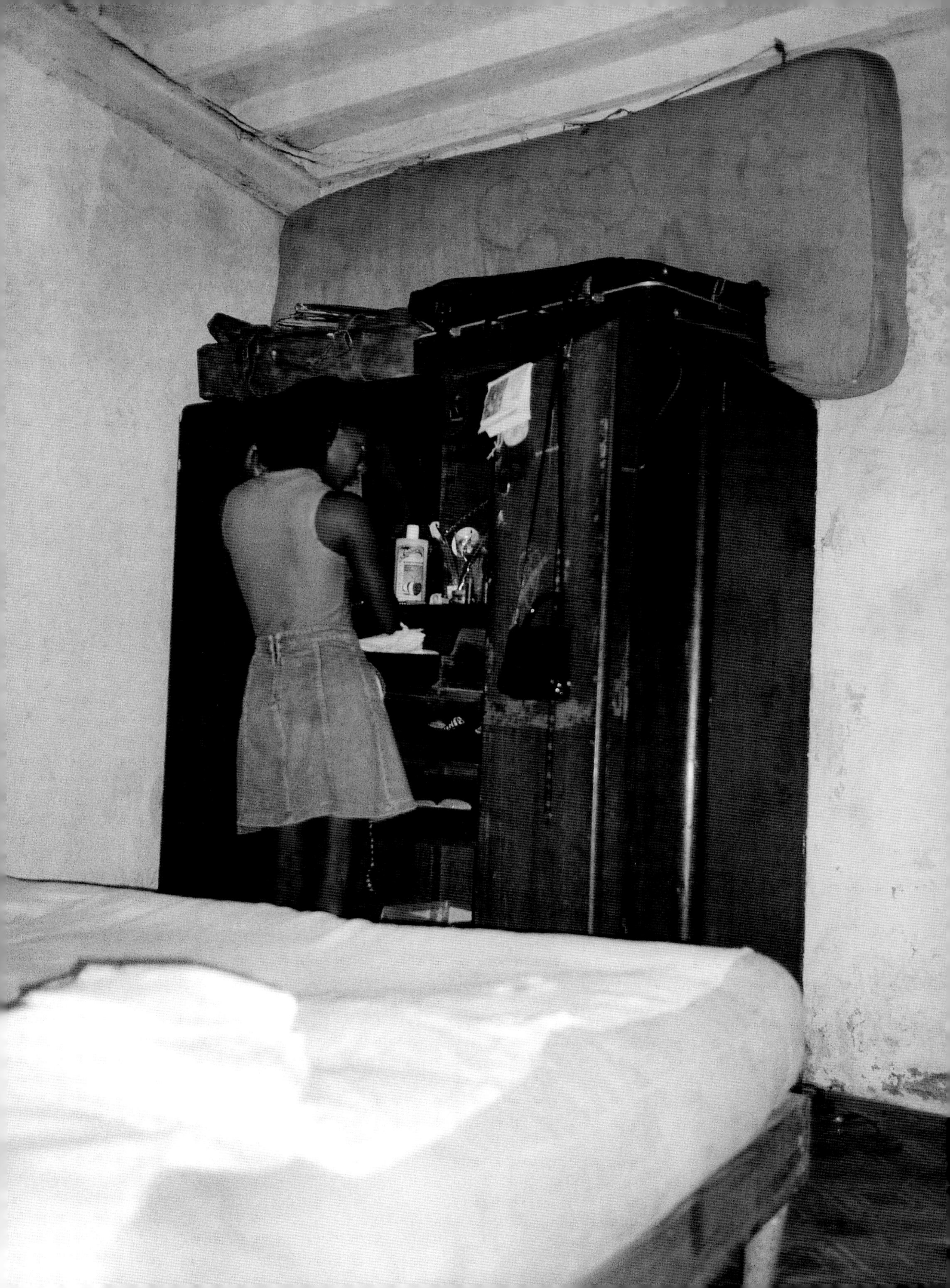

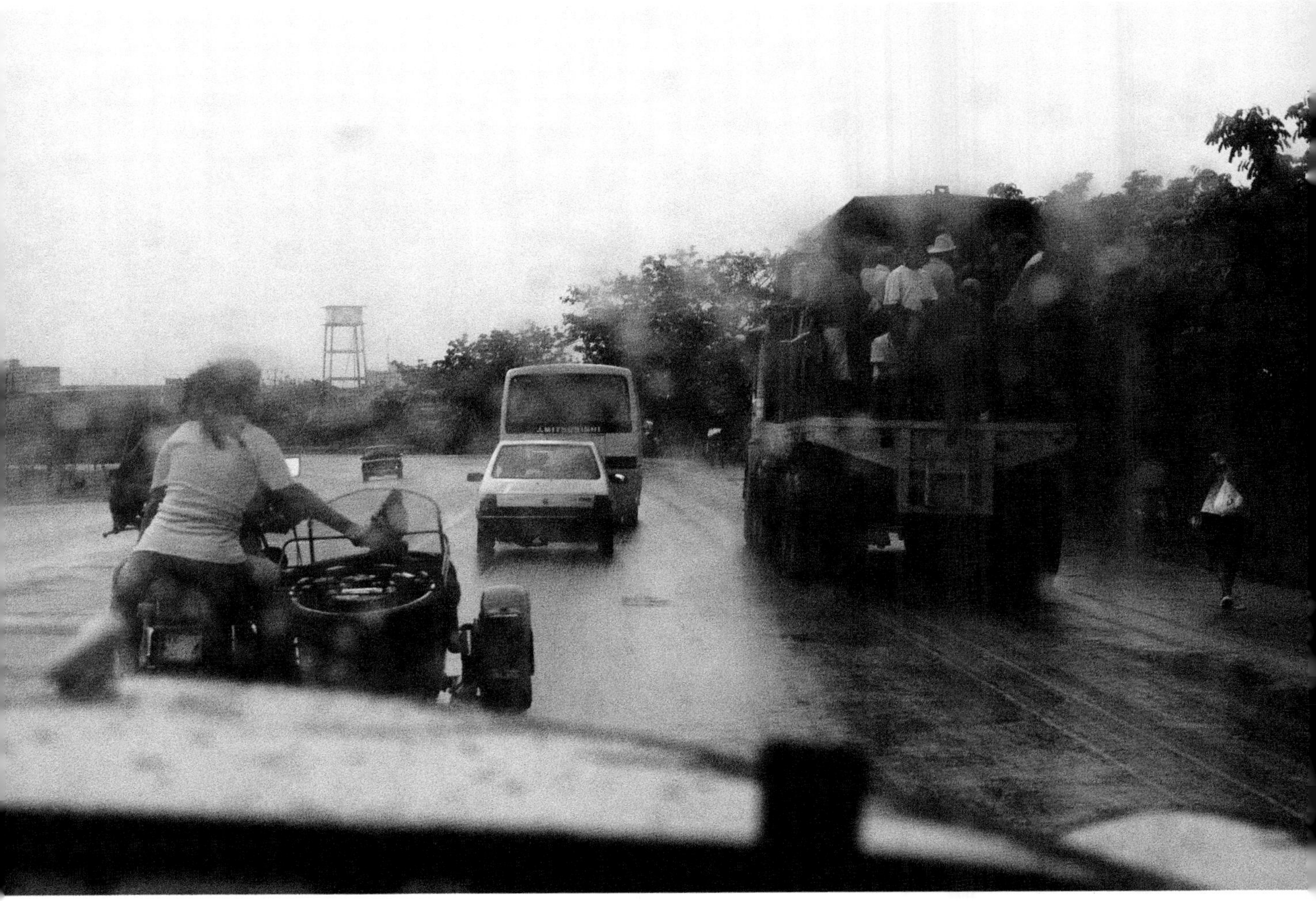

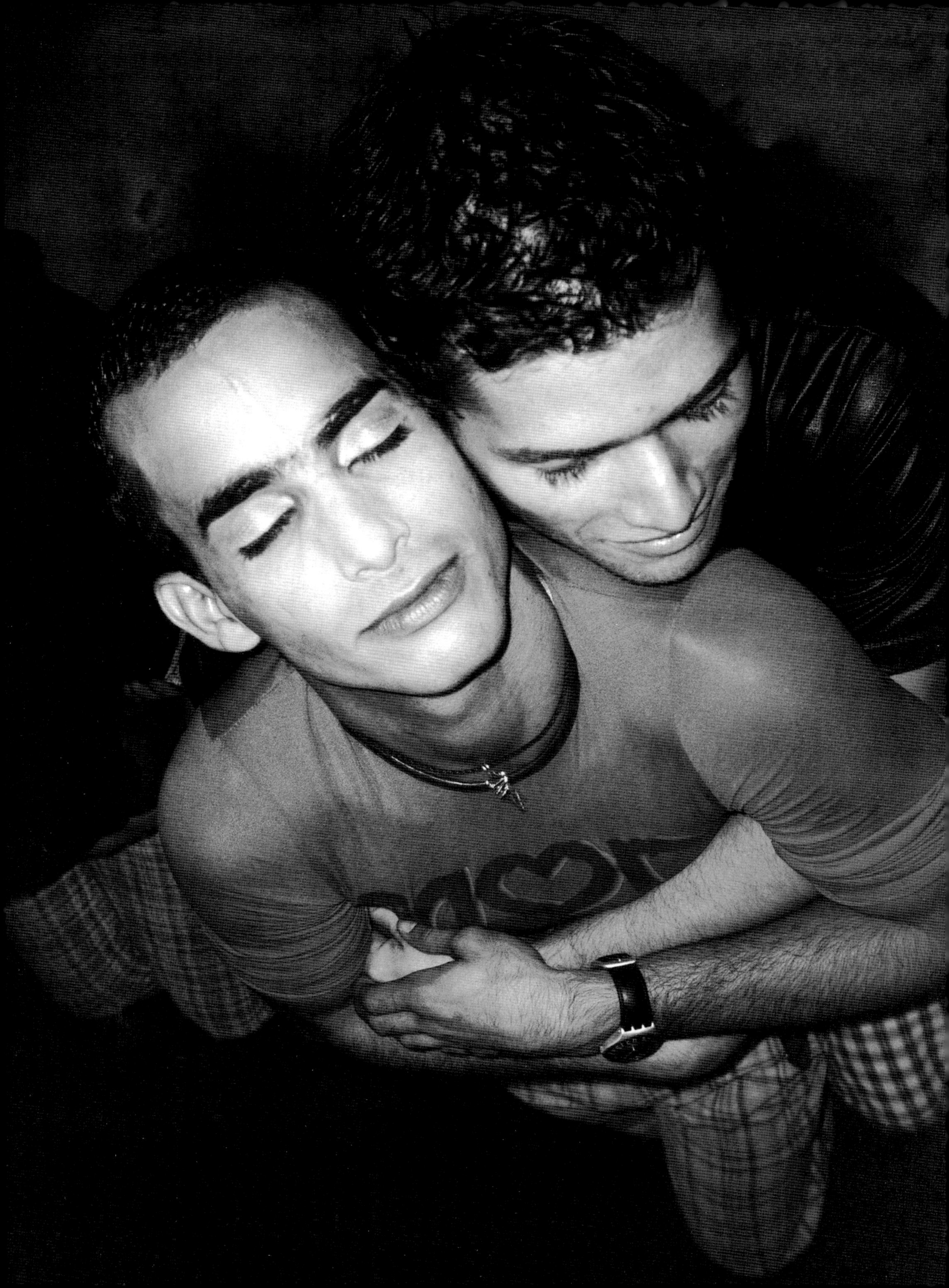

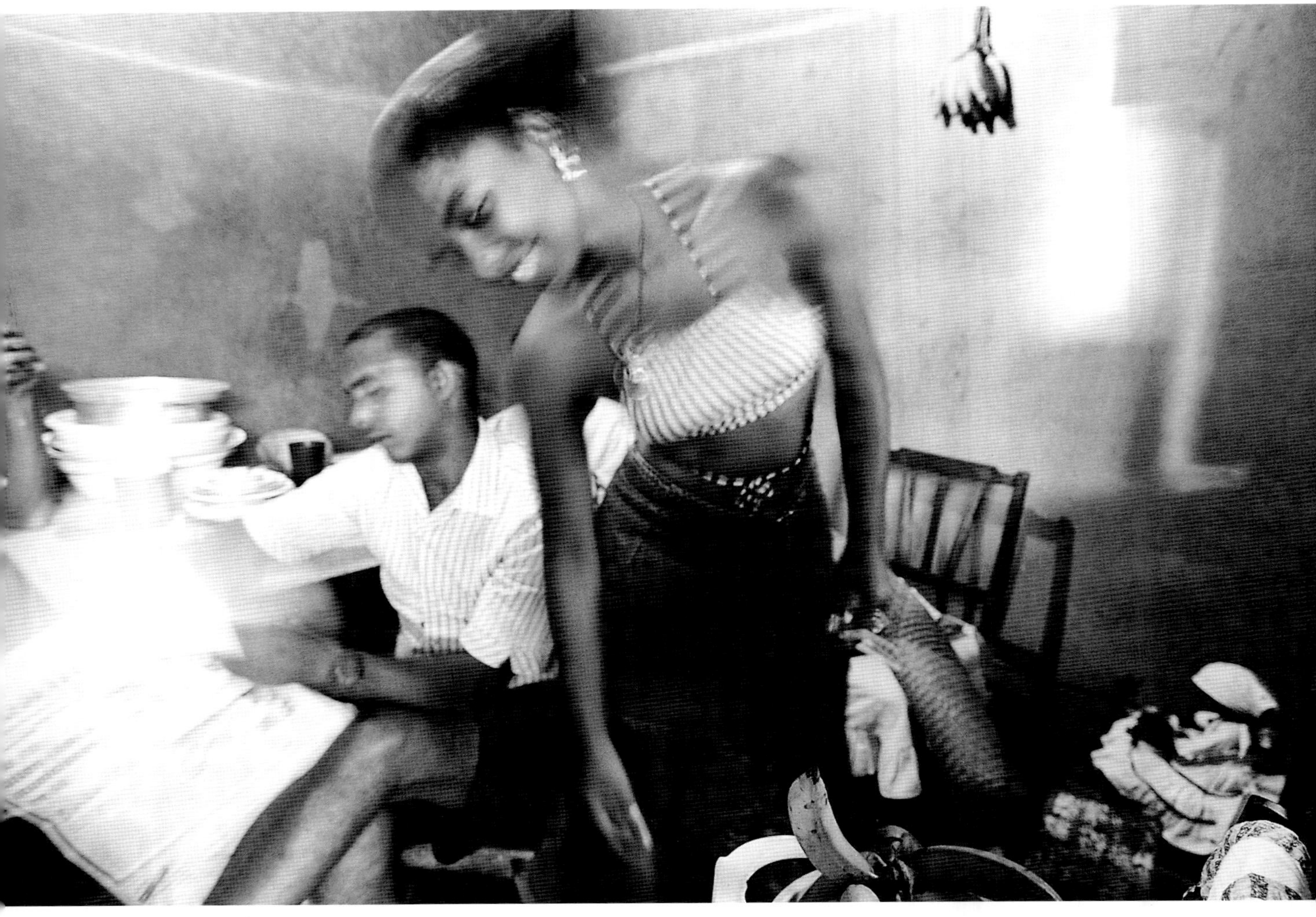

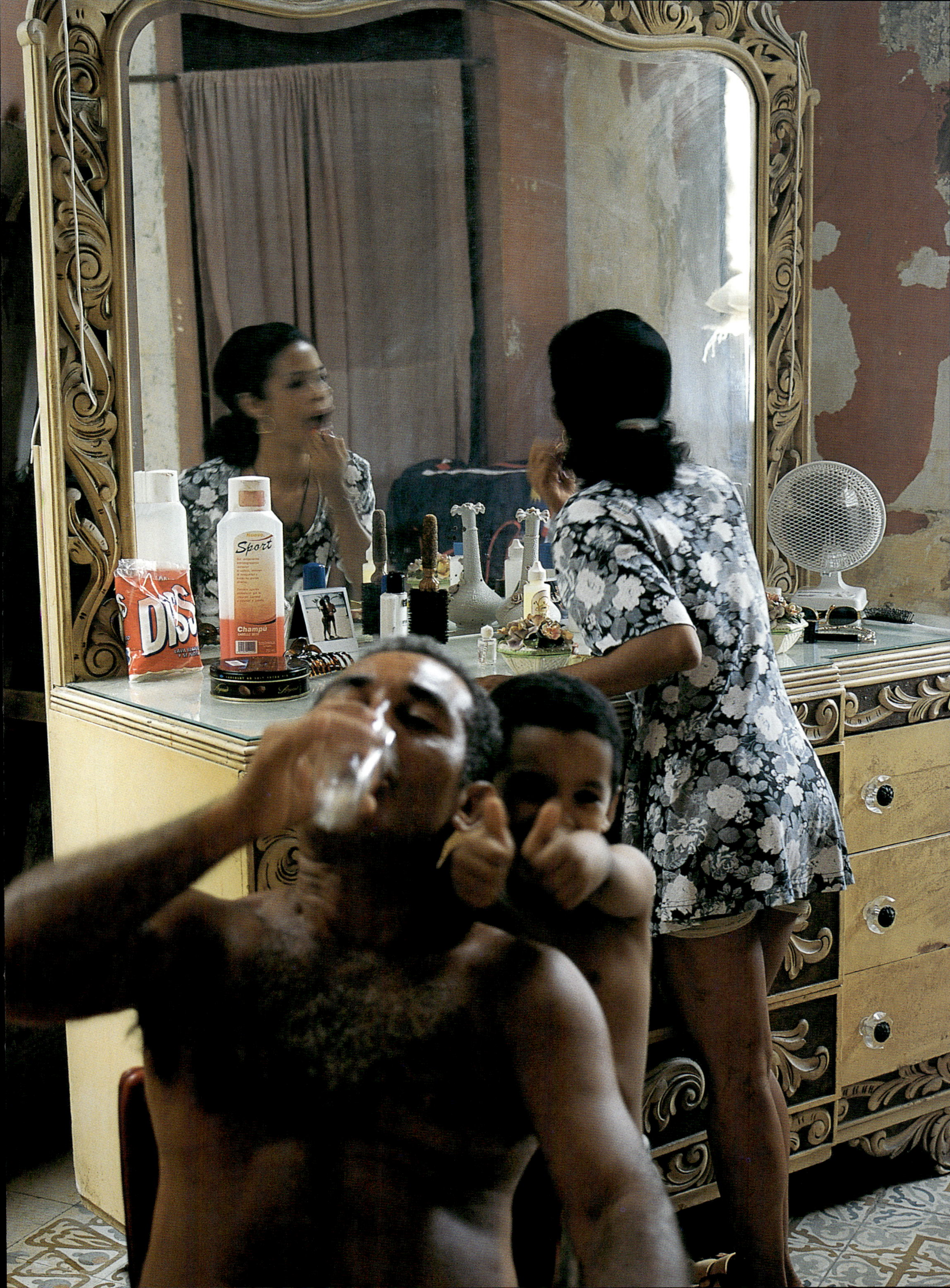
Sport
Champú

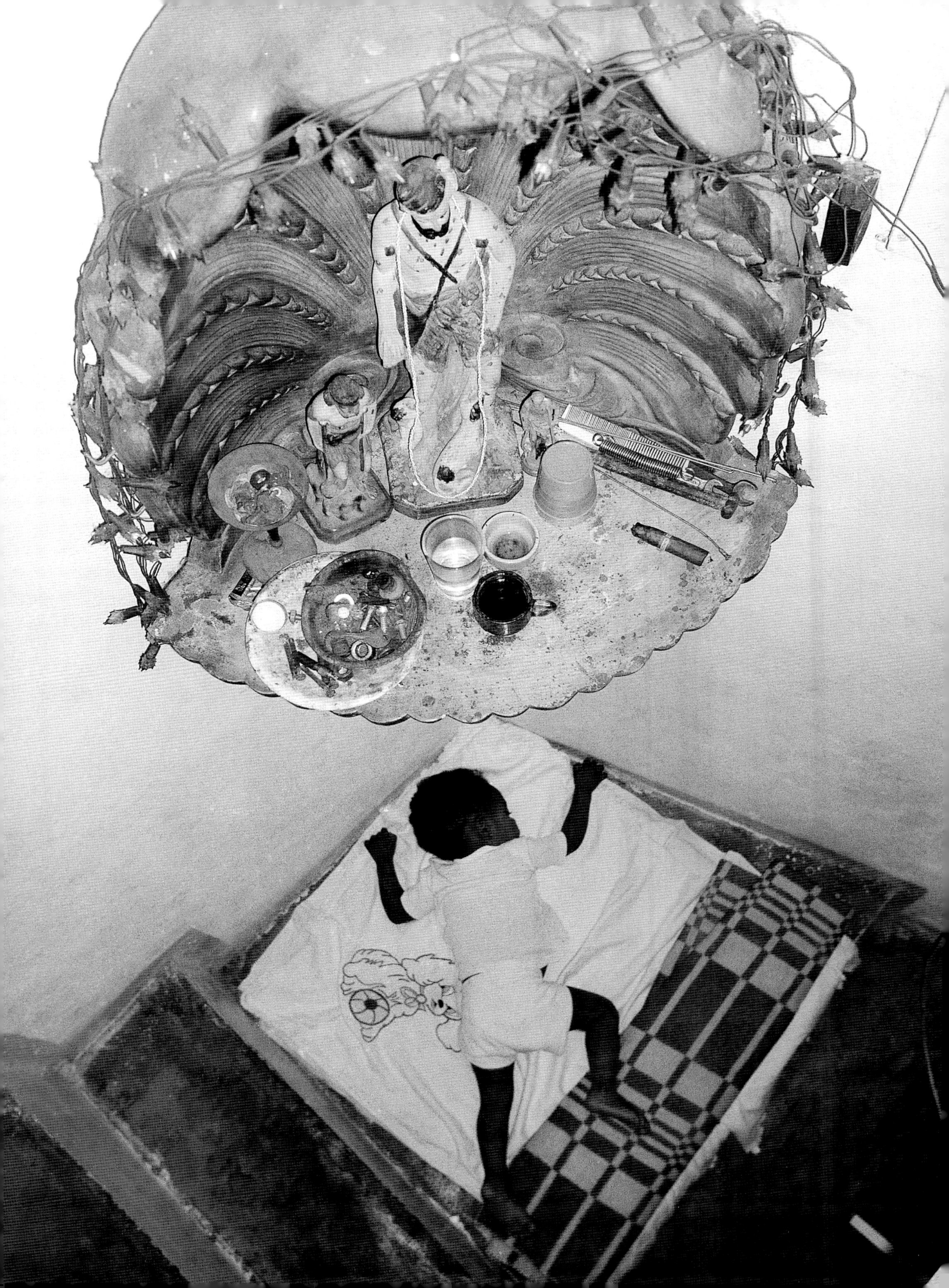

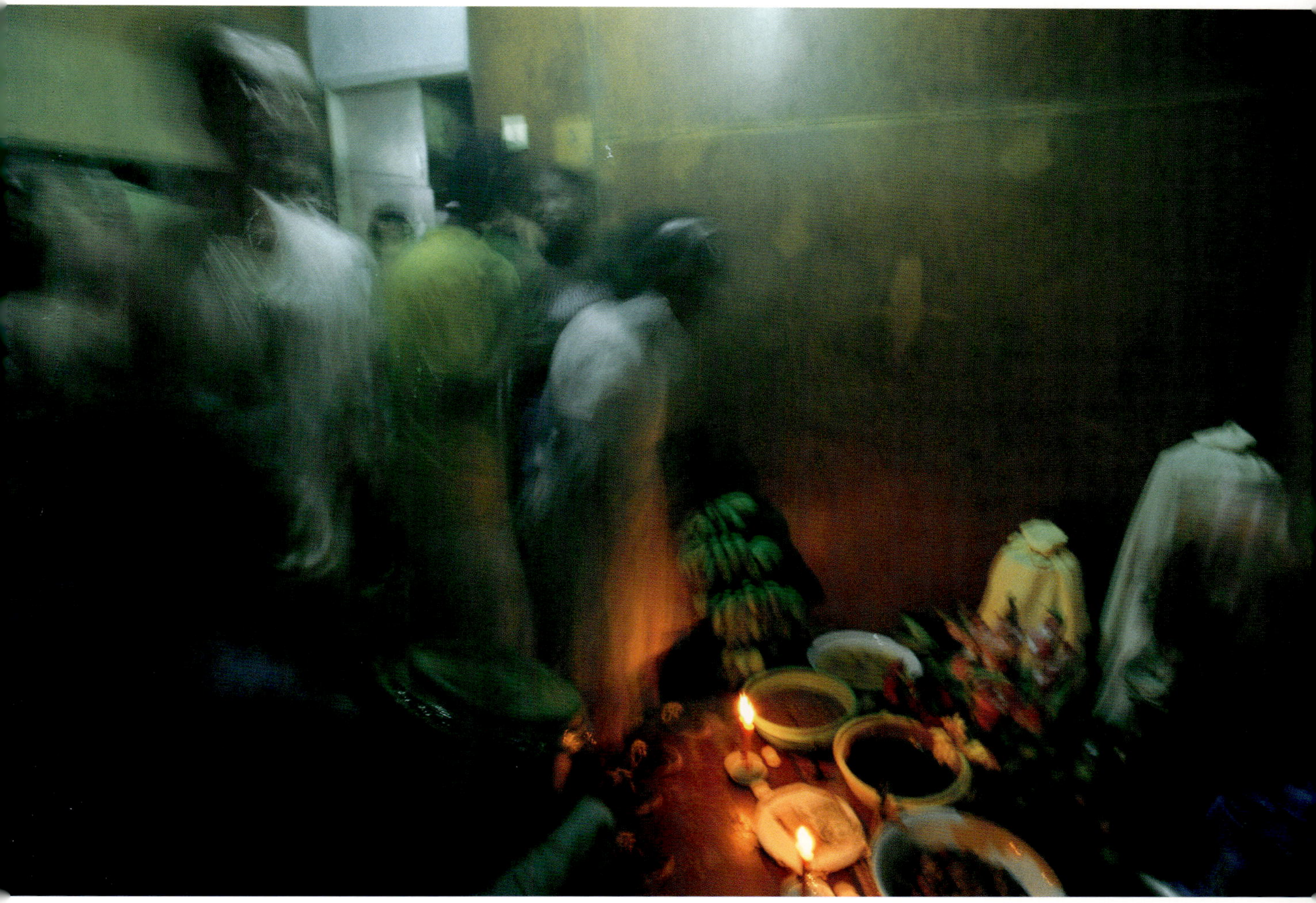

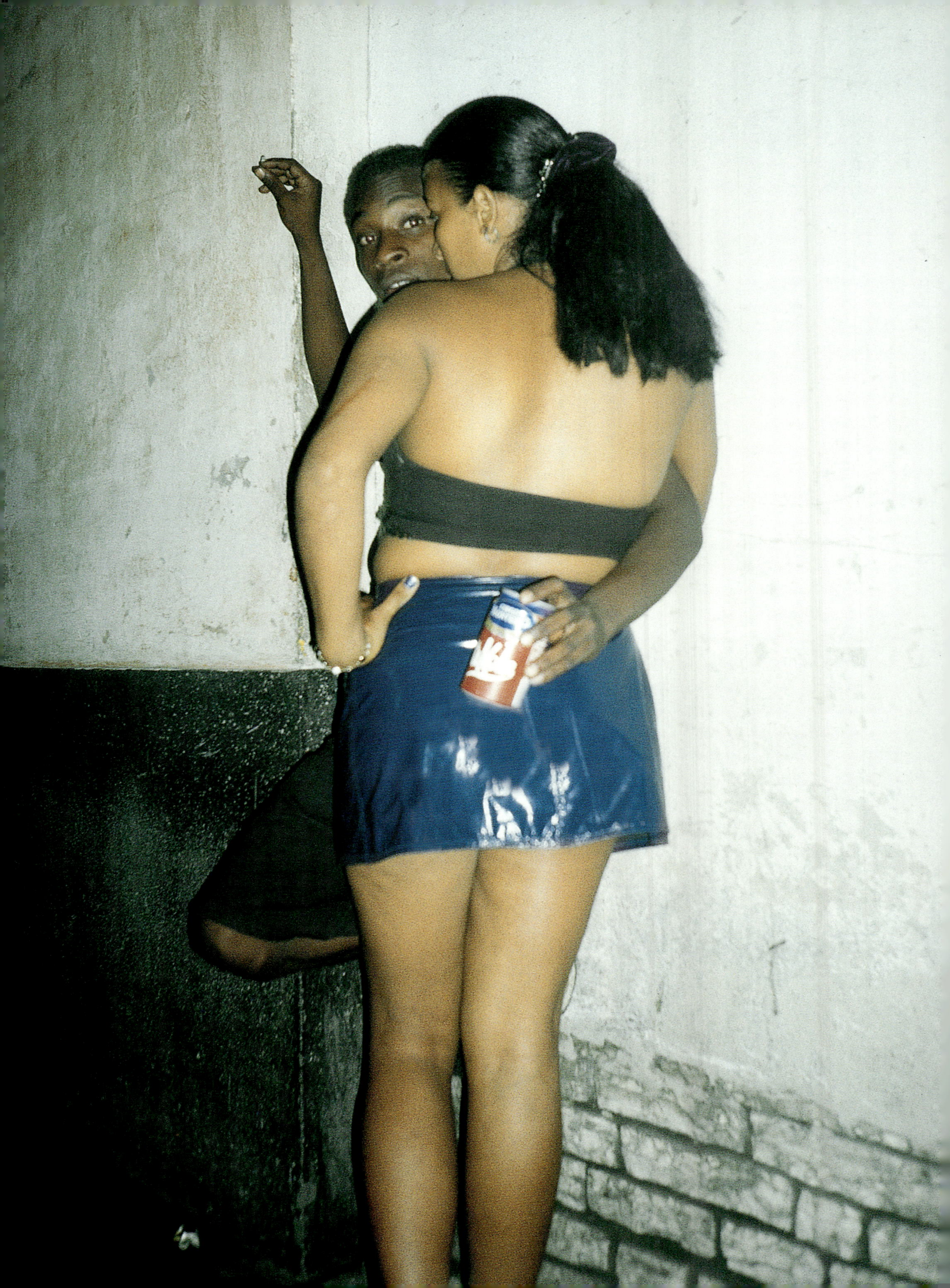

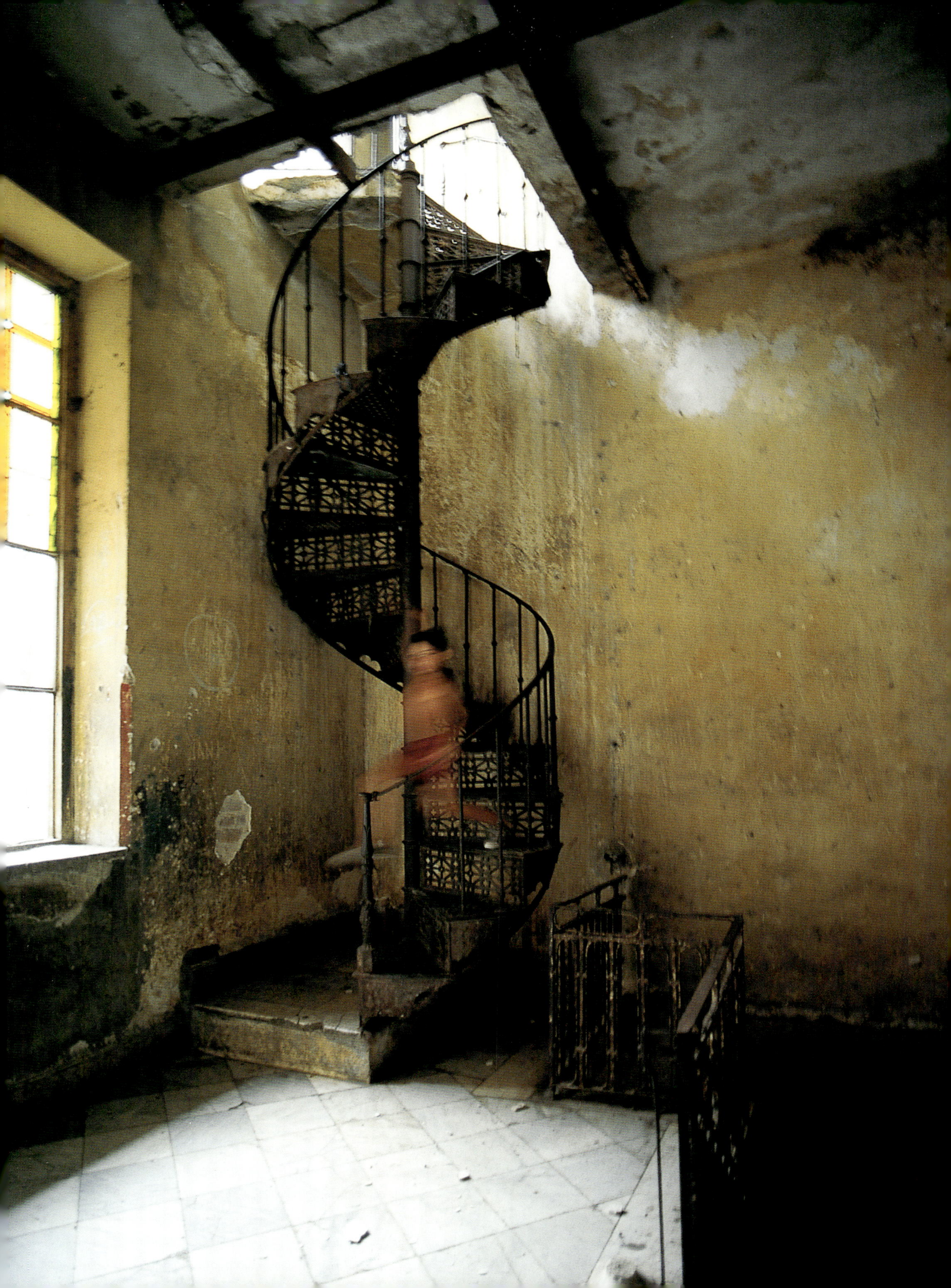

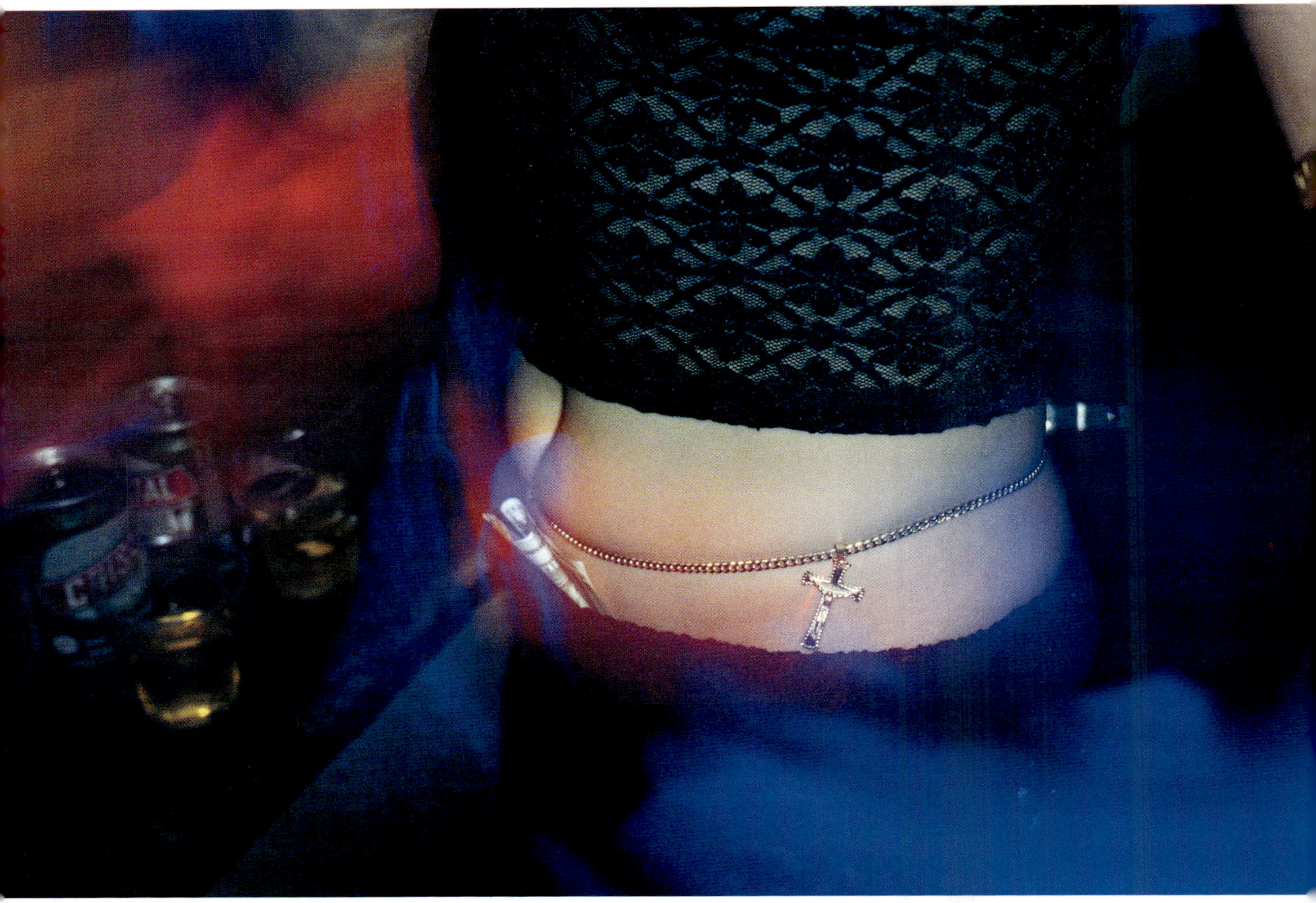

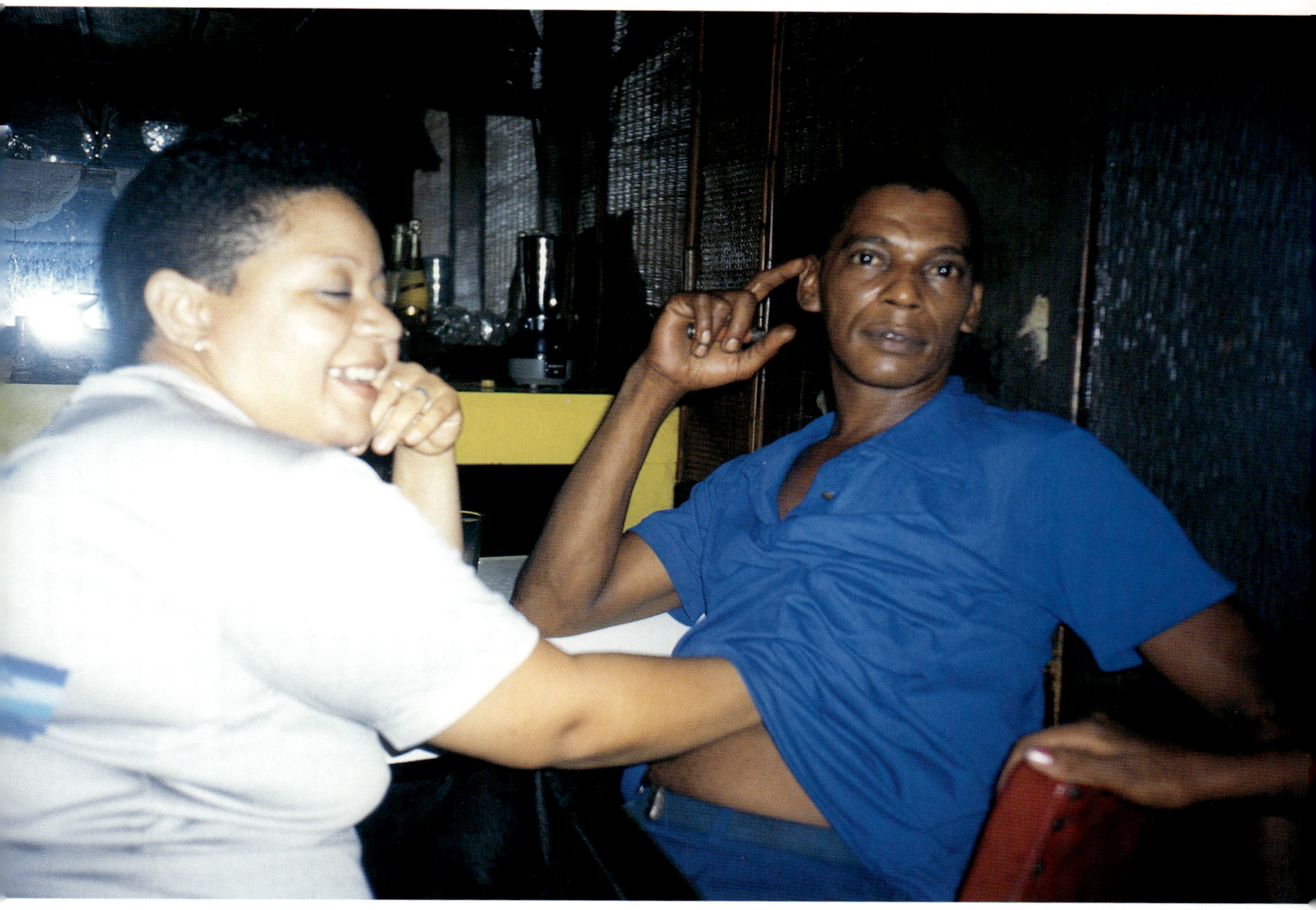

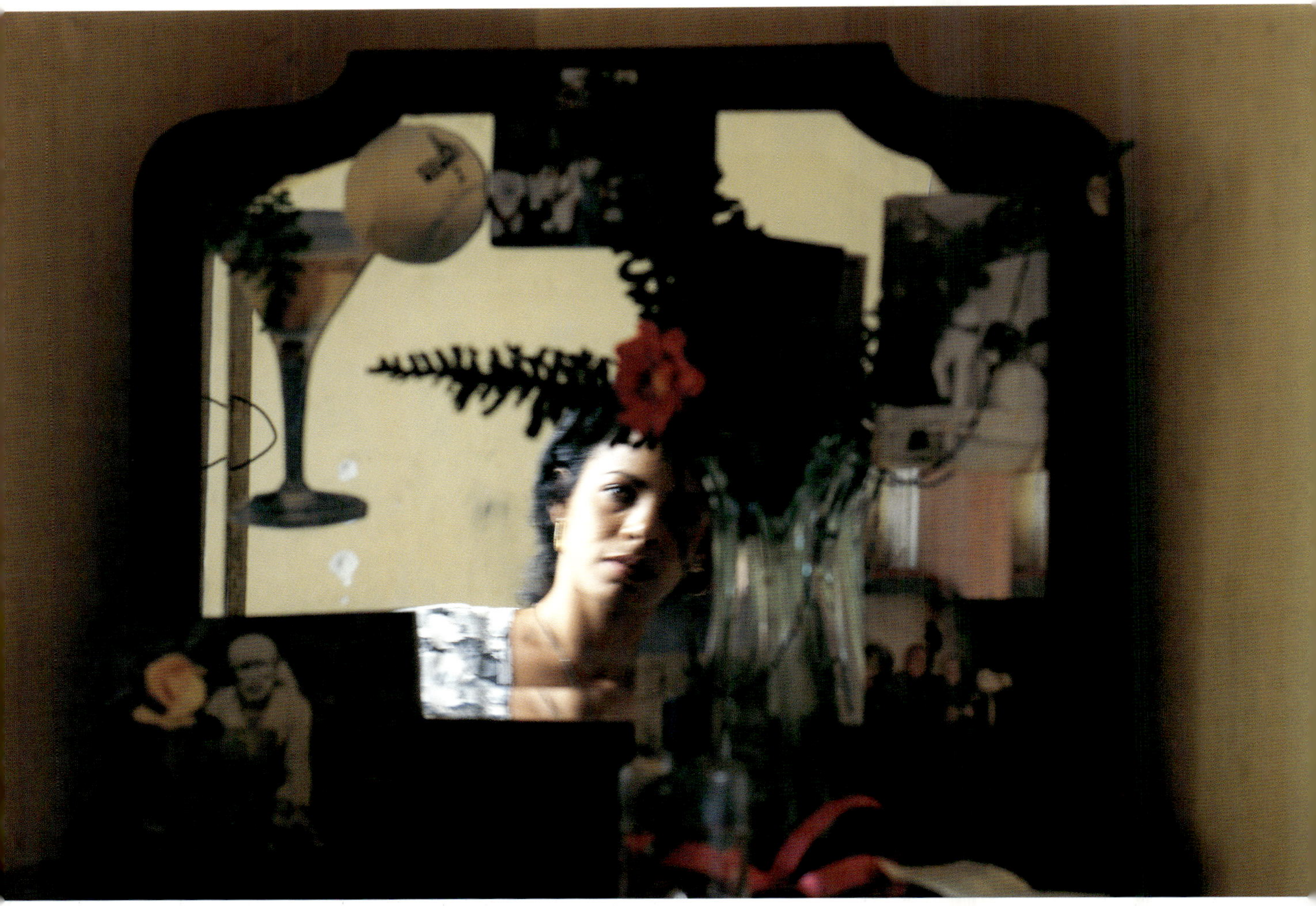

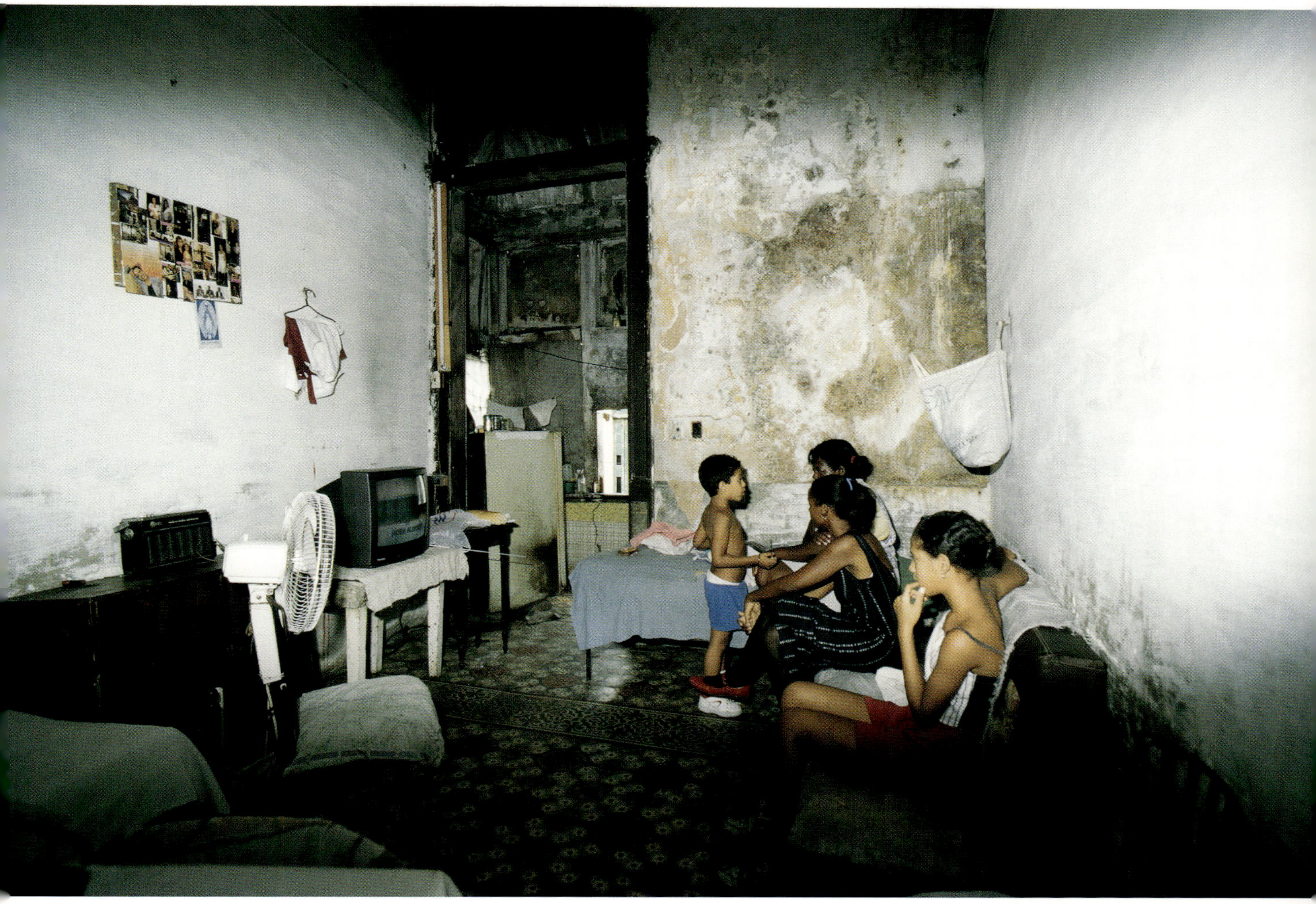

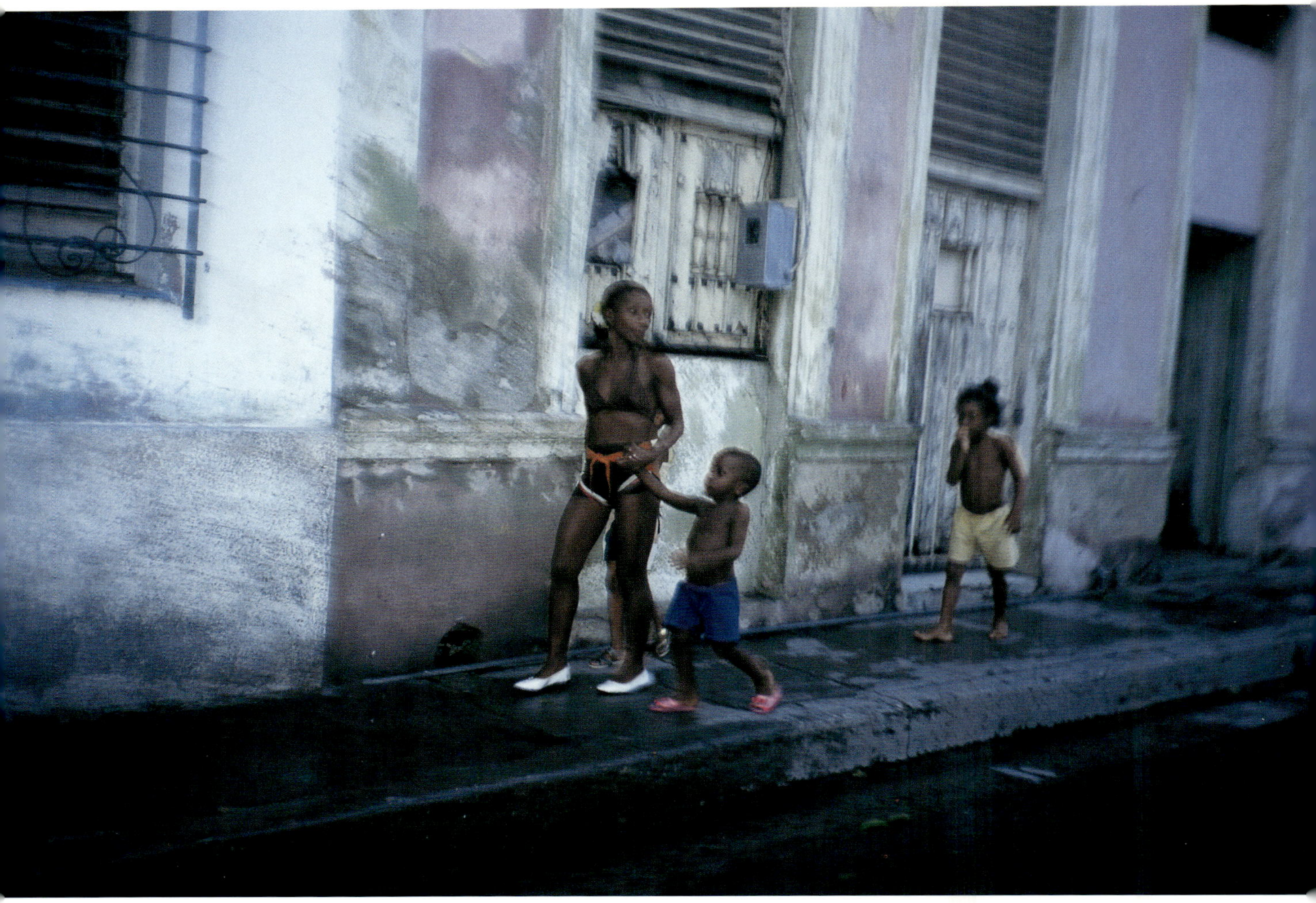

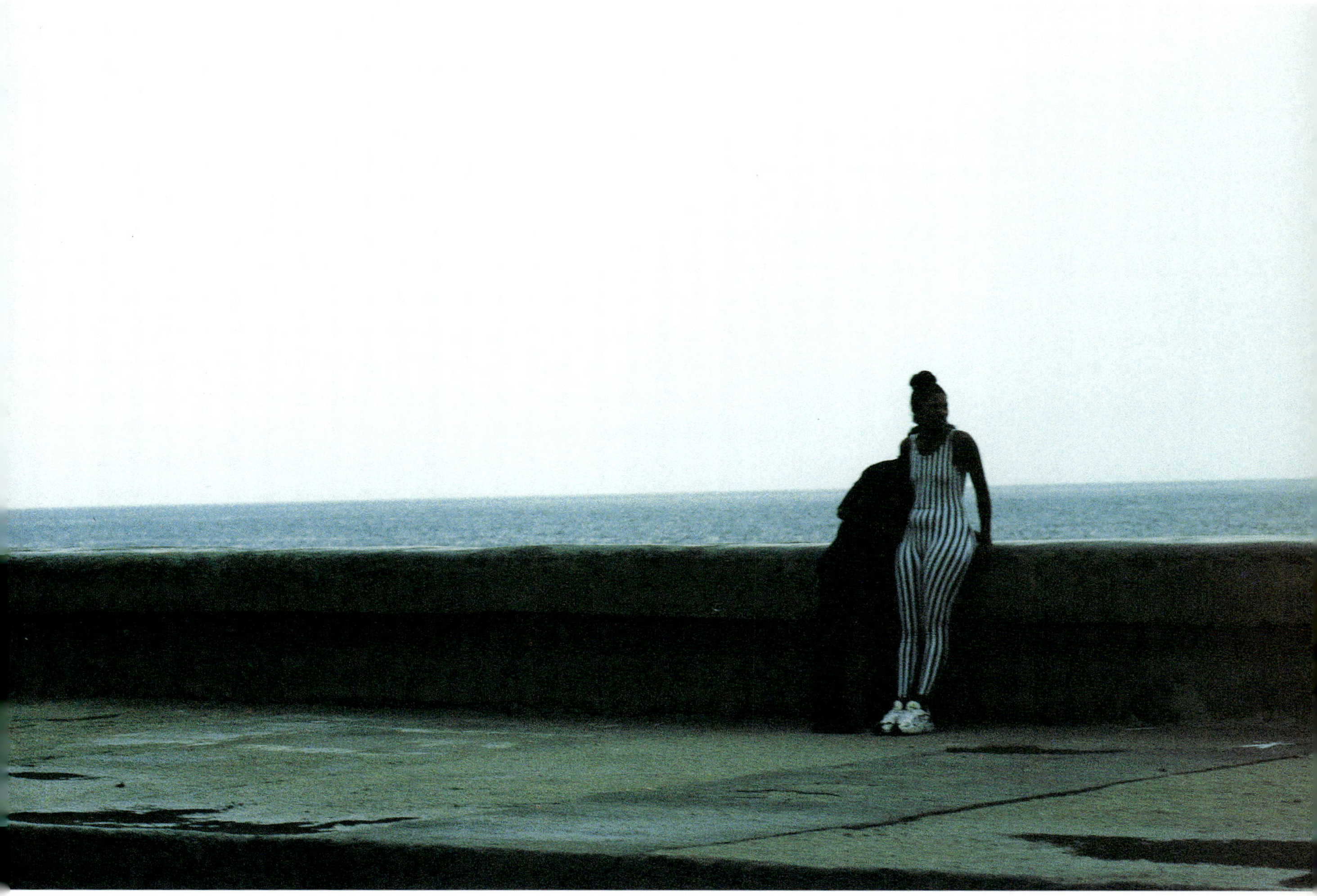

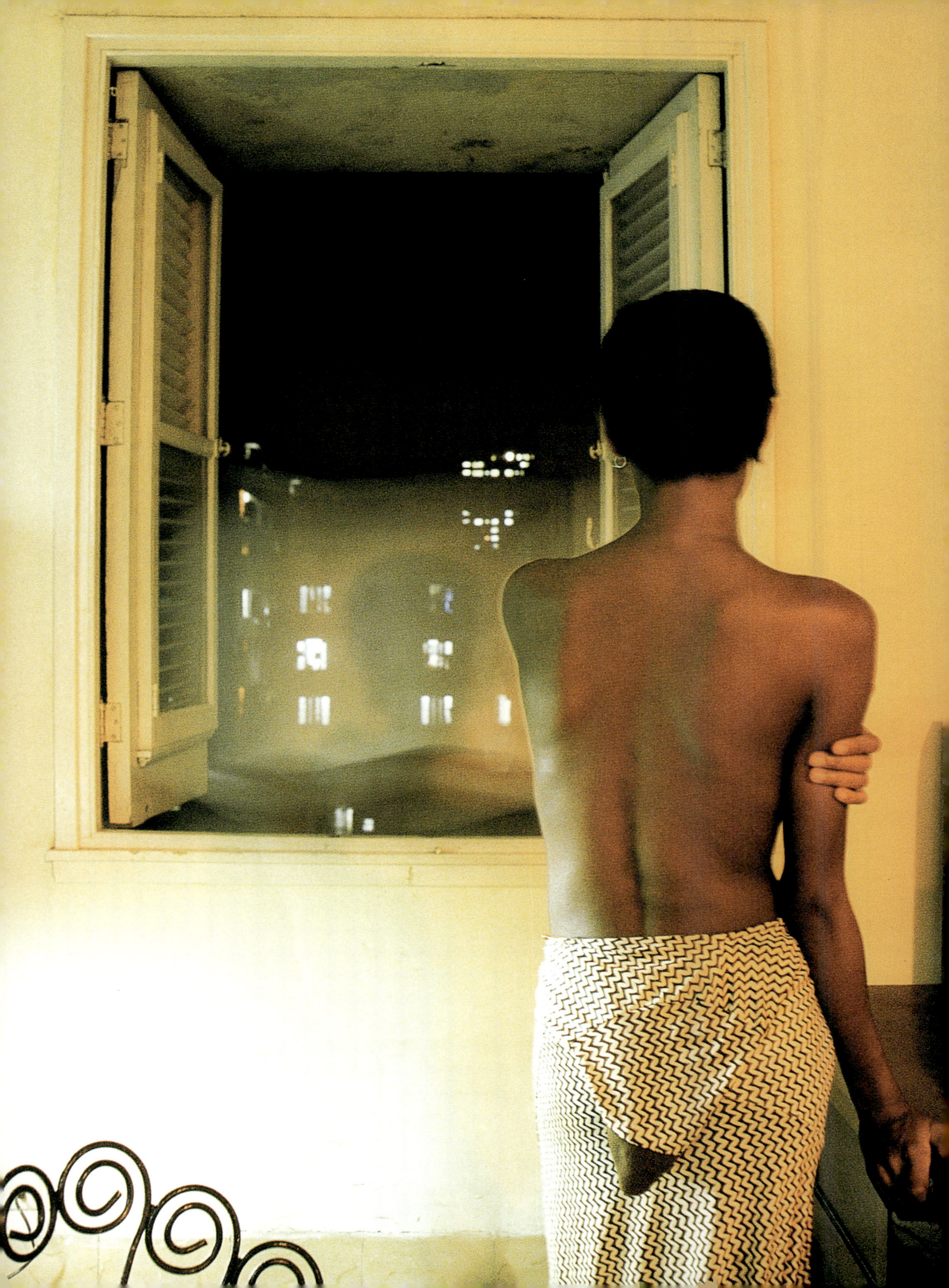

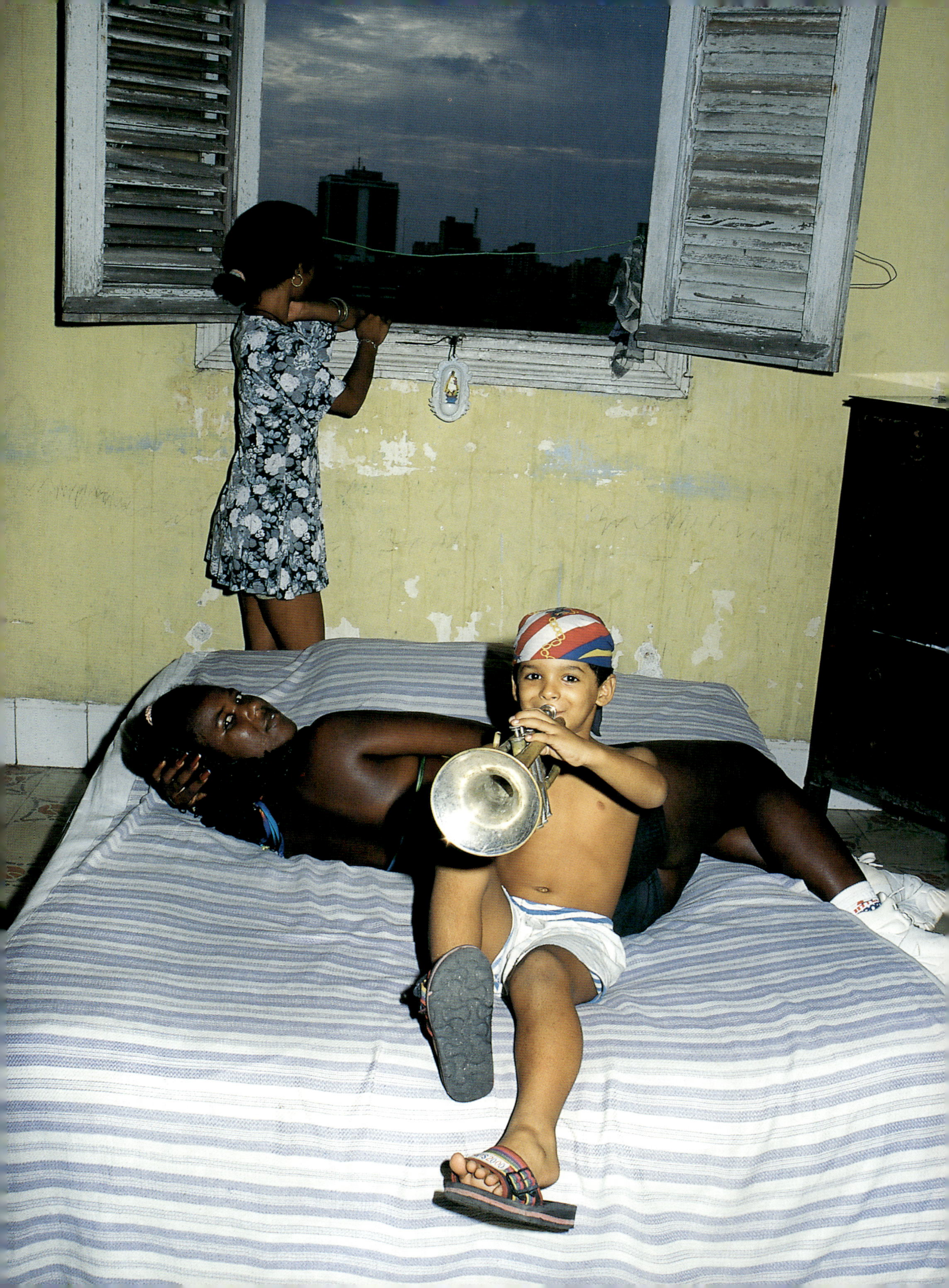

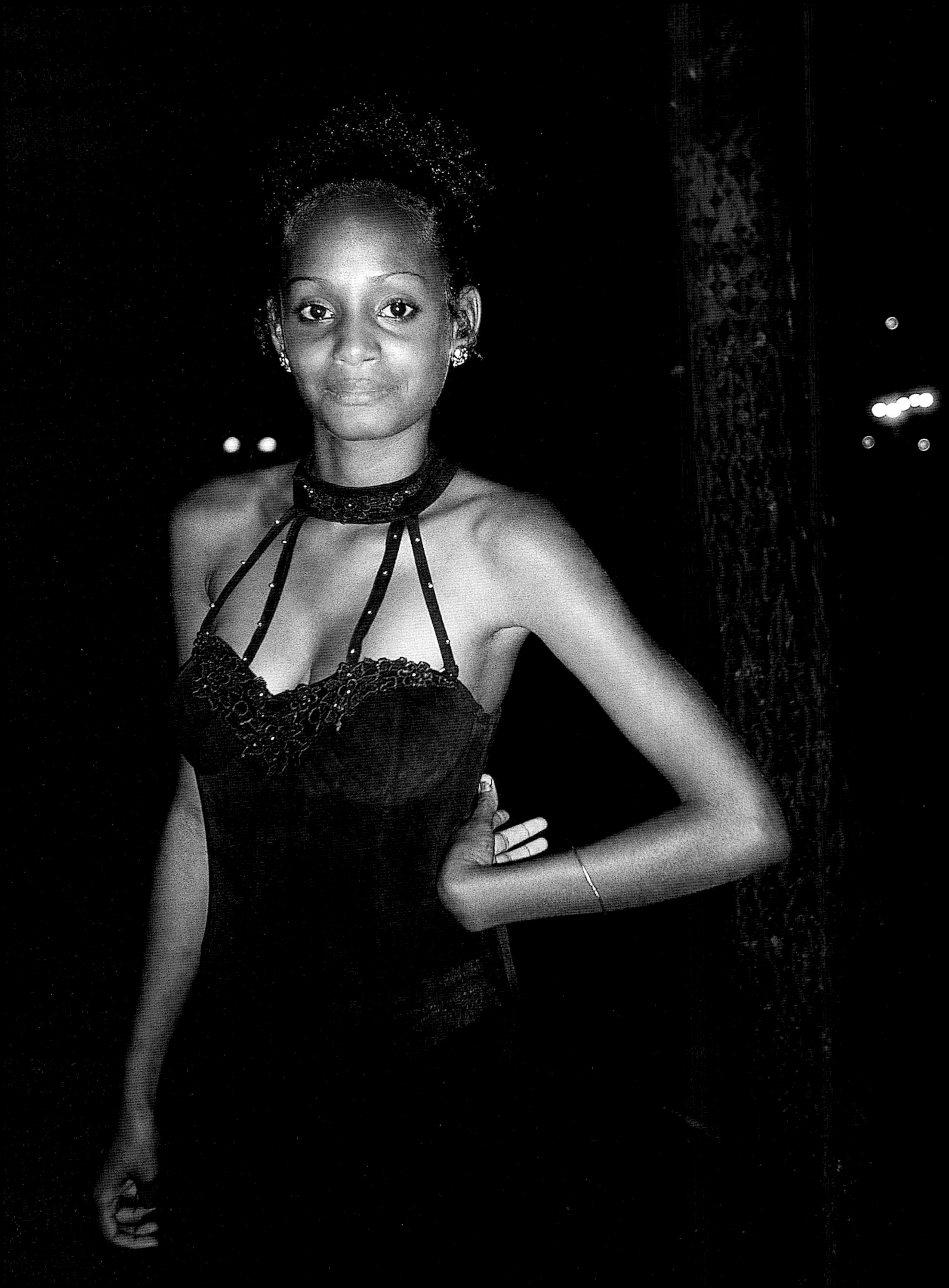

Estuvimos dando vueltas por la heladería Coppelia, frente al Cine Yara. En el mismo centro de La Habana. Allí estan los gays esperando ligar. Y unas pocas jineteras y trasvestis. Desde el atardecer se sientan por allí y esperan. Había un trasvesti bellísimo: era un mulato alto, fuerte, con unos pies y unas manos grandes. Aquellos pies musculosos enfundados en unos delicados zapatos plateados de plataforma alta y cintas. Aquel contraste me volvió loco. Me gustó mucho aquel mulato, tan macho, con sus labios gruesos y carnosos, pintados de rojo, y un vestido azul muy corto. Mostraba sus hermosas piernas, sus rodillas. Y yo adivinaba debajo de la tela un culo duro y perfecto, bien redondo, y un glande grueso y anhelante.

Marianne me vió ansioso por besar a aquel trasvesti y escucharle su voz grave, hablando en español de cubanos, que es rápido y tajante, y me preguntó:
– ¿Te gusta?
– Sí. Muchísimo.
– ¿Nunca has hecho el amor con un trasvesti?
– No.
– Estas perdiendo el tiempo, Santi. Decídete de una vez.

Ella tiene razon. De los últimos quince años, he vivido más de diez en Cuba. Nunca he aprovechado las oportunidades de disfrutar a fondo la sensualidad, el suave erotismo de los cubanos. Bueno, creo que aún estoy a tiempo.

Cruzamos la calle. Entramos al Hotel Habana Libre, bebimos unas cervezas, curioseamos en la tienda de tabaco. Compré un puro de los más baratos: una crema de Partagás, de cinco dólares. En la calle se consiguen mucho mas baratos, pero casi siempre son falsificaciones mal hechas. Ya teníamos dentro bastante ron, cerveza, un poco de mariguana, y ahora este puro. Estuvimos todo el día tomando fotos y hablando con la gente, bajo un sol abrasador. Ahora sólo queria tomar el fresco en el Malecón. Había una buena brisa marina, con mucho olor a salitre. Y fumar aquel puro, sentado allí, tranquilo, ver a la gente pasar y después irme a dormir. Asi, tranquilamente.

Wir schlenderten beim Eissalon Coppelia herum, gegenüber dem Yara-Kino. Im Zentrum von Havanna. Dort versammeln sich die Schwulen. Und ein paar *jineteras* und Transvestiten. Vom Einbruch der Dämmerung an sitzen sie dort und warten. Ein wunderschöner Transvestit war unter ihnen: ein großgewachsener Mulatte, kräftig, mit großen Füßen und Händen. Seine muskulösen Füße steckten in feinen silberfarbenen Schuhen mit Plateausohle und Bändern. Dieser Kontrast machte mich ganz verrückt. Er gefiel mir, der Mulatte, so männlich, mit seinen dicken fleischigen, rot angemalten Lippen und dem blauen, kurzen Kleid. Es brachte seine wunderschönen Beine zur Geltung, seine Knie. Und ich erahnte unter dem Stoff einen harten und perfekten Hintern, gut gerundet, und einen dicken, sehnsüchtigen Schwanz. Marianne bemerkte mein Begehren, den Transvestiten zu küssen und seine tiefe Stimmezu hören, kubanisches Spanisch, schnell und schneidend.
– Gefällt er dir?
– Ja, wahnsinnig.
– Hast du niemals mit einem Transvestiten geschlafen?
– Nein.
– Du verlierst deine Zeit, Santi. Entscheide dich!

Sie hat recht. Mehr als zehn der letzten fünfzehn Jahre habe ich in Kuba verbracht. Nie habe ich die Gelegenheiten genützt, die Sinnlichkeit, die sanfte Erotik der Kubaner zu genießen. Na gut, noch ist es nicht zu spät.

Wir überquerten die Straße. Wir betraten das Hotel Habana Libre, tranken ein paar Bier und stöberten im Tabakladen. Ich kaufte eine der preisgünstigsten Zigarren: eine Partagas für fünf Dollar. Auf der Straße bekommt man sie viel billiger, aber das sind meist schlechte Fälschungen.

Wir hatten schon ziemlich viel Rum getrunken, Bier, ein bißchen Marihuana geraucht, und jetzt diese Zigarre. Den ganzen Tag lang hatten wir unter der glühenden Sonne Fotos gemacht, mit den Leuten gesprochen. Jetzt wollte ich nur mehr die Kühle am Malecón genießen. Vom Meer wehte eine angenehme Brise mit einem starkem Geruch

Ahh, pero Marianne seguía electrizada. Volaba, ansiosa, llena de adrenalina. Tomaba fotos sin parar. De cualquier escena. Pero sobre todo de las mujeres. Le arrebataban los culos y las tetas grandes. La piel sudada de las mulatas. Los vestidos ajustados y provocativos, marcando bien la pelvis y los pezones. Los hermosos labios de las negras.

Marianne disfrutaba mucho con ese suave erotismo, esa fragancia de sexo contínuo que flota en el aire en toda la isla. No solo en La Habana. Solo que en La Habana se acentúa. Es mucho mas obvio.

Dejamos el Habana Libre. Es un ambiente demasiado frio y neutral. Bajamos La Rampa, es decir, la Calle 23. El antiguo club La Zorra y El Cuervo, ahora es el emporio habanero del Latin Jazz. Cuando estuve por primera vez en Cuba en 1985, era un local vulgar, simple, con ron de la peor calidad y nada de música directa. Sólo grabaciones. Había olor a humedad y a sótano. Ahora vale cinco dólares la entrada y es un lugar agradable. Lo mejor de los jazzistas cubanos, cada noche. No me dejaron entrar porque andaba en camiseta, sin mangas:

– Bueno, ¿pero que es esto? ¿La opera o el jazz? Esto es un tugurio de jazz, déjeme entrar.

El portero sonrió amablemente, guardó silencio y se atravesó en la puerta, indicándonos con un gesto que siguiéramos nuestro camino. Entonces fuimos de cabeza directamente a buscar un problema.

Un poco más abajo, siguiendo por La Rampa, hay un cine, una pizzería, una pequeña tienda. Y un bar-cafetería, eternamente repleto de jineteras y turistas ligándose mutuamente. Muchachitas muy jóvenes y turistas muy viejos. Marianne, golosa, me agarró del brazo y me susurró:

– Oh, ¡Santi, míralas ... me están esperando!

Entramos. Nos sentamos en una mesa. Compré dos cervezas. Teníamos una buena nota. Pero sólo eso, una buena nota. Y nos sentíamos muy bien y muy campeones. A los pocos minutos Marianne tenía la cámera en la mano y tomaba fotos de todos los parroquianos. Las muchachitas prostitutas con sus caras tristes, alegres, cínicas, somnolientas, drogadas, borrachas, hambrientas, ambiciosas, cubiertas de maquillaje espeso, o sin afeites. Y los

nach Meersalz. Dort sitzen, die Zigarre rauchen, die Leute vorbeigehen sehen und dann schlafen gehen. Nichts weiter.

Waahhh, aber Marianne stand noch immer unter Strom. Sie schwirrte herum, begierig, voll Adrenalin. Pausenlos schoß sie Fotos. Von allem und jedem. Aber vor allem von Frauen. Die Hintern begeisterten sie und die großen Titten. Die verschwitzte Haut der Mulattinnen. Die enganliegenden und aufreizenden Kleider, die Brustwarzen und Schritt so richtig zur Geltung kommen lassen. Die wunderschönen Lippen der Schwarzen. Marianne genoß die sanfte Erotik, den zarten Duft von Sex, der über der ganzen Insel in der Luft liegt. Nicht nur. Nur, daß er in Havanna stärker auffällt. Hier ist alles noch offensichtlicher.

Wir verließen das Habana Libre. Eine zu kalte, zu neutrale Umgebung. Wir gingen La Rampa hinunter, die 23. Straße. Der alte Club La Zorra y El Cuervo ist heute das Mekka des Latin-Jazz in Havanna. Als ich 1985 zum ersten Mal nach Kuba kam, war es ein heruntergekommenes Lokal und es gab nur Rum der schlechtesten Qualität. Die Musik kam vom Band, es war feucht und roch nach Keller. Jetzt kostet eine Eintrittskarte fünf Dollar und der Ort ist einladend. Die besten kubanischen Jazzer jede Nacht. Man ließ mich nicht eintreten, weil ich ein ärmelloses T-Shirt trug:

– Was soll das? Ist das ein Jazzlokal oder die Oper? Lassen Sie mich hinein!

Der Türsteher lächelte freundlich, stellte sich wortlos in die Türe und deutete uns mit einer Geste, daß wir unseren Weg fortsetzen sollten. Wir gingen, nur um uns kurz darauf die nächsten Schwierigkeiten einzuhandeln.

Die Rampa etwas hinunter gibt es ein Kino, eine Pizzeria, einen kleinen Shop und eine Art Bar-Cafeteria, die immer voll ist mit *jineteras* und Touristen, die einander belauern. Blutjunge Mädchen und alte Touristen. Marianne, Feuer und Flamme, ergriff meinen Arm und flüsterte mir zu: Hey, schau sie dir an, Santi ..., die Girls warten schon auf mich.

Wir traten ein und setzten uns an einen Tisch. Ich kaufte zwei Dosen Bier. Wir waren ein bißchen betrunken. Nur ein bißchen. Wir fühlten uns gut, wie «Champions». Ein paar Minuten später hatte Marianne ihre Kamera in der Hand und schoß Fotos von der versammelten Klientel. Da waren diese mädchenhaften Prostituierten und ihre Gesichter:

viejos turistas hablando con ellas y soñando que de nuevo eran jóvenes y vitales y bebían cerveza con chicas jovenes y vitales. Y por tanto les proponían llevarlas a cualquier sitio para ponerlas a mamar y hacer francés y griego por unos pocos dólares.

Esas jineteras tienen fama de ser las más baratas del mundo. Una belleza bien vestida, perfumada, elegante, pasa la noche con un extranjero. Toda la noche y parte del día. Y hace todo lo que se le pida, sólo por cincuenta dólares. Y ni siquiera exige una cena o flores o chocolates. No, nada de eso. Encima hasta pone su corazón y todo lo mejor que tiene. Dilapida todo lo mejor que posee noche tras noche.

Las más vulgares, más feas, a veces calientan un poco, masturban, hacen felaciones y algo más, solo por un hot dog, una soda y unas gafas de sol de tres dólares. Tal vez ponen más entusiasmo aun si reciben una vaga promesa de ir al día siguiente a una tienda a comprar ropa y zapatos.

Marianne tomaba sus fotos muy entusiasmada. Yo bebía cerveza. Tres tipos con aspecto de policías vestidos de civil vinieron a nuestra mesa. Al parecer eran empleados y vendían café, rosquillas y cerveza. Pero no. Llegaron muy autoritarios:

– Somos de la seguridad del establecimiento. ¿Por qué usted toma fotos?
– Somos turistas. Hemos tomado fotos en todas partes.
– Aqui no pueden tomar fotos.

Ni preguntamos por qué. Ellos sabían lo que hacian. Nosotros también. Están convencidos de que son policías de un pueblo heroico. En un pueblo heroico no hay prostitutas, ni drogas, ni trasvestis, ni nada de eso. Y si existen es mejor seguir repitiendo hasta el cansancio que no existen y preservar el viejo mito de los héroes.

Salimos a la calle y bajamos toda La Rampa, hasta el Malecón. Un poco más adelante hay una discoteca llamada Hola Ola. Dos centenares de chicos y chicas bailaban. La impresión primera que causa cualquier lugar de baile en Cuba es que sólo los negros bailan. Música disco, mezclada con salsa. Tal vez ya era medianoche y el lugar estaba

traurige, heitere, zynische, verschlafene, von Drogen gezeichnete, betrunkene Gesichter, hungrige, ehrgeizige, dick zugekleistert mit Schminke oder auch ohne. Und da waren die alten Touristen, die mit den Mädchen sprachen und davon träumten, wieder jung und vital zu sein und Bier zu trinken mit frischen und lebenshungrigen Mädchen. Und daher schlugen sie diesen *chicas* vor, sie irgendwohin zu bringen, um sich einen blasen zu lassen oder Französisch und Griechisch zu machen, für ein paar Dollar. Diese *jineteras* haben den Ruf, die billigsten Prostituierten der Welt zu sein. Eine Schönheit, gut gekleidet, parfümiert, elegant, verbringt die Nacht mit einem Ausländer. Die ganze Nacht und einen Teil des Tages. Sie macht alles, was von ihr verlangt wird, für nur fünfzig Dollar. Fordert nicht einmal ein Abendessen, oder Blumen, oder Bonbons. Nein, nichts. Sie legt sogar noch ihr Herz in die Sache, und ihre Seele. Sie verschwendet das Beste, was sie besitzt, Nacht für Nacht.

Die Vulgärsten, die Häßlichsten, die geilen manchmal ein bißchen auf, masturbieren, machen Mundverkehr, und noch was dazu. Für gerade mal einen Hotdog, ein Soda und eine Sonnenbrille für drei Dollar. Vielleicht zeigen sie auch noch etwas mehr Enthusiasmus, wenn sie ein vages Versprechen erhalten, am nächsten Tag in ein Geschäft mitgenommen zu werden und Schuhe und etwas zum Anziehen gekauft zu bekommen.

Marianne war völlig vom Fotografieren besessen. Ich trank Bier. Drei Typen, die nach Polizei aussahen, aber in Zivil, kamen an unseren Tisch. Dem Aussehen nach schienen sie Angestellte zu sein, die Kaffee, Donuts und Bier verkauften. Waren sie aber nicht. Sie sagten in autoritärem Ton:

– Wir sind von der Security. Warum fotografieren Sie?
– Wir sind Touristen. Wir haben überall fotografiert.
– Hier dürfen Sie keine Fotos machen.

Wir fragten nicht, warum. Sie wußten, was sie taten. Wir auch. Sie sind überzeugt, Polizisten eines heroischen Volkes zu sein. Und in einem heroischen Volk gibt es keine Prostituierten, keine Drogen und keine Transvestiten. Nichts dergleichen.

caliente. Todos bailando, con un promedio entre quince y veinte años más o menos. No me interesó mucho. Tomamos algunas fotos y nos fuimos.

A dos pasos de alli la cafetería de la Fiat. Repleta de gays y lesbianas. Algunos trasvestis. Estuve averiguando precios. Ninguno quería hablar claro. Se hacen los románticos. O quizás realmente tienen un espíritu romántico. No entiendo bien. Habitualmente la cafetería es un sitio para todos pero en las noches de viernes y sábados se la apropian los gays. Algunas lesbianas son fuertes, muy varoniles, con hermosos tatuajes y extraños pelacos estilo «mohicano». Pero no sucede mucho más. El sitio bien iluminado. A las dos de la madrugada comienzan las señales: buscan drogas, se preguntan quién tiene, quién vende, pero disimuladamente. Si no conoces los códigos, no entiendes qué sucede a tu lado.

Marianne, como siempre, se me perdió. Yo estaba un poco borracho. Salí a la calle a tomar el fresco con olor a yodo y salitre del Malecón. El mar bate allí contra el litoral y es agradable sentarse sobre el muro. Exactamente frente a la cafetería, el muro estaba tomado por gays y lesbianas. Imposible sentarse allí porque literalmente asaltan a cualquier extranjero que intente descansar un rato. Hay que comprender que una cerveza cuesta casi un dólar, es decir casi veinte pesos, en un país donde el salario promedio se ubica en unos 120 pesos al mes. A lo cual se añade un nivel de desempleo y de subempleo que nadie conoce con exactitud. Es lógico que acosen a cualquiera que les pueda pagar una cerveza o una cola.

Me alejé un poco. Por mi lado pasó Marianne, muy divertida en un antiguo Chevrolet rojo. Del '54 o del '55. Un clásico, pero muy desvencijado. Iba rodeada de gays y tomaba fotos de lo que sucedía dentro del coche.

No me interesaba seguir por esa noche. Cerca de allí, en Centro Habana, conseguimos un pequeño apartamento, con una hermosa y tranquila terraza con vista al mar. A muy buen precio. Veinticinco dólares diarios. Los hoteles más sencillos cuestan el doble. La señora que nos hospedó nos ofrecía además un desayuno y una comida diaria por unos pocos dólares mas. Realmente es atractivo.

Wieder auf der Straße gingen wir die Rampa hinunter zum Malecón. Ein bißchen weiter vorne gibt es eine Diskothek, die Hola Ola heißt. An die zweihundert Jugendliche tanzten. Der erste Eindruck von den Tanzlokalen in Kuba ist, daß Tanzen vor allem eine Sache der Schwarzen ist. Discomusik, gemischt mit Salsa. Es war so um Mitternacht, und die Stimmung war heiß. Alle am Tanzen, Durchschnittsalter irgendwo zwischen fünfzehn und zwanzig Jahren. Das Lokal interessierte mich nicht besonders. Wir machten ein paar Fotos und gingen wieder. Zwei Schritte weiter die Fiat-Cafeteria. Überfüllt. Gays und Lesben. Einige Transvestiten. Ich hörte mich um nach den Preisen. Keiner wollte klar Auskunft geben. Sie spielten die Romantischen. Oder vielleicht sind sie wirklich so. Ich weiß es nicht. Normalerweise ist diese Cafeteria ein Ort für jedermann, aber in den Freitag- und Samstagnächten wird sie von den Gays in Besitz genommen. Einige Lesben sind kräftig gebaut, sehr männlich, haben wunderschöne Tätowierungen und merkwürdige Frisuren im Mohikanerstil. Aber viel passiert nicht. Der Ort ist gut beleuchtet. Ab zwei Uhr in der Früh regiert die Zeichensprache. Die Suche nach Drogen beginnt, wer hat welche, wer verkauft. Kleine Handbewegungen, verdeckte Chiffren. Wenn du die Zeichen nicht kennst, verstehst du nicht, was neben dir vorgeht.

Marianne ging mir, wie immer, verloren. Ich war ein wenig betrunken. Ich trat auf die Straße, um die frische Luft des Malecón einzuatmen mit ihrem typischen Geruch nach Meersalz und Jod. Die Karibik brandet hier ans Ufer und es ist angenehm, sich auf die Mauer zu setzen. Genau gegenüber der Cafeteria war die Mauer von Gays und Lesben besetzt. Unmöglich, sich dort hinzusetzen, denn sie fallen buchstäblich über jeden Ausländer her. Klar, ein Bier kostet fast einen Dollar, das heißt 20 Pesos, in einem Land, in dem der Durchschnittslohn etwa bei 120 Pesos pro Monat liegt. Dazu kommen Arbeitslosigkeit und Unterbeschäftigung, die niemand genau benennen kann.

Ich ging ein Stück zur Seite. An mir vorbei fuhr Marianne, bestens gelaunt, in einem roten Chevrolet, Baujahr 54 oder 55. Ein prachtvoller Oldtimer, aber knapp vor dem Auseinanderfallen. Sie war umgeben von Gays und machte Fotos.

Ich hatte keine Lust mehr, noch länger durch die Nacht zu ziehen. Nicht weit von hier, in Centro Habana, hatten wir eine kleine Wohnung aufgetrieben mit einer schönen, ruhigen Terrasse mit Meerblick. Zu einem guten Preis noch

Cuando llegamos a esa habitación la tarde anterior, unos vecinos del piso bajo instalaban una antena en la azotea. La dirigían hacia el mar. En rumbo norte, nordeste. Indagamos. «Es para captar los canales de Miami», nos explicaron. «El canal 23 es en español. Hay otros en inglés. Ponen música, películas. A veces entran algunos de México.» La imagen no es óptima, pero prefieren tener esa opción, «porque la televisión de aquí es demasiado aburrida y meten mucha política. Demasiada política. A todas horas.»

Centro Habana es un barrio de gente sencilla. Muchos no trabajan y se la pasan dando vueltas por la calle o sentados en las puertas de sus casas. Igual sucede en La Habana Vieja y en la mayoría de los barrios de esa ciudad. Es fácil conseguir mariguana de óptima calidad a muy bajo precio, y coca, y ron muy barato aunque pésimo, y muchachos y muchachas. Uno camina por allí y recuerda ciertas descripciones que Graham Greene escribió sobre La Habana: esa ciudad como un lugar ideal para cometer todos los pecados del mundo.

Subí dos tramos de escalera bien empinada, llegué a nuestra habitación. Conecté el imprescindible aire acondicionado y caí dormido al instante. Como una piedra.

Entre sueños me pareció que alguien jugaba conmigo. Yo tenía una erección formidable. Me pareció que era Marianne. Muy olorosa. Oh, sí, ahí estaba su bellísima vagina rosada, amplia, húmeda, olorosa, cálida. Y jugamos un poco. O jugamos mucho. No sé. Me parece que escuché una canción de salsa ligada con country. ¿Es posible? Sí. Yo escuchaba aquellas dos músicas que se mezclaban y aquella mujer cálida jugando sobre la cama. Al fin me quedé dormido y no supe nada más.

Al día siguiente Marianne me despertó. Yo quería seguir durmiendo. Pero reconozco que ella tiene mucha energía. Hizo café. Preparó pan con mantequilla y mermelada. Me duché. Desayuné. Tragué dos aspirinas y salí al sol cegador, furiosamente brillante, de las once de la mañana. Ella me regañó por remolón:

– No vinimos aqui a dormir. Hay que trabajar. Allez, allez.

– Está bien. Tú mandas.

dazu. Fünfundzwanzig Dollar am Tag. Schon die einfachsten Hotels kosten das Doppelte. Die Frau, die uns beherbergte, bot uns für ein paar Dollar mehr außerdem noch ein Frühstück und eine tägliche Mahlzeit an.

Als wir am Nachmittag zuvor in dieses Zimmer gekommen waren, montierten einige Nachbarn aus dem Erdgeschoß gerade eine Antenne auf der Dachterrasse. Sie richteten sie aufs Meer in Richtung Nord/Nordost. «Um die Kanäle aus Miami hereinzubekommen», erklärten sie. «Kanal 23 ist auf spanisch. Es gibt noch andere auf englisch, mit Musik und Filmen. Manchmal kann man Sender aus Mexiko empfangen.» Das Bild sei zwar nicht überragend, aber sie zögen dies dem langweiligen kubanischen Fernsehen vor. «Dauernd senden sie Politik. Immer nur Politik. Zu jeder Tages- und Nachtzeit.»

In Centro Habana leben einfache Leute. Viele arbeiten nicht und verbringen ihre Zeit damit, durch die Gassen zu schlendern oder in den Türen ihrer Häuser zu sitzen. Das gleiche Bild in Habana Vieja und einem Großteil der anderen Bezirke der Stadt. Es ist einfach, erstklassiges Marihuana billig zu kaufen, auch Kokain und Rum, allerdings schlechten Rum. Jungen und Mädchen auch. Centro Habana erinnert an Graham Greenes Beschreibungen von Havanna: dem idealen Ort, um alle Sünden der Welt zu begehen.

Ich stieg zwei steile Treppen hinauf in unsere kleine Wohnung. Schaltete die unverzichtbare Klimaanlage ein und fiel sofort ins Bett. Im Dämmerschlaf kam mir vor, daß jemand mit mir spielte. Ich hatte eine beachtliche Erektion. Es schien Marianne zu sein. Herrlicher Duft. Oh ja, da war ihre wunderschöne Vagina, rosa, weit, feucht, duftend, heiß. Und wir spielten ein bißchen. Oder spielten wir viel? Ich weiß nicht. Ich glaube, ich hörte Salsamusik, vermischt mit Country. Ist das möglich? Ja. Ich hörte diesen Soundmix, und da war diese heiße Frau auf dem Bett und spielte mit mir. Zum Schluß schlief ich ein.

Am nächsten Morgen weckte Marianne mich auf. Ich wollte weiterschlafen. Aber ich muß zugeben, sie ist voll Energie. Sie machte Kaffee, strich Brote mit Butter und Marmelade. Ich duschte, frühstückte, schluckte zwei Aspirin und trat hinaus in die gleißende, grell stechende Morgensonne. Elf Uhr. Sie schimpfte mich einen Faulpelz:

– Esa es nuestra suerte, que yo mando.
– Eres una belleza de mujer.

Y de nuevo en la calle. Nuestro edificio está un poco arruinado. En los bajos de nuestra habitación vive un tipo de sesenta años, músico. Marianne quiso tomarle unas fotos tocando tambores en aquel ambiente de su pequeña habitación ruinosa, casi sin muebles. Nos hizo una demostración. El tipo sabe tocar varios instrumentos, hace un jazz interesante, pero se le ve muy delgado y nos confesó que pasa hambre. «Ahora tengo una invitación para ir a Canadá. Quieren que enseñe a tocar tumbadora a unos canadienses. Si me lo pagan todo me voy y me quedo. No regreso a Cuba.» El hombre tiene hijos, mujer, nietos, pero está convencido de que, a pesar de su edad, aun puede cambiar de vida y aspirar a algo mejor.

Nos indicó cómo llegar al agromercado de Cuatro Caminos. Nos extraviamos. Bajo un sol agobiante, un calor terrible y mucha humedad. Además de los jineteros. Vestimos del modo más simple posible, pero nos reconocen como extranjeros y se nos acercan contínuamente. Ofertan desde ron y tabaco hasta chicas, restaurantes, habitaciones en renta, taxis. De todo. Y a precios muy favorables. Pero agobian. Sencillamente agobian. A veces platicamos un poco, para entrar en ambiente, pero inmediatamente se pegan a uno y no sueltan hasta que logran sacarnos unos dólares o la promesa que los obtendrán en los próximos días. Son muy hábiles. Adivinan la nacionalidad de cualquiera sólo por su acento. A mi enseguida me llaman «che» y me tratan de vos. Tienen experiencia en su oficio.

Entramos en una cafetería a tomar una cola. Junto a nosotros, en el mostrador, hay solo otra cliente: una muchacha joven, bonita, agradable, negra, con un hermoso cuerpo. Marianne habla con ella, le brinda una cola. Ella acepta. Sólo compraba unos caramelos para su hija. Nos sentamos en una mesa, a platicar. Todos disponen de mucho tiempo.

– ¿Comprabas caramelos con dólares? ¿Cómo es eso? ¿Tienes dólares?
– Veinte centavos de dólar. Sólo para los caramelos.

– Wir sind nicht zum Schlafen hergekommen. Wir müssen arbeiten, Santi. Allez, allez!
– Schon gut, du befiehlst.
– Ein Glück, daß ich befehle.
– Du bist so wunderschön.

Und wieder auf der Straße. Unser Haus ist etwas verfallen. Unter unserem Zimmer wohnt ein sechzigjähriger Mann, Musiker. Marianne wollte von ihm ein paar Fotos machen beim Trommeln in der Atmosphäre seiner kleinen heruntergekommenen, fast möbellosen Wohnung. Er gab uns eine kurze Vorstellung. Der Typ spielte mehrere Instrumente, machte einen interessanten Jazz. Er sah sehr schmal aus und gestand uns, daß er oft zu wenig zu essen habe. «Jetzt habe ich eine Einladung nach Kanada. Sie wollen, daß ich ein paar Kanadiern das Trommeln beibringe. Wenn sie mir alles zahlen, fahre ich und bleibe dort. Nach Kuba komme ich nicht zurück.» Er hat Kinder, Frau, Enkel, aber er ist überzeugt, daß er trotz seines Alters noch immer sein Leben ändern und auf etwas besseres hoffen kann.

Er beschrieb uns den Weg zum Quatro-Caminos-Bauernmarkt. Wir verirrten uns. Und das unter stechender Sonne, bei drückender Hitze und hoher Luftfeuchtigkeit. Dazu die *jineteros*. Wir zogen uns auf die einfachste Weise an, aber sie erkannten uns sofort als Ausländer und ließen nicht von uns ab. Sie offerieren die ganze Palette: Rum und Tabak, Mädchen, Restaurants, Zimmer, Taxis. Alles. Zu durchaus günstigen Preisen. Aber sie erdrücken einen. Sie erdrücken einen einfach. Manchmal redeten wir mit ihnen, um ein wenig ihre Welt kennenzulernen, aber sofort heften sie sich einem an die Fersen und lassen so lange nicht locker, bis sie es geschafft haben, einem ein paar Dollar abzuringen. Und wenn nicht gleich, dann zumindest in den nächsten Tagen. Sie sind sehr geschickt. Sie erraten jedermanns Nationalität am Akzent. Zu mir sagten sie sofort «Che» und sprachen mich mit dem argentinischen «vos» (ihr) statt mit «du» an. Sie kennen ihr Geschäft.

Wir gingen in eine Cafeteria. Neben uns an der Bar nur eine weitere Kundin. Eine sympathisch wirkende, hübsche junge Schwarze mit einem wunderschönen Körper. Marianne sprach sie an, lud sie auf eine Cola ein. Wir setzten uns an einen Tisch, um zu plaudern. Alle haben hier viel Zeit.

– ¿Trabajas?

– Sí. Soy secretaria en una agencia de diseño y publicidad.

Se llama Sonia. Gana 130 pesos cubanos al mes. Seis dólares y medio. El dólar está veinte por uno aproximadamente. Vive cerca del agromercado de Cuatro Caminos. Se ofrece a acompañarnos. Vamos los tres. Recorremos el lugar. Hay variedad de vegetales, carne de cerdo, cereales, granos. Sonia nos explica que a precios imposibles para el consumidor promedio. Y nos demuestra que en unas pocas frutas y vegetales podía gastar cincuenta pesos. No hay carne de vaca, langostas, camarones, atún. Todo eso está prohibido comerciarlo. Son productos de exportación del país. Tampoco hay mariscos o pescado. ¿Por que? Nadie sabe explicarnos. También está prohibido comerciar con queso, huevos, café, cacao. Seguimos con Sonia:

– ¿Qué haces para sobrevivir? ¿Cuántos son en tu casa?

– Mi hija y yo nada más.

– ¿Tienes otro trabajo?

– A veces vendo algo. Alguna ropa o zapatos, y me busco unos pesos más.

Nos invitó a su casa. Nos brindó agua fría y café. Al fin nos confiesa que tiene muchos amigos extranjeros. Algunos la ayudan enviándole algún dinero a veces. Insiste en que nunca ha jineteado, es decir, que nunca se ha prostituido. De todos modos, sería feliz si alguno de sus amigos europeos se casa con ella y la lleva a vivir al primer mundo.

Escribió una pequeña nota y la dirección de una santera amiga suya a quien veríamos al día siguiente. Cuando revisé la nota, en apenas tres líneas había incurrido en cinco faltas ortográficas. Una secretaria no debe tener esos errores. Dudé inmediatamente de todo lo que había dicho acerca de su trabajo y de que nunca ha jineteado. Evidentemente le apena reconocer lo que hace para sobrevivir.

Regresamos a nuestra habitación, relativamente cerca del mercado de Cuatro Caminos y de la casa de Sonia. Estamos sudados, agotados por tanto calor. Bebemos litros de agua helada, mineral. El agua del acueducto es de

– Du kaufst Bonbons mit Dollars? Hast du Dollars?

– Zwanzig Cents. Für die Bonbons.

– Arbeitest du?

– Ja. Ich bin Sekretärin in einer Design- und Werbeagentur.

Sie heißt Sonja. Verdient 130 kubanische Pesos pro Monat. Sechseinhalb Dollar. Der Umrechnungskurs ist etwa 20 zu eins. Sie wohnt in der Nähe des Cuatro-Caminos-Marktes. Wir gingen zu dritt hin, durchstreiften den Markt. Verschiedenste Gemüse, Schweinefleisch, Reis, Mais, Hülsenfrüchte werden angeboten. Zu Preisen, die für den Durchschnittskonsumenten unbezahlbar sind, erklärt uns Sonja. Und rechnet uns vor, wie einige wenige Früchte und ein bißchen Gemüse schon 50 Pesos kosten würden. Rindfleisch, Langusten, Garnelen oder Thunfisch gibt es nicht. Mit all dem darf nicht gehandelt werden. Es sind Exportprodukte des Staates. Es gibt auch keine anderen Meeresfrüchte oder Fisch. Warum? Niemand kann es erklären. Es ist auch verboten, mit Käse, Eiern, Kaffee oder Kakao zu handeln.

– Was machst du, um zu überleben? Wie viele seid ihr bei dir zu Hause?

– Meine Tochter und ich, sonst niemand.

– Hast du noch eine andere Arbeit?

– Manchmal verkaufe ich etwas. Irgendwelche Kleider oder Schuhe, so verdiene ich ein paar Pesos zusätzlich.

Sonja lud uns zu sich nach Hause ein. Sie servierte uns kaltes Wasser und Kaffee. Zum Schluß gestand sie uns, daß sie viele ausländische Freunde habe. Manche schicken ihr manchmal ein bißchen Geld. Sie betont, daß sie niemals als *jinetera* gearbeitet, sich niemals prostituiert habe. Auf alle Fälle wäre sie glücklich, wenn einer ihrer europäischen Freunde sie heiraten und mitnehmen würde in ein Leben in der Ersten Welt.

Sie schrieb uns eine kleine Nachricht und die Nummer einer Freundin auf: eine *Santera*, die wir am nächsten Tag besuchen könnten. Als ich die Notiz las, bemerkte ich, daß sie in nicht ganz drei Zeilen gleich fünf Rechtschreib-

pésima calidad. Por la TV aconsejan que se debe hervir para beberla. Rápidamente nos acostumbramos a vivir a la cubana. Se bañan todos los días al atardecer. Así refrescan antes de comer.

Salimos a cenar a las ocho de la noche. Vamos a una «paladar», es decir, un pequeño restaurant particular. La ley les permite disponer sólo de tres mesas y doce sillas y como carnes solo pueden servir cerdo, pescado y pollo. Sin embargo, utilizando algunas conexiones, cenamos dos excelentes langostas en salsa roja, grandes, apetitosas, acompañadas de arroz, frijoles negros, ensalada frutas, helados, cerveza, café. Sólo por doce dólares cada uno.

Después de tal exceso gastronómico, lo mejor es dar fuego a un buen puro y sentarse en el Malecón a tomar fresco. Atravesamos un par de callejuelas oscuras y salimos al Malecón frente al Hotel Nacional. Diez de la noche, buena brisa, escaso tráfico por la avenida junto al litoral, sólo unas pocas jineteras. Se mantienen distantes. Los jineteros (chicos dispuestos a todo por unos dólares) son imprudentes e insisten. Les contesto brúscamente, que me dejen en paz. Marianne no resiste la tentación y toma fotos de todos. Incesantemente. Le pido que descanse un poco.

– Hay muy buena luz, Santi. ¿Como voy a perderme esto?

Sí. En efecto. Las chicas hacen la calle bajo una luz rosada interesante. Me volteo y me situo de frente al mar. Prefiero estar tranquilo con mi espléndido puro y un poco de scotch que aun queda en el fondo de mi caneca. Previsoramente la guardé en el bolsillo posterior del pantalón. Menos mal que no soy fotógrafo y puedo llevar una vida mas contemplativa en el trópico.

A veces la gente cree fervientemente que puede encontrar cosas extraordinarias lejos de su casa. En un sitio bien diferente. No es así. Cuando estoy lejos de casa hago aproximadamente lo mismo que en mi hogar: sentarme, guardar silencio, contemplar calmadamente los alrededores, respirar, cargarme de energía, disfrutar ese instante preciso, olvidar, desprenderme de lo que puede venir después.

Eso fue exactamente lo que hice en el Malecón esa noche frente al mar negro, con una brisa leve y cálida, dejando a mis espaldas una ciudad tan convulsionada y temblorosa, tan aterrada y al mismo tiempo tan alegre y

fehler gemacht hatte. Einer Sekretärin darf das nicht passieren. Ich zweifelte sofort an allem, was sie über ihre Arbeit gesagt hatte. Sie schämte sich ganz offensichtlich zuzugeben, was sie tat, um zu überleben.

Wir kehrten in unsere Wohnung zurück, relativ nahe beim Cuatro-Caminos-Markt und dem Haus von Sonja. Wir waren verschwitzt und erschöpft von der großen Hitze. Wir tranken literweise eiskaltes Mineralwasser. Das Leitungswasser hat miserable Qualität. Im Fernsehen empfehlen sie es abzukochen, bevor man es trinkt.

Um acht Uhr machten wir uns auf zum Abendessen. Wir gingen in einen *Paladar*, in ein kleines, privat betriebenes Restaurant. Das Gesetz erlaubt diesen Lokalen maximal drei Tische und zwölf Stühle, und als Fleischgerichte dürfen nur Schweinefleisch, Huhn und Fisch serviert werden. Trotzdem – wir setzten unsere Beziehungen ein – aßen wir zwei exzellente Langusten in roter Sauce; große, köstliche Exemplare, serviert mit Reis, schwarzen Bohnen, Salat und dazu Bier. Danach gab es Obst, Eis und Kaffee. Für ganze zwölf Dollar für jeden.

Nach derartigen gastronomischen Exzessen zündet man sich am besten eine gute Zigarre an und genießt die erfrischende Kühle beim Malecón. Wir durchquerten ein paar dunkle, enge Gassen und erreichten die Uferpromenade bei den Hügeln, auf dem das Hotel Nacional liegt. Zehn Uhr abends, angenehme Brise, wenig Verkehr auf der breiten Avenida. Kaum Leute, nur ein paar *jineteras*. Sie bleiben auf Distanz. Aber die *jineteros* sind unverschämt und drängen sich auf. Ich antwortete ihnen grob, sie sollten mich in Ruhe lassen. Marianne konnte der Versuchung nicht widerstehen und machte Fotos. Unaufhörlich. Ich forderte sie auf, auch ein bißchen zu entspannen.

– Das Licht ist super, Santi. Das darf ich nicht verpassen.

Ja, tatsächlich. Die Strichmädchen gehen ihrer Arbeit vor einem interessanten, rosafarbenen Himmel nach. Ich drehte mich um und setzte mich mit dem Blick aufs Meer. Ich zog es vor, ruhig dazusitzen mit meiner herrlichen Zigarre und dem bißchen Scotch, das sich noch am Boden meines Flachmanns befand.

Manchmal glauben die Leute, daß sie weit entfernt von zu Hause außergewöhnliche Dinge erleben können. Wenn nur der Ort ein ganz anderer ist. Es ist nicht so. Wenn ich weit weg bin von zu Hause, mache ich fast das gleiche

despreocupada como cualquier otra ciudad pobre de este planeta. Al parecer los cubanos tienen una capacidad innata para olvidar las penas. Y hasta para despreciarlas. Ron, música, sexo y alegría. Esas son las verdaderas divisas del cubano de hoy. Nadie habla de política, ni de socialismo. El cubano promedio se desentiende y trata de olvidar el aplastante proceso político de las últimas décadas, y se dedica con toda su energía a resolver sus problemas cotidianos de subsistencia. Y lo hace con alegría y desenfado. Nada de tristeza ni neurosis. Creo que es un pueblo admirable. Y tal vez en eso tiene mucho que ver la mezcla explosiva de españoles y africanos, con algunas pintas de sangre indígena y de chinos. Ese mestizaje conforma una idiosincrasia restallante en un pueblo situado en un lugar geográfico privilegiado.

Cada unos minutos se me acerca algún chico con sus ofertas. Algunos intentan charlar un poco más y me cuentan sus historias. Marianne sale caminando por el Malecón, acompañando a dos jineteras vestidas con trajes negros, largos, y zapatos de tacón. Muy bonitas. Regresa una hora después. Viene entusiasmada. Les tomó fotos frente al Hotel Riviera, viajando en triciclos, fumando, buscando clientes en los autos que pasan por el Malecón hacia el oeste, es decir, hacia la zona elegante de la ciudad: Miramar, Siboney, Marina Hemingway.

La Marina es lo más lujoso que se puede encontrar aquí en este tipo de establecimientos, aunque en la realidad dista aún de ser un sitio verdaderamente exclusivo. Miramar y Siboney son dos áreas residenciales donde se encuentran casi todas las embajadas y donde viven los personajes más importantes de la alta jerarquía. El régimen preconiza hace cuatro décadas la necesidad contínua de ahorrar de todo, desde agua y electricidad hasta las aspirinas. Hablan fervientemente de vivir con austeridad, de un modo espartano. Abundan los discursos de fe sobre este asunto. Se pueden consultar en la hemeroteca de la Biblioteca Nacional y si alguien se dedicara a extraer todas las citas referidas al tema en los discursos de Fidel Castro, seguramente llenaría varios tomos gruesos. Sin embargo, la vida de estos personajes en el poder se desarrolla en lujosas residencias con abundancia de todo, viajes continuos al exterior y otros privilegios. Nada de predicar con el ejemplo.

wie daheim: mich hinsetzen, mich in die Stille versenken, entspannt meine Umgebung betrachten, atmen, mich mit Energie aufladen, den Moment genießen, vergessen, mich frei machen für das, was später kommen könnte.

Genau das tat ich am Malecón in jener Nacht, dem tiefschwarzen Meer gegenüber, eine leichte, warme Brise um mich und einer Stadt den Rücken kehrend, die so chaotisch, vibrierend und problematisch, im gleichen Moment aber so fröhlich und sorglos wie jede andere arme Stadt dieses Planeten ist. Es scheint, als ob die Kubaner eine angeborene Fähigkeit haben, ihre Sorgen einfach zu vergessen, ja, sie sogar zu verachten. Rum, Sex, Musik und Fröhlichkeit, das sind die wahren Devisen des Kubaners von heute. Niemand spricht von Politik oder Sozialismus. Der Durchschnittskubaner schaltet einfach ab, versucht den bedrückenden politischen Prozeß der letzten Jahrzehnte zu vergessen und widmet seine ganze Energie der Lösung der täglichen Existenzprobleme. Und er tut es fröhlich, unerschrocken und mit Witz. Keine Rede von Traurigkeit und Neurosen. Ein bewundernswertes Volk. Vielleicht spielt da auch diese explosive Mischung aus Spaniern und Afrikanern herein, mit ein paar Einsprengseln aus indianischem und chinesischem Blut.

Alle paar Minuten näherte sich mir irgendein Typ mit seinen Angeboten. Manche versuchten mich in ein längeres Gespräch zu verwickeln und erzählten mir ihre Geschichten. Marianne ging immer weiter den Malecón entlang. An ihrer Seite zwei *jineteras* in langen schwarzen Kleidern und Stöckelschuhen. Sehr hübsche Frauen. Eine Stunde später kam sie zurück. Ganz enthusiastisch. Gegenüber dem Hotel Riviera hatte sie Fotos von den beiden gemacht. Beim Rikschafahren, rauchend, und wie sie in den Autos nach Freiern suchen, die den Malecón Richtung Westen entlangfahren, in Richtung der eleganten Gegenden der Stadt: Miramar, Siboney und Marina Hemingway.

Die Marina – ein Yachthafen mit Hotels und Discos – ist das luxuriöseste, was Havanna zu bieten hat. Im Vergleich zu anderen Metropolen allerdings kein wirklich exklusiver Ort. Miramar und Siboney sind zwei noble Wohnviertel, in denen sich fast alle Botschaften befinden und die wichtigsten Personen des Establishments wohnen. Seit vier Jahrzehnten verlautbart das Regime radikale Sparapelle: vom Wasser angefangen über den Strom bis zu den Aspirintabletten. In glühenden Parolen sprechen die Machthaber von der Notwendigkeit, sich zu kasteien und auf spartanische

Al no existir partidos políticos y prensa de oposición, nadie puede denunciar estas arbitrariedades. Y todo está muy bien. La fórmula es brutal, pero funciona. Lo que no conviene que se sepa pues no se difunde. El pretexto político para mantener este statut de un solo partido y nada de organizaciones independientes o de prensa libre, es que «Debemos estar unidos ante el enemigo». «La unidad es la que nos da la fuerza.» Hasta en las cajas de cerilla imprimieron una propaganda sobre el quinto congreso del PCC y al reverso: «El partido de la unidad, la democracia y los derechos humanos que defendemos.»

Esos lemas saturan al pueblo y enmascaran la realidad. Por eso Fidel necesita siempre un enemigo. No puede darse el lujo de perder a su enemigo tradicional: Estados Unidos. Y como es poderoso y temible, mejor aún. De ese modo recuerda el mito de San Jorge contra el dragón. O la fábula del tiburón y la sardina. Esa lucha de David contra Goliath convierte a este señor tan egocéntrico en alguien muy heroico que en plena desventaja de fuerzas lucha y vence. Para cumplir ese papel autoasignado de David recurre a todo lo que sea necesario. Para algo Maquiavelo escribió *El Príncipe* hace ya casi 500 años. No hay que inventar nada nuevo. Sólo revisar la historia y hacer reediciones de los mismos mecanismos empleados con éxito por otros dictadores. Uno de sus recursos preferidos es este de tapar ojos y oídos a su pueblo para que no se entere de nada. El que tiene información lo cuestiona todo, duda, pregunta, se inquieta, aspira a mejorar las cosas. No. Es mejor impedir que exista ese tipo de personas.

Una ilustración de lo anterior es que en 1961 realizó la campaña de alfabetización. Participaron cientos de miles de personas. Unos como maestros, otros como alumnos. Fue un golpe de efecto tremendo ante el mundo. En la manipulación política del hecho la consigna era «nosotros no le decimos al pueblo cree, le decimos lee». Los intelectuales más agudos de entonces completaban la frase: «Nosotros no le decimos al pueblo cree, le decimos lee ... lo que yo quiero que leas.»

Y en efecto, la decada de los '60 se dedicó a un proceso escrupuloso de cerrar la isla a toda influencia ideológica del exterior, lo cual incluyó desde el control total de los medios de comunicación masiva hasta el cese de la

Art zu leben. Eine Überfülle von Grundsatzreden gibt es zu diesem Thema. Man kann sie im Zeitschriftenarchiv der Nationalbibliothek nachlesen, und wenn sich jemand die Mühe machte, aus den Reden Fidel Castros all jene Passagen zu exzerpieren, die sich auf dieses Thema beziehen, er würde sicher einige dicke Bände damit füllen. Trotzdem spielt sich das Leben der Nomenklatura in luxuriösen Villen ab, wo es alles im Überfluß gibt. Dazu kommen ständige Auslandsreisen und eine Menge andere Privilegien. Keine Rede von «mit gutem Beispiel vorangehen».

Da es keinen Parteienpluralismus gibt und keine oppositionelle Presse, kann niemand diese Willkür aufzeigen. Und so ist alles bestens. Das Rezept ist brutal, aber es funktioniert. Das, was niemand wissen soll, wird gar nicht verbreitet. Der politische Vorwand, um das Einheitsparteiensystem und das Fehlen jeglicher unabhängiger Organisationen oder einer freien Presse aufrechtzuerhalten, lautet: «Wir müssen vereint dem Feinde gegenüberstehen.» «Die Einheit gibt uns unsere Stärke.» Sogar auf die Rückseite von Streichholzschachteln drucken sie Propaganda für den fünften Kongreß der PCC: «Die Partei der Einheit, der Demokratie und der Menschenrechte, die wir verteidigen.»

Mit diesen Parolen wird das Volk gefüttert und die Realität verschleiert. Deswegen braucht Fidel auch immer einen Feind. Er kann sich den Luxus gar nicht leisten, seinen traditionellen Gegner zu verlieren, die Vereinigten Staaten. Und nachdem dieser Feind noch dazu mächtig und angsteinflößend ist, um so besser. So beschwört Castro den Mythos vom Heiligen Georg gegen den Drachen herauf oder von David und Goliath. Dieser Schaukampf verleiht dem egozentrischen Führer die Aura eines besonderen Helden, der trotz klarer Kräfteunterlegenheit die Auseinandersetzung sucht und gelegentlich sogar gewinnt. Um diese Rolle des David überzeugend zu verkörpern, greift Castro auf alles zurück, was ihm brauchbar erscheint. Machiavelli hat seinen *Fürst* vor bald fünfhundert Jahren nicht umsonst geschrieben. Dieses Buch liefert auch heute noch die Tricks und Strategien, die den Diktatoren den Erfolg sichern. Eine der bevorzugten Methoden Castros ist es, seinem Volk Augen und Ohren zu verschließen. Wer informiert ist, stellt alles in Frage, zweifelt, fragt, macht sich Gedanken, strebt danach, Dinge zu verbessern. Nein. Besser ist es, solches Gedankengut von vornherein zu verhindern.

importación de libros y revistas de otros países, prohibición de escuchar a Los Beatles y de usar el pelo largo o imitar a los hippies, entonces en boga en todo el mundo, hasta clausurar la escuela de sociología de la Universidad de La Habana durante mas de diez años. El proceso fue tan férreo y visceral que, posteriormente, la década de los '70 es denominada por los intelectuales como «la década gris» dentro de la cultura cubana.

Nadie pensó que todo iría tan lejos, cuando en 1960, en una reunión de tres días en la Biblioteca Nacional con los principales intelectuales del país, Castro dijo que habría completa libertad en la forma, pero en cuanto al contenido, «con la revolución todo, contra la revolución nada».

Estos métodos tan brutales permitieron efectivamente controlar el pensamiento en uno de los países culturalmente más interesantes de América Latina en aquel momento. Los otros eran, sin dudas, México, Argentina y Brasil. Y efectivamente, lograron controlar todo, pero al mismo tiempo originaron el éxodo mas gigantesco que ha sufrido la isla en toda su existencia. Dentro de la isla viven once millones de habitantes. En el exterior hay dos millones y medio.

La magnitud del éxodo se evidencia con mucha fuerza en el sector del arte y la cultura: desde algunos de los mejores músicos hasta los más brillantes cineastas, escritores, periodistas, actores y actrices, locutores, etc. La televisión y la radio cubanas, el teatro, el cine, la literatura, la plástica, todo el mundo cultural está profundamente resentido porque cada vez que surge una figura de talento emigra. En otras áreas como los negocios, la ciencia, el deporte, sucede lo mismo, a pesar de las fuertes restricciones burocráticas impuestas para la emigración.

Por eso ahora los métodos son un poco mas refinados y cuidadosos. Lo cual no quiere decir que se contemple la posibilidad de respetar la libertad de pensamiento y de expresión. El congreso de la Unión de Escritores y Artistas, efectuado a fines de 1998, insistía continuamente en que el principal compromiso de sus miembros es con la revolución. Lo cual se puede traducir como una politización contínua de la cultura. Al imponer estas limitaciones a un pueblo muy creativo, muy efervescente, un pueblo mestizo que se mueve gracias a la magia y la poesía que

An der 1961 durchgeführten Alphabetisierungskampagne nahmen Hunderttausende Personen teil. Manche als Lehrer, andere als Schüler. Das war ein unglaublicher Knalleffekt vor der ganzen Welt. Das Motto der politischen Vermarktung des Ereignisses lautete: «Wir sagen dem Volk nicht: Glaubt. Wir sagen ihm: Lest!» Die schärfsten Intellektuellen jener Zeit vervollständigten den Satz: «Wir sagen dem Volk nicht, glaubt, wir sagen ihm: lest ... und zwar, was wir euch zu lesen geben.»

Tatsächlich war Kubas Regime in den sechziger Jahren vor allem damit beschäftigt, die Insel gegen jeden Einfluß von außen abzuschotten. Dies reichte von der totalen Kontrolle der Massenmedien und der Einschränkung des Imports von Büchern und Zeitschriften aus anderen Ländern über das Verbot, die Beatles zu hören, lange Haare zu tragen oder die Hippies zu imitieren, bis zur Schließung des Instituts für Soziologie der Universität von Havanna. Dieser ideologische Säuberungsprozeß war so eisern und radikal, daß selbst die siebziger Jahre im nachhinein von den Intellektuellen «die graue Dekade» der kubanischen Kultur genannt wurden. Niemand hatte gedacht, daß es einmal soweit kommen könnte, als Castro 1960 bei einer dreitägigen Versammlung mit den führenden Intellektuellen des Landes in der Nationalbibliothek sagte, daß es bezüglich der Form in der Kunst komplette Freiheit geben werde. Für den Inhalt aber habe zu gelten: «Für die Revolution alles, gegen die Revolution nichts.»

Diese brutalen Methoden machten es möglich, das Denken in einem der damals kulturell interessantesten Länder Lateinamerikas effektiv unter Kontrolle zu halten. Andere kulturelle Vorzeigenationen jener Jahre waren zweifellos Mexiko, Argentinien und Brasilien. Und tatsächlich schafften sie es zwar, alles zu kontrollieren, zugleich aber provozierten sie den gigantischsten Exodus, den Kuba während seiner ganzen Geschichte erlitten hat. Heute leben auf der Insel elf Millionen Einwohner. Zweieinhalb Millionen Kubaner leben im Ausland.

Besonders Kunst und Kultur erleben einen gewaltigen Aderlaß. Von den besten Musikern bis zu den brillantesten Filmschaffenden, Schriftstellern, Journalisten, Schauspielern und Moderatoren etc. Fast die ganze kreative Szene ist ausgewandert. Das kubanische Fernsehen und das Radio, das Theater, das Kino, die Literatur, die Kunst; der ganze

brota de sus entrañas, lo único que logra el régimen es incrementar más y más el éxodo. A los cubanos les es difícil conseguir visas. Hasta países vecinos como México, Colombia, Venezuela, otorgan visas por unos pocos días y con numerosos pretextos burocráticos encaminados a disuadir a los cubanos de quedarse a residir en esos países. De cada cinco cubanos que viajan al exterior, tres clasifican como «posibles emigrantes», segun nos aseguró un diplomático de un país del cono sur en La Habana.

El tema es mucho más complejo porque evidentemente también existen los aspectos económicos del asunto. El país está tan empobrecido, sobre todo desde que comenzó la crisis en 1990, que las ansias de emigrar han aumentado mucho más, sobre todo entre los jóvenes.

La mayoría de los jóvenes con quienes hablé en esta ocasión, desde ingenieros y estudiantes universitarios, hasta los chicos jineteros del Malecón, insistían en el asunto. Un joven sociólogo, investigador en un centro de estudios, me aseguró: «Aquí no hay perspectivas porque ésto ya no es socialismo ni capitalismo. O tal vez sólo tiene lo peor de cada sistema. Cada vez que alguien quiere desarrollarse un poco le cortan las alas. Para usted es muy difícil. Hay que vivir aquí para entender las sutilezas y la efectividad de todos esos mecanismos cercenadores.»

Lo cierto es que Cuba en los últimos años se ha dividido en unas pocas personas con acceso al dólar, que tienen cierto poder adquisitivo, y una enorme masa de gente empobrecida, que apenas tiene dinero para comer. Por supuesto, los menos favorecidos son los negros, los ancianos, y aquellos sin familiares en el extranjero que les puedan ayudar económicamente.

La pobreza se evidencia en todo el país. No solo en La Habana. Las ciudades sin pintar, las calles arruinadas, las carencias enormes en los suministros de alimentos, agua, electricidad, teléfonos y transporte público son el aspecto más evidente del asunto, es decir, la cara material de la pobreza. Detrás, un poco menos a la vista, están los aspectos éticos y morales. Una profesora de la Universidad de Santiago de Cuba lo expresó de un modo muy acertado: «El pobre no puede tener mucha ética ni mucha moral ni ser muy honrado porque se muere de

Kulturbereich ist schwer beschädigt, denn jedes Mal, wenn jemand mit Talent auftaucht, ist er auch schon weg. In anderen Bereichen, wie der Wirtschaft, der Wissenschaft, dem Sport, passiert das gleiche – trotz der strengen bürokratischen Regelungen, die für die Emigration gelten.

Daher sind die Restriktionen jetzt ein wenig gelockert worden. Was aber nicht heißt, daß die Partei ernsthaft an die Möglichkeit denkt, die Gedanken- und Redefreiheit zu respektieren. Beim Kongreß des Nationalen Schriftsteller- und Künstlerverbandes, Ende 1998, wurde ständig hervorgehoben, daß die grundlegende Verpflichtung der Mitglieder in ihrem Eintreten für die Revolution bestehe, was einer fortwährenden Politisierung der Kultur gleichkommt. Das einzige, was das Regime erreicht, indem es diese Beschränkungen einem kreativen, leidenschaftlichen Volk auferlegt, einem gemischtrassigen Volk, das lebt dank der Magie und Poesie, die in seiner Seele keimt, ist, den Exodus mehr und mehr zu forcieren. Für Kubaner ist es schwierig, Visa zu bekommen. Sogar Nachbarländer wie Mexiko, Kolumbien und Venezuela stellen Visa nur für wenige Tage aus und nur über zahlreiche bürokratische Hürden.

Das Thema ist um so komplexer, da natürlich auch wirtschaftliche Gründe für die Auswanderung existieren. Kuba ist so verarmt, seit 1990 die Krise voll einsetzte, daß der Wunsch auszuwandern vor allem unter den jungen Menschen massiv zugenommen hat.

Die Mehrheit der jungen Menschen, mit denen ich diesmal sprach, angefangen bei Universitätsstudenten über Ingenieure bis zu den *jineteros* am Malecón, kamen immer wieder auf das Thema zu sprechen. Ein junger Soziologe, Forscher an einem Studienzentrum, versicherte mir: «Hier gibt es keine Perspektiven. Die Regierungsform ist kein Sozialismus mehr, aber Kapitalismus ist es auch nicht. Wahrscheinlich hat Kuba nur mehr das schlechtere von beiden Systemen. Jedes Mal, wenn sich hier einer ein bißchen entwickeln will, stutzen sie ihm die Flügel. Für Sie ist das schwer zu verstehen. Man muß hier leben, um die Subtilität und Effizienz all dieser Amputationsmechanismen zu verstehen.»

Fest steht, daß sich Kuba in den letzten Jahren gespalten hat: in einige wenige Personen, die Zugang zum Dollar haben und damit eine gewisse Kaufkraft besitzen, und eine enorme Masse verarmter Leute, die kaum genug Geld

hambre. Siempre ha sido así. En la literatura picaresca española, por ejemplo, se ve a las claras. Cuando usted tiene que buscar todos los días unos pesos para poder comer, utiliza los medios que estén a su alcance. Sean los que sean.»

Quizás en esa frase está la clave del asunto: las muchachas muy jóvenes prostituidas; los muchachos intentando que una señora extranjera que tiene tres veces su edad se enamore y se case con ellos para poder emigrar; el avance creciente del negocio de drogas; la corrupción y el robo generalizado a todos los niveles; el incremento contínuo de la presencia policial en las calles, ya sean uniformados o vestidos de civil, entre otros muchos índices de una sociedad fuertemente convulsionada y cada día mas desconcertada, confundida y atemorizada.

Los extranjeros percibimos ésto último con claridad. Para los cubanos es difícil. Uno puede conversar con periodistas, con investigadores en historia y temas sociales, y de inmediato aprecia una mezcla de temor a hablar, de inhibición, y de confusión intelectual, que les impide analizar con profundidad, o al menos con claridad, lo que sucede en su país. La desinformación de que son víctimas también ayuda a aumentar esa falta de lucidez.

No es difícil percibir que esa confusión, esa carencia de análisis serio, contribuye a que la enorme mayoría simplemente se desentienda de todo lo relativo a política y se ocupe solo de buscar de cualquier modo unos cuantos dólares para sobrevivir en el día a día.

Estuve tal vez un par de horas sentado en el muro del Malecón. Marianne regresó acompañada de una mulata encantadora y de Carlo, un italiano gay. Tenía una casa alquilada en la playa de Guanabo, al este de la ciudad. «Allí tengo de todo. No hay que llevar bebidas», nos dijo Carlo. Nos fuimos en taxi a Guanabo. La noche era joven y prometía convertirse en una jornada entretenida.

Por el camino el italiano recogió a dos muchachos que lo esperaban en una casa en cierta callejuela oscura de La Habana Vieja. Hermosos, con mucho músculo, vestidos provocativamente. Intenté conversar con alguien. Nadie quería platicar. Todos bebían, escuchaban un rock bien hard, fumaban hierba, snifaron polvo blanco, y se besaban

besitzen, um zu essen. Am schlechtesten haben es dabei natürlich die Schwarzen, die Alten und jene Menschen, die keine Verwandten im Ausland haben, die ihnen Geld schicken könnten. Die Armut springt im ganzen Land ins Auge. Nicht nur in Havanna. Die Fassaden der Häuser sind ohne Farbe, die Straßen in ruinösem Zustand. Es gibt enorme Mängel bei der Versorgung mit Lebensmitteln, Wasser, Strom, bei den Telefonanschlüssen oder im öffentlichen Transportwesen. Das sind die offensichtlichsten Aspekte des Themas, die materielle Seite der Armut. Dahinter, etwas weniger offensichtlich, kommen dann die ethischen und moralischen Aspekte der Verelendung.

Eine Professorin der Universität von Santiago de Cuba formulierte es treffend: «Der Arme kann nicht viel an Ethik oder Moral denken und auch nicht besonders ehrlich sein, denn er stirbt fast vor Hunger. Das war immer so. In der spanischen Schelmenliteratur zum Beispiel sieht man es ganz deutlich. Wenn Sie selbst jeden Tag ein paar Pesos auftreiben müßten, nur um etwas zu essen zu haben, dann würden Sie auch auf alle Mittel zurückgreifen, die Ihnen zur Verfügung stehen. Welche auch immer das sein mögen.»

Vielleicht enthält dieser Satz die Erklärung für die momentanen Zustände in Kuba: die blutjungen Mädchen prostituieren sich; die jungen Burschen setzen alles daran, daß sich eine dreimal so alte Ausländerin in sie verliebt und sie heiratet, damit sie auswandern können; der Drogenhandel breitet sich aus; Korruption und Diebstahl sind auf allen Ebenen die Norm; die Präsenz der Polizei – sowohl der uniformierten als auch der zivilen – auf den Straßen nimmt ständig zu; alles Anzeichen – neben vielen anderen – für eine aus den Bahnen geworfene Gesellschaft, die jeden Tag tiefer ins Chaos schlittert, in der Angst und Konfusion sich immer stärker ausbreiten.

Wir Ausländer sehen diese Dinge klar. Für die Kubaner ist das schwierig. Egal ob man mit Journalisten, Historikern oder Soziologen spricht, immer geschieht das gleiche: mitten in der Diskussion wird man mit einer Mischung aus Angst, aus Befangenheit und intellektueller Konfusion bei seinen Gesprächspartnern konfrontiert. Einer geistigen Verfassung, die sie daran hindert, das, was in ihrem Land passiert, profund zu analysieren oder zumindest klar zu sehen. Die Desinformation, deren Opfer sie sind, verstärkt zusätzlich diesen Mangel an Klarsicht.

y se palpaban unos a otros sus glandes. La casa estaba muy bien resguardada dentro de una arboleda, a unos doscientos metros de la playa. La vivienda más cercana a cincuenta metros. Mucha oscuridad, olor a salitre, todo tranquilo, ni un alma en los alrededores. El italiano entró a su habitación y a la media hora salió transformado en una bellísima italiana, con un hermoso pelo rubio y un buen culo. Muy seductora. Ahora era Hazel. Fascinó a los chicos musculosos.

Los demás aprovechamos el tiempo. Marianne hizo unas bellas fotos de Lisi totalmente desnuda sobre el sofá. Tiene unos pechos enormes y bellos y una piel oscura y deliciosa. Los dos muchachos se masturbaban mirando aquello. Hazel montó en colera. Discutieron. Yo me fui a la cocina y encontré una botella de scotch. También había bourbon. Me gustaba mucho aquello, pero los huecos disponibles sólo eran penetrables con un protector de goma y yo no tenía ninguno.

Bebí un poco en el porsche, mirando la noche y los hermosos árboles. Al rato apareció Lisi. Sudaba con tanto calor y tanta humedad y decidió quedarse totalmente desnuda, con sus hermosos pechos y su cuerpo delgado y perfecto. Había snifado suficiente polvo. Dentro sonaba un rock. Bien hard. No pude identificar quiénes eran. Lisi quería bailar conmigo y se movía como una gata en celo. Bailamos, jugamos un poco. Bebimos juntos. Marianne tomó fotos muy buenas. No recuerdo si yo también snifé polvo o sólo fumé hachís, con ella. Después recuerdo borrosamente que estuvimos jugando los tres juntos sobre una cama. Me desperté al amanecer y sí, efectivamente, Marianne y Lisi dormían profundamente, abrazadas, hermosamente desnudas a mi lado en una ancha cama. Aún quedaba scotch. No había nadie en la casa. O quizás todos dormían. Silencio total.

Fui a la cocina. Preparé café. Bebí una taza grande y amarga y salí caminando hasta la playa, por un suave sendero arenoso. Me llevé el resto del líquido dorado a la playa, para desayunar. Un hermoso amanecer. La playa completamente desierta. Me quité los pantalones y entré al agua. Estaba cálida, tibia, tranquila como un espejo, absolutamente transparente. El paraíso debe ser así. Nadé media hora y regresé a la casa. No era buena idea

Es ist nicht schwer festzustellen, daß diese Konfusion und das Fehlen von seriöser Eigenanalyse dazu beitragen, daß die überwältigende Mehrheit der Bevölkerung alles, was Politik betrifft, einfach aus ihrem Leben ausblendet und sich darauf beschränkt, auf irgendeine Art und Weise die nötigen Dollars für das tägliche Überleben zu organisieren.

Mehrere Stunden war ich so auf der Mauer des Malecón gesessen. Marianne kam zurück, begleitet von einer bezaubernden Mulattin und von Carlo, einem schwulen Italiener. Er hatte ein Haus gemietet am Strand von Guanabo, östlich der Stadt. «Ich habe alles dort. Wir müssen nicht einmal Getränke mitnehmen», sagte Carlo. Wir fuhren also im Taxi nach Guanabo. Die Nacht war jung und es versprach ein unterhaltsamer Ausflug zu werden.

Auf dem Weg holte der Italiener noch zwei Typen ab, die in einem Haus in einer engen, dunklen Gasse in Habana Vieja warteten. Hübsche muskulöse Kerle in hautengen Jeans und Sweatshirts. Ich versuchte mit irgend jemandem zu reden, niemand wollte. Sie tranken, drehten die Rockmusik auf Maximum, rauchten Gras, schnupften weißes Pulver, küßten einander und betasteten gegenseitig ihre Schwänze. Das Haus lag gut geschützt zwischen vielen Bäumen, etwa zweihundert Meter vom Strand entfernt. Das nächstgelegene Haus fünfzig Meter entfernt. Tiefe Dunkelheit, Geruch nach Meer, alles ruhig, keine Menschenseele rundherum. Der Italiener verschwand in seinem Zimmer und eine halbe Stunde später kam er wieder heraus, verwandelt in eine prächtige Italienerin mit wunderschönen blonden Haar und einem geilen Arsch. Ziemlich scharf. Carlo hieß jetzt Hazel. Die muskulösen Jungs waren fasziniert.

Wir anderen nützten die Zeit auf unsere Weise. Marianne machte ein paar herrliche Aufnahmen von der splitternackten Lisi auf dem Sofa. Lisi hat riesige, schöne Brüste und dunkle, samtige Haut. Die zwei Boys beobachteten die Szene und holten sich dabei einen runter. Hazel bekam einen Wutausbruch. Sie diskutierten. Ich verdrückte mich in die Küche und fand eine Flasche Scotch. Auch Bourbon war da. Mir gefiel das alles, aber die verfügbaren Öffnungen waren nur mit Gummischutz penetrierbar und ich hatte keinen dabei.

Ich setzte mich mit meiner Flasche in den Hauseingang und betrachtete die Nacht und die wunderschönen Bäume. Nach einer kurzen Weile erschien Lisi. Sie schwitzte von der großen Hitze und Feuchtigkeit und beschloß, gleich

permanecer allí todo el día. Sólo que Marianne no estuvo de acuerdo. Prefería quedarse un par de días. Había hecho buenas migas con Lisi.

Regresé a La Habana en un taxi. En treinta minutos ya estaba en mi habitación. Tomé dos aspirinas y mucha agua. Me desnudé y caí en la cama dispuesto a dormir diez horas por lo menos.

Fue imposible. Cuatro horas después, es decir, a las dos de la tarde, apareció Marianne con una muchacha negra muy delgada. Quizás excesivamente delgada. Tenía un aliento horrible a tabaco, a ron, a hígado podrido. Posó un poco peinándose, cambiándose de blusa. Ella tomó fotos. Al fin se fueron. Y yo me dormí de nuevo. Uff, no sé como ella resiste. Entre sueños oí como la chica le pedía a ella una falda y una blusa. Quería un regalo como pago por posar para ella. Me dormí.

Cuando desperté era de noche. Estaba bien despejado y salí a dar una vuelta hacia el Malecón. Cerca del Hotel Deauville había un tipo vestido al modo del Che Guevara. Con una larga barba, una boina negra con una estrella al frente y una camiseta blanca con la foto del ilustre guerrillero sobre el pecho. El tipo charlaba con dos jineteros. Me acerqué lo suficiente. Hablaban en italiano. Los jineteros intentaban venderle ron y tabacos y acompañarle en un paseo que incluiría una cena para los tres a muy buen precio en una paladar. «Amici, vamos a mangiare, amici, es barato, amici», le decían. El tipo los miraba muy seriamente y solo les decía: «Uhmmm, uhmmmm!» Usaba unos pantalones verde olivo bombachos y unas botas de cuero negro, muy pulidas. Era grueso. De unos treinta años. Quizás tenía algún trastorno mental. Hay quien imita a Rambo. En fin. No me interesaba el trauma de aquel tipo.

Regresé a mi habitación. La familia del segundo piso me había invitado varias veces a tomar café y el otro vecino quería que yo lo escuchara en algunas de sus piezas de jazz. Antes subí a la habitación y allí estaba Marianne acicalándose para salir de nuevo.

– Si no duermes te volverás loca.
– Ya dormiré en Viena, no te preocupes.

nackt zu bleiben. Sie hatte schon einiges an Kokain geschnupft. Drinnen lief Rockmusik. Hard-Rock. Ich kannte die Gruppe nicht. Lisi wollte mit mir tanzen und bewegte sich wie eine läufige Katze. Wir tanzten, spielten ein bißchen. Wir tranken gemeinsam aus meiner Flasche. Marianne fotografierte, wie immer. Ich erinnere mich nicht, ob ich auch Kokain schnupfte, oder ob ich nur Haschisch rauchte. Danach, erinnere ich mich verschwommen, landeten wir zu dritt auf einem Bett. Ich erwachte, als es hell wurde und tatsächlich, sie und Lisi lagen tief schlafend, umarmt und wunderschön nackt neben mir in einem breiten Bett. Es war noch Scotch übrig. Niemand war im Haus. Oder vielleicht schliefen alle. Totale Stille.

Ein wunderschöner Morgen, der Strand komplett verlassen. Ich zog meine Hose aus und ging ins Wasser. Es war warm, unbewegt wie ein Spiegel und absolut durchsichtig. So muß das Paradies sein. Ich schwamm eine halbe Stunde und ging ins Haus zurück. Es war keine gute Idee, den ganzen Tag hier zu bleiben. Aber Marianne war wieder mal anderer Meinung. Sie wollte gerne ein paar Tage hier verbringen. Sie war inzwischen mit Lisi ein Herz und eine Seele.

Ich fuhr mit einem Taxi nach Havanna zurück. Dreißig Minuten später war ich schon in meiner Wohnung. Ich nahm zwei Aspirin und trank viel Wasser dazu. Dann zog ich mich aus und fiel ins Bett.

Als ich erwachte, war es Nacht. Ich fühlte mich angenehm frei im Kopf und verließ das Haus in Richtung Malecón. In der Nähe des Hotels Deauville stand ein Typ herum, der sich wie Che Guevara gekleidet hatte: langer Bart, schwarzes Barett mit Stern auf der Stirn und weißes Hemd mit dem Foto des berühmten Guerilleros auf der Brust. Der Typ sprach mit zwei *jineteros*. Ich näherte mich. Sie sprachen italienisch. Die *jineteros* wollten ihm Rum und Zigarren verkaufen und ihn auf einem Spaziergang begleiten, einschließlich einem Abendessen für alle drei zu einem günstigen Preis. «Amico, gehen wir mangiare, amico, sehr billig, amico», redeten sie auf ihn ein. Der Typ schaute sie ernst an und sagte nur: «Hmm, hmm.» Er trug olivgrüne Militärhosen und schwarze auf Hochglanz polierte Lederstiefel. Er war dick, circa dreißig Jahre alt. Vielleicht hatte er irgendeinen geistigen Schaden. Einer dieser Kerle, die denken, sie seien Rambo.

– Ni duermes ni comes.
– Ah, tranquilo, tranquilo.

Le conté del tipo traumatizado por el Che. Mejor no se lo hubiera dicho. Se lamentó mucho. Casi se tiró contra las paredes. Quería una foto de ese tipo. Logré tranquilizarla. Agarré unos paquetes de chocolates y galletitas y bajamos juntos a visitar a los vecinos.

Como sucede en muchas familias cubanas, era una extraña mezcla de blancos, negros y mestizos. Bebían ron y escuchaban música de salsa. Se divertían. Las golosinas que les regalé las repartieron escrupulosamente. Cuba produce cacao, pero el chocolate es un producto de lujo. Estuvimos varias horas bebiendo. Marianne trajo más ron y cola. Bailamos. Al parecer nadie trabaja. El apartamento es amplio, aunque muy arruinado. La señora alquila habitaciones a jineteras de otras provincias que van a La Habana. Por un dólar diario tienen derecho a usar el baño y a una pequeña cama. Allí había una negra joven, envuelta en carnes, pero con buena forma. Con su marido. Ambos de la ciudad de Holguín. Ella jinetera. El sólo bebe ron, fuma y platica. La muchacha más joven de la casa, Gloria, tiene un niño de cuatro años. Sin marido fijo. «A veces vienen algunos familiares de Guantánamo y de Holguín. Traen carne, queso, miel, café, para venderlos aquí, en bolsa negra, y nos dejan algo. O yo los ayudo a vender y me dan un dinero. Así ... vamos viviendo. Siempre se encuentra algo», me dijo.

Gloria es negociante. Me llevó a la última habitación del apartamento. En un rincón, en una mesa, reposaban decenas de puros, perfectos, bien hechos, con vitolas de una marca reconocida. Me explicó que un amigo de la casa fabrica allí esos puros, imita a la perfección las mejores marcas de tabaco cubano y los vende a los extranjeros. La falsificación es tan perfecta que nadie puede notarlo. Me dio a probar uno. Perfecto. Compré cincuenta por cincuenta dólares. Un regalo. Gloria me trajo un vaso de ron. Nos sentamos en la cama. Es una trigueña, mestiza, delgada, muy sexy. Me sedujo en pocos minutos. Cerró la puerta de la habitación. Fuera seguía la fiesta. Marianne vino con su cámara. Tocó. Le abrimos. Le hizo fotos a Gloria. Casi desnuda. Al fin nos quedamos solos. Ahh, Gloria

Ich ging zurück nach Hause. Die Familie aus dem zweiten Stock hatte mich schon mehrmals zu einem Kaffee eingeladen und der andere Nachbar wollte, daß ich mir ein paar seiner Jazzstücke anhörte. Vorher ging ich noch in unser Zimmer hinauf. Marianne war da und machte sich gerade bereit, um erneut auszugehen.

— Wenn du nicht schläfst, drehst du noch durch.
— Ich kann in Wien schlafen, mach dir keine Sorgen.
— Du schläfst nicht, du ißt nicht.
— Schon gut, Santi, schon gut.

Ich erzählte ihr von dem verrückten Che-Guevara-Typen. Das hätte ich besser nicht gesagt. Sie machte einen Riesenaufstand. Sie wollte unbedingt ein Foto von diesem Typen. Schließlich gelang es mir, sie zu beruhigen. Ich griff mir ein paar Packungen mit Keks und Schokolade und gemeinsam gingen wir hinunter zu den Nachbarn.

Wie viele kubanische Familien war auch diese eine Rassenmischung aus Weißen, Schwarzen und Mulatten. Sie tranken Rum, hörten Salsa und amüsierten sich. Die Süßigkeiten, die ich ihnen schenkte, wurden genauestens aufgeteilt. Kuba produziert zwar Kakao, aber Schokolade ist ein Luxusartikel. Wir saßen mehrere Stunden trinkend zusammen. Marianne holte Nachschub an Rum und Cola. Wir tanzten. Niemand schien zu arbeiten. Die Wohnung war groß, wenn auch heruntergekommen. Die *Señora* des Hauses vermietet Zimmer an *jineteras*, die aus den Provinzen nach Havanna kommen. Für einen Dollar täglich dürfen sie das Bad benützen und haben Anrecht auf ein kleines Bett. Zurzeit war eine junge Schwarze da, ganz schön fest im Fleisch, aber gut in Form. Mit ihrem Mann. Beide aus der Stadt Holguín. Sie arbeitete als *jinetera*. Er trank nur Rum, rauchte und quatschte. Das jüngste der Mädchen in der Familie, Gloria, hatte ein vierjähriges Kind. Keinen Mann. «Manchmal kommen Verwandte aus Guantánamo oder aus Holguín. Sie bringen Fleisch, Käse, Honig und Kaffee mit, um die Sachen auf dem Schwarzmarkt zu verkaufen, und dann lassen sie uns etwas da. Oder ich helfe ihnen verkaufen und sie geben mir etwas Geld dafür. So kommen wir schon irgendwie durch. Irgend etwas findet man immer.»

se entregaba. Estuvo bien. Una hora quizás. Le gusta dramatizar. Hacer teatro en la cama. Cuando nos vestíamos me pidió dinero. Le di diez dólares. Protestó. Me reí un poco. La dejé que protestara más. Finalmente le di cincuenta. Me abrazó y me besó: «Oh, eres un tipo maravilloso. Te adoro, llévame contigo a Europa, seríamos felices.»

Poco después Marianne tomó unas hermosas fotos con Gloria mirando la noche por la ventana y su hijo tocando trompeta en primer plano. Entre los dos, acostada sobre la cama, aquella hermosa chica negra. Son unas extrañas imágenes en un lugar raro. Un sitio inexplicable, con una gente fuera de lo común. Las únicas fotos posibles allí son esas que tomó ella.

El padre de Gloria insistía en su viaje a Canadá y en que se quedaría de todos modos. Ya lo tenía decidido. Un hombre de sesenta años, sin familia en Canadá.

– No le será fácil emigrar. – Le dije.
– Tengo amigos en Montreal y yo hablo un poco de inglés. Si me ayudan me quedo.
– ¿Podría hacer musica allá?
– No sé. Ojalá. Quizás después me llevo a Gloria y al niño. Es como único puedo ayudar a mi familia.

Salí al balcón a tomar un poco de fresco. Eran las dos de la mañana. Las calles oscuras y silenciosas. La Habana de noche es tranquila. A veces algún muchacho arrebata una bolsa a un turista, como sucede en cualquier otra ciudad. Quien cuida su bolsa no sufre esos percances.

En los días siguientes me aficioné a Gloria. Y ella a mi. O a mis dólares. Nunca supe bien. Ponía mucho sentimiento en todo, y me insinuaba que le gustaría casarse conmigo y venir a Europa. A pesar de todo es cálida y sincera. A veces le regalaba flores y las colocaba en un jarrón ante una imagen de la Virgen de la Caridad del Cobre. Decía que es hija de esa Virgen y que por eso era tan cálida y tan sensual. Gloria parece gitana. Solo que no es tan visceral como las gitanas. Quizás algún día regreso a La Habana y si aún no se ha ido a Canadá con su padre, la traigo a vivir conmigo. Tal vez somos felices un tiempo. A eso es a lo único que podemos aspirar: a ser felices un tiempo.

Gloria versteht etwas von Geschäften. Sie führte mich ins hinterste Zimmer der Wohnung. In einer Ecke auf einem Tisch lagen Dutzende Zigarren, perfekt gemacht, alle mit Banderolen einer bekannten Marke. Sie erklärte mir, daß ein Freund des Hauses die Zigarren herstelle. Er kopiert die berühmtesten kubanischen Zigarrensorten und verkauft sie dann an Touristen. Die Fälschungen sind so gut, daß niemand etwas merkt. Sie gab mir eine zum Probieren. Herrlich! Ich kaufte fünfzig Stück für fünfzig Dollar. Ein Geschenk! Gloria brachte mir ein Glas Rum und wir setzten uns aufs Bett. Sie hat dunkle, gelockte Haare, braune Haut, ist schlank und sexy. In wenigen Minuten hatte sie mich verführt. Sie schloß die Tür. Draußen ging das Fest weiter.

Ich gab ihr zehn Dollar. Sie protestierte. Ich lachte sie aus. Ich ließ sie noch ein bißchen mehr protestieren. Schließlich gab ich ihr fünfzig. Sie umarmte und küßte mich: «Du bist ein wunderbarer Typ. Ich liebe dich. Nimm mich mit nach Europa. Wir wären glücklich miteinander.»

Wenig später machte Marianne einige wunderschöne Aufnahmen mit Gloria am Fenster, wie sie in die Nacht hinausschaute. Eigenartige Bilder an einem eigenartigen Ort. Ein unerklärbarer Ort mit außergewöhnlichen Menschen.

Der Vater von Gloria bestand auf seiner Reise nach Kanada und daß er auf alle Fälle dort bleiben würde. Das hatte er entschieden. Ein sechzigjähriger Mann, ohne Familie in Kanada.

– Es wird Ihnen nicht leicht fallen, auszuwandern, – sagte ich zu ihm.
– Ich habe Freunde in Montreal und ich spreche ein wenig Englisch. Wenn sie mir helfen, bleibe ich.
– Glauben Sie, Sie werden dort als Musiker arbeiten können?
– Ich weiß nicht. Hoffentlich! Vielleicht kann ich dann später Gloria und den Buben nachkommen lassen. Es ist die einzige Art, wie ich meiner Familie helfen kann.

Ich trat auf den Balkon, um etwas frische Luft zu schnappen. Es war zwei Uhr morgens. Die Gassen dunkel und still. Havanna ist ruhig in der Nacht. Manchmal entreißt irgendein Typ einem Touristen die Tasche, so wie in jeder anderen Stadt. Wer aufpaßt, dem passieren diese Mißgeschicke nicht.

Durante dos o tres días todo siguió igual. Una mañana alquilamos un taxi particular. Muy barato. No recuerdo bien (mi mala costumbre de no tomar notas y dejarlo todo a la memoria) pero creo que nos cobró cuatro o cinco dólares. Fuimos paseando lentamente alrededor de la bahía, en dirección a Regla. La ciudad de La Habana fue creciendo hacia el oeste y al sur de la bahía. Hacia el este todo es más reciente. Hacia el sur hay una zona industrial precaria. Casi arruinada. Allí está el puerto pesquero: decenas de barcos fondeados, inactivos. En la época en que la URSS suministraba todo lo que el país necesitaba, los cubanos tuvieron una buena flota mercante y una excelente flota de pesca en alta mar. Las exportaciones de pescado, langosta y camarones eran importantes. Ahora todo eso permanece casi totalmente paralizado.

Hay enormes extensiones de chatarra abandonada y dentro de ese mar de hierros viejos, pequeñas chabolas, es decir, casitas construidas como quiera con recortes de maderas, plásticos, metales. Gente excesivamente pobre que sobreviven de milagro. Miles. Nadie sabe cuántos. Igual que en todas las ciudades de América Latina. Sobreviven recogiendo sobras en los basureros. Su vida es un drama soterrado. No existen para la prensa ni para nadie.

El taxista se detuvo varias veces. Marianne entró en algunas de aquellas casitas, tomó muchas fotos. Percibí cierta paciencia, cierta resignación en aquella gente. Viven igual que en las favelas de Rio de Janeiro y São Paulo. Pero me pareció encontrar menos rebeldía y menos agresividad en esta gente, generalmente llegados de otras provincias en busca de una vida mejor en la capital.

El taxista era ingeniero en electricidad. Tiene unos cincuenta años. Uno de sus hermanos, que vive en la emigración en Miami, le envió el dinero suficiente hace un par de años. Compró el coche de segunda mano. Abandonó su profesion después de veinte y tantos años de experiencia. Solicitó un permiso legal para trabajar como taxista. Asegura que gana limpio unos diez dólares al día. Como ingeniero su salario equivalía a 17 dólares al mes. Se sonríe y me dice: «No es como para hacerme rico, pero al menos vivimos mucho más desahogados. Es una suerte tener parientes cercanos en Miami o en otro país porque siempre ayudan un poco.»

In den folgenden Tagen wuchs mir Gloria ans Herz. Und ich ihr. Oder meine Dollars. Ich wußte es nie so genau. Sie legte sehr viel Gefühl in alles, was sie tat, und gab mir zu verstehen, daß sie mich gerne heiraten und mit mir nach Europa gehen würde. Wie auch immer, sie war warmherzig und ehrlich. Manchmal schenkte ich ihr Blumen und sie stellte sie in einen Krug vor das Bild der Virgen de la Caridad del Cobre. Sie sagte, daß sie «Tochter dieser Jungfrau» und deswegen so warmherzig und sinnlich sei. Gloria scheint Zigeunerin zu sein. Nur, daß sie nicht so herausfordernd ist. Vielleicht komme ich eines Tages zurück nach Havanna, und wenn sie dann noch nicht mit ihrem Vater nach Kanada gegangen ist, nehme ich sie mit. Vielleicht sind wir glücklich miteinander, eine Zeitlang.

Zwei oder drei Tage ging alles so weiter. Eines Morgens nahmen wir uns ein privates Taxi. Sehr billig. Wir fuhren langsam der Bucht entlang, in Richtung Regla. Die Stadt Havanna hat sich in den vergangenen Jahrhunderten westlich und im Süden der Bucht ausgebreitet. Gegen Osten hin stammt alles aus neuerer Zeit. Gegen Süden hin erstreckt sich eine ärmliche Industriezone. Alles fast völlig kaputt. Hier liegt auch der Fischereihafen: Dutzende verankerte Schiffe, keines in Betrieb. In der Zeit, als die UdSSR noch alles lieferte, was das Land brauchte, besaßen die Kubaner eine gut funktionierende Handelsflotte und eine ausgezeichnete Hochseefischfangflotte. Der Export von Fisch, Langusten und Garnelen spielte eine wichtige Rolle. Jetzt sind all diese Bereiche fast völlig lahmgelegt.

Überall liegt alter Schrott herum und mitten in diesem Meer aus Alteisen befinden sich kleine *chabolas*, kleine Häuschen, die irgendwie aus Holz-, Plastik- und Metallresten zusammengezimmert sind. In ihnen wohnen unglaublich arme Menschen, die wie durch ein Wunder überleben. Tausende. Niemand weiß, wie viele genau. Sie überleben, indem sie sich Reste aus den Müllhalden klauben. Ihr Leben ist ein totgeschwiegenes Drama.

Der Taxifahrer hielt mehrmals an. Wir gingen in einige der Hütten hinein. Ich stellte eine gewisse Gleichmut, eine Art von Resignation bei diesen Menschen fest. Sie leben so wie die Menschen in den Favelas von Rio de Janeiro oder São Paolo, aber ich bemerkte hier weniger Rebellion, weniger Aggression. Der Taxifahrer war Ingenieur für Elektrotechnik, fünfzig Jahre alt. Einer seiner Brüder, der in Miami lebt, schickte ihm vor ein paar Jahren eine größere

Al mediodía llegamos al poblado de Regla. Hay una iglesia dedicada a la Virgen de Regla. Es negra, y motivo de veneración por muchas personas que peregrinan a ese templo. En el cruce de catolicismo y religiones africanas, que se produjo en la isla a lo largo de varios siglos, algunos santos católicos equivalen a divinidades de la religión yoruba. De ese modo, Santa Bárbara equivale a Changó. La Virgen de la Caridad del Cobre es Ochún. La Virgen de las Mercedes es Obatalá. La Virgen de Regla es Yemayá, entre otras muchas.

Regla es un pueblo tranquilo, como otros más de la periferia habanera. Regresamos atravesando la bahía en una lancha de pasajeros que contínuamente hace la travesía en pocos minutos. Desembarcamos en la Avenida del Puerto. A pocos pasos de nosotros están Los Marinos: un bar que se adentra en el agua porque está construido sobre un muelle. Nos dijeron que por la noche se anima.

Dimos una vuelta por los tenderetes de libros viejos, cerca de la Plaza de la Catedral. Se encuentran cosas interesantes. Por la noche regresamos a Los Marinos. Jineteras en abundancia. Algunas llevan mariguana o algo más fuerte en sus bolsos. Lo mismo que sucede en cualquier otro bar en las zonas de muelles de cualquier ciudad portuaria. Pero en La Habana actual un bar de prostitutas es algo novedoso. Fueron barridas entre 1959 y 1961, cuando la revolución triunfante se propuso moralizar el país y poner en marcha un proyecto humanista a favor de los pobres y de los intereses nacionales. Fueron cerradas las salas de billar, los casinos, eliminada la lotería nacional, prohibida la pornografía y la prostitución. De paso fueron cerrados casi todos los bares. A las prostitutas se les buscó empleo. Algunas recibieron entrenamientos e iniciaron una fase más digna en sus vidas. Los que no se adaptaron a los nuevos tiempos emigraron a Miami. La gran mayoria – entonces eran sólo seis millones de personas, ahora son once millones – se quedó en la Isla y aprovechó la oportunidad que se les ofrecía. En esa época se puso de moda la consigna política: «El que no trabaja no come.»

Ahora, más de treinta años después, de nuevo aparecen las prostitutas. Algunos se asombran. Unos las aborrecen, otros las toleran y otros más se aprovechan del filón. Los más jovenes no se lo toman a pecho. Un joven de

Summe Geld. Damit kaufte er ein Auto aus zweiter Hand. Seinen eigentlichen Beruf hängt er nach über zwanzig Jahren an den Nagel. Er suchte um eine legale Arbeitsgenehmigung als Taxifahrer an. Er verdiene heute ganz sauber etwa zehn Dollar pro Tag. Als Ingenieur entsprach sein Lohn etwa siebzehn Dollar monatlich. Er lächelte und sagte: «Um reich zu werden, reicht es nicht, aber zumindest leben wir jetzt viel unbeschwerter. Es ist ein Glück, nahe Verwandte in Miami oder in einem anderen Land zu haben.»

Zu Mittag erreichten wir Regla. Hier gibt es eine Kirche, die der Jungfrau von Regla geweiht ist. Eine schwarze Madonna, Motiv der Anbetung und Verehrung für viele Menschen, die zu diesem Gotteshaus gepilgert kommen. Im engen Kontakt, den Katholizismus und afrikanische Religionen auf der Insel durch mehrere Jahrhunderte hindurch hatten, geschah es, daß manche katholischen Heiligen Gottheiten aus der Religion der Yoruba gleichgesetzt wurden. So entspricht zum Beispiel die Heilige Barbara der Gottheit Changó, die Virgen de la Caridad del Cobre ist Ochún, die Virgen de las Mercedes ist Obatalá. Die Virgen de Regla ist Yemayá, und so weiter.

Regla ist ein ruhiger Ort, wie viele andere an der Peripherie Havannas. Für die Rückfahrt nahmen wir das kleine Passagierboot, das ständig zwischen den beiden Ufern der Bucht pendelt und für die Überfahrt nur wenige Minuten benötigt. An der Avenida del Puerto stiegen wir aus. Wenige Schritte von Los Marinos, einer Bar, die ins Wasser hineinragt, weil sie auf eine Mole gebaut ist. Nachts sei hier viel los, hatte man uns gesagt.

Wir machten einen Spaziergang entlang den Ständen mit den alten Büchern nahe der Plaza de la Catedral. Man findet interessante Sachen. Am Abend kehrten wir zu Los Marinos zurück. Massenhaft *jineteras*. Ein paar hatten Marihuana oder etwas Stärkeres in ihren Handtaschen dabei. Szenen, wie sie sich auf den Molen und in den Bars jeder größeren Hafenstadt abspielen. Im Havanna von heute ist eine Prostituiertenbar allerdings noch immer eine Neuigkeit. Zwischen 1959 und 1961 wurde mit den Prostituierten aufgeräumt, als sich die siegreiche Revolution vornahm, das Land zu moralisieren und ein großes humanistisches Projekt zugunsten der Armen und des nationalen Allgemeinwohls in Gang setzte. Die Billard-Spielhallen und die Casinos wurden geschlossen, die staatliche Lotterie eingestellt, die Porno-

23 años, estudiante de ingeniería en la universidad de Santiago de Cuba me dijo tranquillamente: «Yo lo veo muy bien. Tengo una hermana que jineteó un par de años, se casó con un italiano y ahora vive en Florencia. Ella trabaja en una tienda de flores propiedad de su marido. Es quien nos mantiene. Todos los meses nos envía cien dólares. Ojalá que una italiana se enamorara de mi, para irme también. Aqui no hay perspectivas. A mi no me hace ilusión el título que ya debo tener el año próximo.»

Las personas de más edad lo ven todo un poco más gris. Pertenecen a generaciones que lucharon por un ideal y ven que todo se les ha convertido en sal y agua. Están defraudados. El discurso oficial insiste en sostener que es posible aún salvar el proyecto socio-pólitico. La gente de a pie no cree en eso. Una enfermera de 43 años me enumeró todas las carencias con que trabajan hace muchos años. Desde aspirinas hasta antibióticos. Desde anestesia hasta reactivos químicos.

Al parecer este es el deporte preferido de los cubanos. Se quejan de todo. De las carencias materiales de todo tipo, de que no se les permite viajar libremente fuera del país, del enorme desempleo que sufre el país, de la precariedad del transporte público, de los largos «apagones» en el suministro eléctrico, de la presencia política excesiva y machacona en la radio, TV y prensa escrita, de los enormes discursos de Castro de ocho y nueve horas por ambos canales de TV, aunque muy pocos le prestan atención, del incremento de la prostitución y las drogas, del aumento en el consumo de tabaco y alcohol, del descenso drástico a menos de la mitad respecto a 1990 en la posibilidad de acceso a la enseñanza universitaria.

En fin, una lista interminable de quejas. Según con quien se hable la lista de quejas aumenta. Y lo peor es que todo es cierto. No se inventan nada.

Cuando uno pregunta sobre los aspectos positivos de la vida en la Isla, la gente balbucea, duda, piensa y al final no saben qué decir. A pesar de todo ésto, y segun las estadísticas oficiales, los cubanos mantienen algunos niveles de salud superiores a los de muchos países latinoamericanos, aunque los opositores al gobierno – todos

graphie und die Prostitution verboten. Gleichzeitig wurden fast alle Bars geschlossen. Für die Prostituierten suchte man Beschäftigungsmöglichkeiten. All jene, die sich nicht an die neuen Zeiten anpassen wollten, emigrierten nach Miami. Die große Mehrheit – damals waren es nur sechs, heute sind es elf Millionen Menschen – blieb auf der Insel und nützte die Gelegenheit, die sich ihnen bot. In jener Zeit kam die politische Devise auf: «Wer nicht arbeitet, ißt nicht.»

Jetzt, mehr als dreißig Jahre später, tauchen die Prostituierten wieder auf. Manche wundern sich darüber. Viele Kubaner verabscheuen sie, manche tolerieren sie, wieder andere profitieren vom guten Geschäft. Die ganz Jungen nehmen es nicht allzu tragisch. Ein 23jähriger, Technikstudent an der Universität von Santiago de Cuba, sagte mir ganz cool: «Ich finde das gut. Ich habe eine Schwester, die ein paar Jahre lang als *jinetera* arbeitete, dann heiratete sie einen Italiener und jetzt lebt sie in Florenz. Sie arbeitet in einem Blumengeschäft ihres Mannes. Sie ist es, die uns erhält. Jeden Monat schickt sie uns 100 Dollar. Ich würde mir wünschen, daß sich eine Italienerin in mich verliebt, damit ich auch gehen kann. Hier gibt es keine Perspektiven. Ich freue mich nicht auf den Titel, den ich nächstes Jahr erhalten werde.»

Die älteren Menschen sehen das weniger rosig. Sie gehören Generationen an, die für ein Ideal gekämpft haben. Und jetzt sehen sie, daß sich alles in Nichts auflöst. Sie sind enttäuscht. Der offizielle Diskurs hält stur daran fest, daß es immer noch möglich sei, das sozialpolitische Projekt zu retten. Die einfachen Leute glauben nicht daran. Eine 43jährige Krankenschwester zählte mir die Mängel auf, mit denen sie seit Jahren in der Arbeit zu kämpfen hat. Alles fehlt, vom Aspirin bis zu den Antibiotika. Von den Anästhesiemedikamenten bis zu den Indikatorsubstanzen.

Es scheint, als wäre es der Lieblingssport der Kubaner, sich über alles zu beklagen. Sie beklagen sich über materielle Entbehrungen jeder Art, darüber, daß man ihnen nicht erlaubt, frei außer Landes zu reisen, über die enorme Arbeitslosigkeit, unter der das Land leidet, über die Mängel im öffentlichen Verkehr. Über die stundenlangen Stromausfälle, über die übermäßige und erdrückende Präsenz politischer Themen im Radio, im Fernsehen und in den Printmedien, über die exzessiven Reden Castros, die manchmal acht oder neun Stunden die beiden Fernsehkanäle blockieren, obwohl ihm ohnehin nur wenige zuhören. Die Kubaner klagen über die Zunahme von Prostitution und

en la clandestinidad porque no se admite ningún tipo de organización opositora legal – niegan rotundamente la veracidad de las estadísticas oficiales.

El ciudadano de a pie no tiene idea. No sabe qué responder. Es asombroso comprobar el alto nivel de desinformación que sufren los cubanos hoy. Muchos dicen: «Habrá que esperar a que Castro se muera para resolver eso.» A otros les aterra la idea. Temen una guerra civil o un caos parecido al de los países de Europa del Este.

Una mañana tomamos unas fotos a Ana Fidelia Quirot, la gran corredora de distancias medias. Más de treinta años de edad y más de una década sobre pistas de primer nivel en todo el mundo. Para muchos es un ídolo. Nos dijo: «Fidel ha hecho mucho por el pueblo y por el deporte. Yo me debo a mi pueblo y a la revolución.» Cuando le pido que precise un poco más, responde con una frase cliche: «La salud, la educación, el deporte, todo, todo, Fidel lo ha hecho todo. Todo el pueblo lo quiere. Sin Fidel no sé que sería de Cuba.»

Esa tarde una amiga argentina nos invita a participar en la sesión de clausura de un interesante encuentro internacional sobre el tema femenino en los medios de comunicación. La sesión consistió en una charla informal con Vilma Espín, presidenta de la Federación de Mujeres Cubanas. Mujeres de izquierda, ávidas de información, bombardearon a la dirigente con preguntas como: ¿El gobierno asigna recursos para reparar la ciudad? ¿Por qué está tan arruinada? ¿Que haría el gobierno cubano si USA levanta el embargo económico? ¿Se le permite invertir en Cuba a los cubanos que viven en el exterior?

La señora Espín eludió con poca habilidad ofrecer respuestas convincentes y enseguida se enfrascó en una larga y detallada disertación sobre la historia de cierto pelotón femenino durante la guerra en las montañas, al oriente del país. Describió con especial deleite aquellas proezas militares. La argentina a nuestro lado no resistió más y nos interpeló en voz baja: «Vamos a salir a tomar aire. Nosotras propugnando la paz y esta mujer lleva 45 minutos hablando de la guerra.»

Drogen, den hohen Alkohol- und Tabakkonsum, die drastische Reduktion der Zahl jener, die die Möglichkeit zu einer Hochschulausbildung bekommen. Eine unendliche Liste von Klagen. Und das Schlimmste ist, daß alles stimmt.

Wenn man die Kubaner über die positiven Aspekte des Lebens auf der Insel fragt, kommen sie ins Stocken, zweifeln, denken nach und wissen schließlich nicht, was sie sagen sollen. Trotz aller Mißstände liegt laut offizieller Statistik das Niveau in der Gesundheitsversorgung noch immer höher als in vielen anderen lateinamerikanischen Ländern, obwohl die Gegner der Regierung – alle im Untergrund, da ja überhaupt keine oppositionelle Gruppierung legal zugelassen ist – den Wahrheitsgehalt offizieller Statistiken bestreiten.

Der einfache Bürger kennt sich nicht aus. Er weiß nicht, was er antworten soll. Das hohe Maß an mangelnder Information ist erschreckend. Viele sagen: «Man wird warten müssen, bis Castro stirbt, um das lösen zu können.»

Eines Morgens machten wir Fotos von Ana Fidelia Quirot, der großen Meisterin im Mittelstreckenlauf. Etwas über dreißig Jahre alt und seit mehr als einem Jahrzehnt auf den berühmtesten Aschenbahnen der ganzen Welt. Für viele ist sie ein Idol. Zu uns sagte sie: «Fidel hat viel für das Volk getan und viel für den Sport. Ich verdanke alles, was ich bin, meinem Volk und der Revolution.»

An diesem Nachmittag lud uns eine argentinische Freundin ein, an der Abschlußsitzung eines internationalen Treffens über Frauenfragen in den Massenmedien teilzunehmen. Die Sitzung war im wesentlichen ein informelles Informationsgespräch mit Vilma Espín, der Präsidentin des Verbandes der Kubanischen Frauen. Linksgerichtete Frauen, gierig nach Information, bombardierten die Vorsitzende mit Fragen wie: Wird die Regierung Mittel für die Stadterneuerung genehmigen? Warum ist die Stadt so kaputt? Was würde die kubanische Regierung tun, wenn die USA das Wirtschaftsembargo aufheben würden? Werden Kubaner, die im Ausland leben, dann in Kuba investieren dürfen?

Nicht sehr geschickt drückte sich Frau Espín davor, überzeugende Antworten zu geben, um sich dann sofort in eine lange und detaillierte Erörterung der Geschichte irgendeiner Frauenkampfeinheit während des Befreiungskrieges in den Bergen im Osten des Landes zu vertiefen. Die Argentinierin an unserer Seite hielt es nicht mehr aus und forderte

Salimos del salón. Afuera casi todas las invitadas extranjeras platicaban e intercambiaban direcciones. Vilma Espín se había quedado sola, platicando con una veintena o menos de cubanas que la rodeaban, al parecer embelesadas por aquellas historias que seguramente habían escuchado antes muchas veces.

Al día siguiente regresamos a Europa. Marianne se fue al Palacio de la Salsa a bailar con Paulito F. G. y Su Elite. Yo estuve pensando si buscar de nuevo a aquel trasvesti o pasar con Gloria la última noche. Recogí a Gloria en su casa y nos fuimos a escuchar jazz a La Zorra y El Cuervo. Una mulata bellísima se me insinuó. Bailamos. Me pidió cincuenta dólares por toda la noche. ¿Un trio? Sí. Aceptaba, pero entonces eran 100. Gloria puso el grito en el cielo. No. Nada de lesbianismo. Bueno, finalmente Gloria y yo solos. Estuvo bien, como siempre, es una apasionada. Cuando despertamos ya era hora de salir al aeropuerto. Marianne no aparecía. No me inquieté. Quizás había decidido quedarse en Cuba más tiempo. Yo también lo hubiera preferido, pero un compromiso urgente me obligaba a viajar a Tokyo en pocos días. Gloria se despidió llorando. Con muchas lágrimas. Le regalé cien dólares. Los cogió y los guardó enseguida, pero ni así. Siguió sollozando.

Marianne llegó a última hora al aeropuerto. Extenuada por supuesto. Exhausta. Tuvo una buena fiesta de despedida. Me lo perdí.

– ¿Como lo haces?

– No sé. Mi abuela gitana. Su espíritu siempre está a mi lado.

Cuando el avión ascendió ya era de noche. Abajo la ciudad a oscuras, con muy pocas luces. Todo muy oscuro y el mar brillando, plateado, bellísimo y enigmático, con luna llena. Respiré profundamente, me recosté y cerré los ojos. Necesitaba descansar pero no pude. Marianne seguía stresada y no dejó de hablarme en todo el vuelo. Necesitó varios días para irse de Cuba. Estaba en Viena y seguía hipnotizada por La Habana y los cubanos. Quedó fascinada y quiere volver. Quiere volver muchas veces. Una y otra vez.

Santiago Bondy

uns mit leiser Stimme auf: «Kommt, laßt uns an die frische Luft gehen. Das ist ja die Höhe! Wir kommen hierher, um für eine friedliche Sache einzutreten und diese Frau spricht seit 45 Minuten über nichts anderes als den Krieg.»

Am nächsten Tag kehrten wir nach Europa zurück. Marianne ging in den Palacio de la Salsa, um Paulito F. G. y Su Elite zu hören und zu tanzen. Ich überlegte, ob ich mich nochmals auf die Suche nach jenem Transvestiten machen oder die letzte Nacht mit Gloria verbringen sollte. Ich holte Gloria zu Hause ab und wir gingen in La Zorra y El Cuervo, um Jazz zu hören. Eine wunderschöne Mulattin blickte mich herausfordernd an. Wir tanzten. Fünfzig Dollar wollte sie für die ganze Nacht. Und einen Dreier? Ja, würde sie machen, aber dann wären es hundert. Gloria tobte. Nein! Lesbische Liebe komme überhaupt nicht in Frage. Nun gut, schlußendlich also Gloria und ich allein. Es war gut, wie immer. Sie ist eine leidenschaftliche Frau. Als wir erwachten, war es schon Zeit zum Flughafen zu fahren. Marianne tauchte nicht auf. Ich machte mir keine Sorgen. Vielleicht hatte sie entschieden, noch länger in Kuba zu bleiben. Gloria verabschiedete sich weinend. Mit vielen Tränen. Ich schenkte ihr hundert Dollar. Sie nahm sie und steckte sie sofort ein. Sie schluchzte weiter.

Marianne kam im letzten Moment auf den Flughafen. Völlig k. o. natürlich. Ausgelaugt, erschöpft. Sie habe ein tolles Abschiedsfest gehabt. Ich hatte es versäumt.

– Wie machst du das bloß?

– Ich weiß nicht. Meine Zigeunergroßmutter. Ihr Geist ist immer bei mir.

Als das Flugzeug hochstieg, war es schon Nacht. Unten lag die Stadt im Dunkeln, man sah nur wenige Lichter, das Meer glitzerte silbern, schön und rätselhaft. Es war Vollmond. Ich atmete tief durch, lehnte mich zurück und schloß die Augen. Ich mußte mich ausruhen, aber ich konnte nicht. Marianne war noch immer aufgedreht und redete während des ganzen Fluges auf mich ein. Sie brauchte mehrere Tage, um aus Kuba wegzukommen. Der Inselzauber hatte sie verhext. Sie will zurückkommen. Sie wird zurückkommen. Wieder, und immer wieder.

Santiago Bondy

Marianne Greber nació en 1963. Vive en Viena y trabaja como fotógrafa profesional y gerente de proyectos culturales. Estudió literatura y lenguas romances y vivió varios años en América del Sur. Entre sus méritos cuenta haber ocupado el primer lugar en el equipo femenino nacional austríaco de esquí a campo traviesa.

Una fotógrafa autodidacta, empezó su carrera de fotografía en 1988 durante una prolongada estancia en Brasil. En los años 90 comenzó a trabajar como fotógrafa profesional, colaborando con otros artistas y como integrante del grupo Labin Art Express (L.A.E.) de Croacia.

En 1997 tuvo un golpe de suerte y fue a Cuba como traductora. En ese viaje cruzó el umbral hacia la próxima fase de su vida.

Cuba: exceso erótico y lemas socialistas, posesión extática y dificultades de la lucha diaria por conseguir el dólar. Tanto el cubano como el visitante experimentan una especie de sobredosis, una carga excesiva de vivir a punto de estallar. Este libro vislumbra un mundo extraño, que habla en sus propios y enigmáticos códigos. Es un intento por detener momentos de fuego.

Marianne Greber, geboren 1963 in Andelsbuch/Vorarlberg, lebt in Wien als Fotografin und Kulturmanagerin. Spitzensportlerin im österreichischen Langlauf-Nationalteam. Studium der Romanistik. Mehrjähriger Südamerikaaufenthalt, wo sie als Autodidaktin zu fotografieren beginnt.

In den 90er Jahren Beginn der professionellen Arbeit. Zusammenarbeit mit Künstlern; Mitglied der kroatischen Künstlergruppe Labin Art Express (L.A.E.).

Kuba entdeckt Marianne Greber im Jahr 1997. Ein Übersetzungsauftrag, ein glücklicher Zufall. Die «Insel voller Doppeldeutigkeiten», wie sie ein Dichter einmal genannt hat, schlägt mit *impacto profundo* in ihr Leben ein.

Sie erlebt Havanna als Hybrid aus Rio de Janeiro und St. Petersburg. Als Überblendung von Lebenswelten, die sich zu einem surrealen Bildertaumel arrangieren: erotischer Exzeß und sozialistische Steinzeitparolen, die zuckenden Blitze der Fiesta und die *lucha*, der tägliche Kampf um den Dollar. *Sobredosis* – eine Überdosis Leben, ein existentieller Dampfdruckkessel. Dieses Buch ist ein Versuch, eine seltsame und fremde Welt zu verstehen, ihre rätselhaften Codes zu knacken, ihren Tanz auf dem Vulkan einzufrieren und als Fotostill in die Welt zu schicken.

Agradecimientos

Quiero expresar mi agradecimiento y gratitud a
Peter Motter, Barbara Pichler, Peter Rogl,
Thomas Miessgang, Sebastian Ruppe, sputnic,
Ned Sublette, Peter Weiermair,

a todos mis amigos que han apoyado este proyecto,
y a toda mi gente en Cuba, sobre todo a los modelos
que trabajaron en esto libro:
Alain, Carlos, Esteván, Henry, Ivonne, Joana, Linda,
Lissett, Madonna, Maritza, Michel, Niurka, Omar,
Teresa, Yamila, Yanet.

Dank

**Mein besonderer Dank gilt
Peter Motter, Barbara Pichler, Peter Rogl,
Thomas Mießgang, Sebastian Ruppe, sputnic,
Ned Sublette, Peter Weiermair**

sowie allen Freunden und Bekannten, die dieses
Projekt unterstützt haben, insbesondere meinen
kubanischen Freunden und Models:
Alain, Carlos, Esteván, Henry, Ivonne, Joana, Linda,
Lissett, Madonna, Maritza, Michel, Niurka, Omar,
Teresa, Yamila, Yanet.

**Wir danken folgenden Institutionen für die
großzügige Unterstützung dieses Projektes:**

.KUNST bundeskanzleramt
Vorarlberg Kultur

Für diese Ausgabe
Copyright © 2000 by Marianne Greber, Wien; Edition Oehrli, Zürich
Foto- und Textrechte Copyright © 2000 by Marianne Greber, Wien

Fotos: Marianne Greber
Text: Santiago Bondy
Übersetzung aus dem Spanischen: Sebastian Ruppe
Buchkonzept: Marianne Greber, Barbara Pichler, Peter Rogl
Grafische Gestaltung und Satz: Peter Motter, adwerb, St. Gallen, Schweiz
Lithographie: MRS mayr record scan gmbh, Wolfurt, Österreich
Druck und Bindung: REMAprint Druck- und Verlagsges. m. b. H, Wien, Österreich

Verlag und Vertrieb weltweit, ausgenommen den Beneluxstaaten:
Edition Oehrli GmbH
Hotzestrasse 65, 8006 Zürich, Schweiz
Tel.: +41 (0)1 362 04 17, Fax: +41 (0)1 362 04 87, E-mail: oehrli@bluewin.ch

Verlag und Vertrieb der englischen Ausgabe in den Beneluxstaaten:
Greber Publisher & Distributor
Plantage Middenlaan 2 L, 1018 DD Amsterdam, Niederlande
Tel.: +31 (0)20 330 28 24, Fax: +31 (0)20 330 28 25, E-mail: info@greber.nl
Homepage: www.greber.nl

Alle Rechte vorbehalten. Kein Teil dieses Buches darf in irgendeiner Form ohne
schriftliche Genehmigung des Verlags und der Herausgeber reproduziert werden,
insbesondere nicht als Nachdruck in Zeitschriften oder Zeitungen, im öffentlichen
Vortrag, für Verfilmungen oder Dramatisierungen, als Übertragung durch Rund-
funk oder Fernsehen. Dies gilt auch für einzelne Bilder oder Textteile.

ISBN 3-905597-22-5   deutsche Ausgabe Edition Oehrli
ISBN 3-905597-23-3   englische Ausgabe Edition Oehrli
ISBN 90-5592-502-0   englische Ausgabe Greber Publisher & Distributor